晋商研究

（第二辑）

山西财经大学晋商研究院　编

RESEARCH ON JINMERCHANT

经济管理出版社
ECONOMY & MANAGEMENT PUBLISHING HOUSE

主　　办：山西财经大学

承　　办：山西财经大学晋商研究院

学术顾问：孔祥毅　张正明

编　　委：樊云慧　张亚兰　孙长青　乔　南　陶宏伟

主　　编：樊云慧

编　　辑：薛秀艳　侯海燕

地　　址：山西省太原市坞城路 696 号
　　　　　山西财经大学晋商研究院

邮政编码：030006

电子信箱：jinshangyanjiuyuan@ 163. com

联系电话：0351 – 7666747

出版说明

　　山西是中国商业文明的重要发祥地，山西商人是中国经济史上的劲旅，明清晋商更是因创造了货通天下、汇通天下的历史奇迹而成为当时中国十大商帮中的巨擘。历代晋商及其成就的辉煌事业虽然早已消逝，但他们从崛起到兴盛、由兴盛而衰落的史实却蕴藏着丰富而绚烂的知识瑰宝，在经济、管理、社会、艺术、法律等多学科领域都具有重要的研究价值。

　　在社会经济制度变迁的过程中，人的行为必然会受到历史传统的影响，其"路径依赖"原理决定了当代中国商人精神对明清商业精神的传承。一个理性社会的形成，需要思想家和政府的引导，更需要公共知识分子和社会媒体向大众传播。研究晋商，弘扬晋商精神、中国商人精神是当今建设市场经济与和谐社会的重要资本，同时也是当代社会研究晋商的现实意义所在。山西财经大学作为从晋商大院走出的专门商科院校，责无旁贷地担当起了这一历史重任，在60多年的办学历程中，山西财经大学积极地、有组织地开展晋商研究工作已有56年的历史。

　　为了及时反映国内外晋商研究的成果，早在1982年，原山西财经学院（山西财经大学的前身）就创办了专门刊物《山西票号研究集》。1984年，《山西票号研究集》第二辑出版。2007年，学校投入资金，委托晋商研究院将原有的专门刊物《山西票号研究集》更名为《晋商研究》，作为院刊，并于2008年1月出版第一辑。本次出版的是《晋商研究》第二辑。

　　《晋商研究》是专门反映晋商与经济史、票号与金融史、晋商文化与商业伦理、中国商业文明流变、商帮史等方面研究成果的学术刊物。根据来稿内容，《晋商研究》第二辑设特稿、兴衰演替、商业文化、商贸合作、金融票号、经营管理、学生园地等栏目，为学界同人及商界、政界关心晋商和历史的人士竭诚服务。

山西财经大学晋商研究院

《晋商研究》编辑部

目　录

金融票号

经营管理

学生园地

晋商精神与山西高等商科教育

孔祥毅[*]

　　商人和商业，起始于商地。对此，考古学者认为中国的商品交易起源于商地的一个原始部落。但是一说商地在今河南省商丘，一说在今山西省垣曲亳城镇。该部落始祖名契，是黄帝的第四代孙，曾跟随大禹治水，为老百姓做了许多好事，功业昭著，舜帝将其封于亳。契的六世孙王亥（名振）继任为商部落首领后，发明了牛车，驯服牛用以挽车，是商王朝开国帝王成汤的七世祖。学者胡厚宣在《殷商史》中说，王亥是中国畜牧业的创始人，"随着农业与畜牧业的发展，随之而来的就是商业的产生。随着商部落经济实力的增强与剩余农产品及畜牧产品数量的增加，王亥便开始了一项前所未有的事业，这就是开始从事商业贸易活动"[①]。王亥是中国商业史上"肇牵车牛远服贾"最早的商人，他所开创的畜牧业和开始的商业贸易活动给当时的商部落注入了新的活力，使商部落迅速发展壮大起来。公元前1551年，王亥的六世孙汤，率商部落灭夏，史称商朝，商多次迁都，最后定都于殷，商又称为殷，而商人又称为殷人。周灭商以后，因殷商之人善于从事商品贸易，周公（姬旦）便要求商之遗民继续做买卖。后来，人们将从事这种商品交易活动的人称为商人，这一行业称为商业。

　　山西上古称唐，后改称晋。晋商，是山西商人的简称。因为山西地处中国农耕与游牧业的接壤地区，被万里长城隔开，从西汉到清代，长城被称为边墙，边墙两侧的民族贸易称作"边贸"。由于地理的原因，从事边贸是山西人的传统。明清时期，中国出现了资本主义萌芽，也就是商业资本主义的发展，晋商、徽商、潮商、陕商、鲁商、闽商、洞庭商、宁波商、江右商、龙游商各大商帮竞争激烈，晋商依靠优越的地理条件，抓住历史机遇，很快在财富积累、商路开拓、国际贸易、企业组织、经营管理、金融创新、商业技术、商业伦理、商业文化等

　　* 孔祥毅，山西阳城人，山西财经大学教授、博士生导师，国务院特贴专家，商业部部级优秀专家，中国商业史学会名誉会长，全国高等财经教育研究会顾问，中国金融学会常务理事，山西省晋商文化基金会理事长，原山西财经学院院长，山西财经大学党委书记。

　　① 王瑞平：《王亥与中国商业贸易的肇端》，《中国经济史论坛》2004年6月。

方面获得巨大成功，并逐步创造出了自己独特的营业策略、管理思想、理财理念、企业文化、价值观念、商业伦理等，成为中国商界最具活力的一支商帮，晋商之名也因之享誉海内外。

一、晋商精神

晋商精神是晋人从事商业活动的一种相对稳定的思想方法、行为范式和价值观念。表现为重商立业的人生观、诚信义利的价值观、艰苦奋斗的创业精神、同舟共济的协调思想。

重商立业的人生观。中国主流社会长期以来以"士、农、工、商"排序，但宋元以来，山西人逐步形成了重商理念。清雍正皇帝在《朱批谕旨》中写道："山右大约商贾居首，其次者尤肯力农，再次者谋入营伍，最下者方令读书。"① 明清时期，山西民间的重商观念，主要表现为以商致财、用财守本的立业思想。晋中民间流着这样的顺口溜："生子有才可作商，不羡七品空堂皇。好好写字打算盘，将来住入茶票庄。"

诚信义利的价值观。在义和利的关系上，晋商认为义和利是相通相济的，坚持见利思义，先义后利，以义制利。也就是说，只要讲义，讲信用，朋友就多，生意就容易做，利也就在其中了。卫聚贤在《山西票号史》一书中说："重信义，除虚伪，节情欲，敦品行，贵忠诚，鄙利己，奉博爱，薄嫉恨，喜辛苦，戒奢华，他如恒心、通达、守分、和婉、正直、宽大、刚勇、贤明，皆为一贯之教训。"② 他们推崇"仁中取利真君子，义中求财大丈夫"。

艰苦奋斗的创业精神。清康基田在其《晋乘蒐略》一书中写道："山西土瘠天寒，生物鲜少……太原以南，多服贾远方，或数年不归，非自有余，逐十一也。盖其土之所有，不能给半岁之食，不得不贸迁有无，取给他乡。"③ 山西商人的勤劳节俭、艰苦创业、积极进取，同时包含着不断的思想创新、业务创新、技术创新、商号组织制度和管理创新，诸如平色折合④、以票代银、票据转让、客钱丁卯⑤、过标清算等，均在实践中做了大量的探索和创新。

同舟共济的协调思想。晋商认为"和气生财"，重视与社会各方面的和谐相处，认守信用的客户为"相与"，凡"相与"者都要善始善终，同舟共济，世代相传。商号号规对东家和掌柜、掌柜和职工、职工上下级、总号和分号、分号和

---

① 《雍正朱批谕旨》第四十七册，雍正二年五月九日《刘於义奏疏》。
② 卫聚贤：《山西票号史》，重庆说文社，1944年。
③ （清）康基田：《晋乘蒐略》第1卷，山西古籍出版社，2006年。
④ 平，天平砝码；色，银两的成色。因为秤平、银色没有国家统一标准，商品交易均按照各地习惯办理，异地商品交易的平色折算就成为一个非常重要的技术问题。
⑤ 客钱，清代晋商的转账结算办法；丁卯，清代货币商人之间的清算。

分号、本号和他号的关系有明确的规范，要求"各处人位，皆取和衷为贵，在上位者宜宽容爱护，慎勿偏袒；在下位者当体谅自重，得不放肆"，恪守中和之道。

晋商精神的渊源，来自千古传承的唐晋遗风，即久远的经商历程、资源的地理禀赋、和谐的中庸哲学和以商致财、以财守业的立业思想。晋商精神及其所体现出来的文化特点，反映出晋商处人适情，处物适则，处事适理，人和、物义、事中的中和哲学。晋商的中和之道包括：一是不左不右，执两用中，无过不及；二是与人相处，和为贵，诚实守信者可成为"相与"，世代友好；三是权中时变，注意市场与社会信息，预测、识机，随时调整经营策略，守道权变。晋商认为，中为道，和为本，坚持道御经营，和贯始终。诚如晋商谚语："义是生财道，和是化气丹"、"与人到处无非议，生意之间即是春"、"仁义礼智信信中取利，温良恭俭让让内求财"，表现出执两用中的中和之道、和气生财的理财理念、人本思想的企业文化和竞争合作的群体精神。

清中期以后，一批研究地理学的学者如祁寯藻（1793～1866，山西寿阳人，其父祁韵士是研究西北地理的先驱者）、张穆（1803～1849，山西平定人）、何秋涛（1824～1862，福建光泽人）、徐继畬（1795～1873，山西五台人）等，不仅研究西北、蒙古地理商路，而且研究世界地理，徐继畬说："欧罗巴诸国，皆善权子母，以商贾为本计，关有税而田无赋。航海贸迁，不辞险远，四海之内，遍设埠头，固由其善于操舟，亦因国计全在于此，不得不尽心力而为之也。"[①]并且提出中国借鉴西方经济社会制度的问题。曾任山西巡抚的洋务派人物张之洞、胡聘之等都是商人精神进入主流社会的推动者。这些重商思想进入上层社会的要求，自然地是晋商精神的重要根源。

晋商与晋商精神，养育了一代又一代的山西人，从中涌现出了无以计数的大商人，如晋南的亢家、刘家、高家、王家、张家、李家，晋东南的王家、潘家、赵家、陈家，晋中的范家、常家、乔家、渠家、曹家、牛家，晋北的郝家、杨家、秦家等。正因为山西人善于经商理财，明清时期也出现了大批为国家理财的大人物。在明代，为国家管理财政的户部尚书有洪洞人韩文（1440～1526）、太原人王琼（1459～1532）、沁水人李瀚（1453～1533）、阳城人王国光（1512～1594）、榆次人褚鈇（1532～1600）、泽州人张养蒙（？～1605）、蒲州人韩爌（1564～1644）等；在清代，有阳城人陈廷敬（1639～1712）、阳城人田从典（1651～1728）、寿阳人祁寯藻（1793～1866）等；民国时期，有财政部长兼中央银行总裁太谷人孔祥熙；新中国成立后，为新中国管理国家财政金融的大理财家有定襄人薄一波、洪洞人南汉宸、文水人胡景澐、霍县人陈希愈、五台人戎子和等。

---

① 徐继畬：《瀛寰志略》卷4。

二、山西早期的商科教育

晋商的核心价值观是儒家的仁、义、礼、智、信。他们认为，恪守仁、义、礼、智、信是和谐社会做人的道德底线。孟子说："恻隐之心，仁也；羞恶之心，义也；恭敬之心，礼也；是非之心，智也。"① 晋商对员工的恻隐之心、羞恶之心、恭敬之心、是非之心的训练培育，是通过对员工的推荐制、选拔制、学徒制、薪酬激励制、担保和宗法约束制等进行的。晋商发展史说明，商人的社会教育必不可少。明清时代晋商的基础教育主要是家庭、私塾、义学与书院。

私塾是晋商基础教育的基地，年至九岁入塾，教以《百家姓》、《三字经》、《千字文》三种小书，次第读之。十岁开始，次第读《论语》、《大学》、《中庸》、《孟子》，谓之四书。十三岁以上讲授《论语》，其书曰《二论典故》或《二论讲义》，均以白话解释书义，谓之开讲。十三岁以后向专业教育分化：有意于举业者，则续读《诗》、《书》、《礼》、《易》、《礼记》、《春秋》各经及古文辞，时文试帖，初学时文及试帖之摹制，谓之开笔；而有意经商者，于四书之外兼学珠算、《千家诗》、《幼学》、《尺牍》。

走出私塾、书院，十五六岁进入商号，需要经过学徒选拔，然后是学徒训练。学徒阶段的学习内容，包括商人修养、写字、珠算、记账、秤平银色、经营技术与业务。商人修养是第一位，即诚信义利的商业伦理、中和之道的处世哲学、修身正己的心智素养。要求"学生意，要有耳性，有记才，有血色，有活气，此四件万不可少。有耳性者，则听人吩咐教导；有记才者，学问的事就不能忘却了；有血色者，自己就顾廉耻了；有活气者，则有活泼之象，又叫着是个生意脸，且而人人见了欢喜你"；还要求"学生意先要立品行，但行有行品，立有立品，坐有坐品，食有食品，睡有睡品。以上五品，务要端正，方成体统。行者，务必平身垂手，望前看，足而行，如遇尊长，必须逊让，你若獐头鼠目，东张西望，摇膊乱跪，卖呆望蜜，如犯此样，急宜改之；立者，必须挺身而立，沉重端严，不可依墙靠壁，托腮咬指，禁之戒之；坐者，务必平平正正，只坐半椅，鼻须对心，切勿仰坐、偏斜、摇腿、跌足，如犯此形，规矩何在？食者，必从容缓食，箸碗无声，菜须省俭，大可厌者，贪吞抢咽，筷不停留，满碗乱叉……扒于桌子，这样丑态，速速屏去；睡者，贵乎曲膝侧卧，闭目吻口，先睡心后睡目，最忌者瞌睡岔脚，露膊弓膝，多言多语，打呼喷气，一有此坏样，起早除之"。② 著名书法家徐润弟为侯家书写的一副对联说道："读书好经商亦好学好便好，创业难守成

---

① 《孟子·告子上》。
② 山西省晋商文化基金会：晋商史料系列丛书·商人读本卷（二）——《商人要录·贸易须知》，中华书局、三晋出版社，2014年。

亦难知难不难。"体现了商士同性，贾儒相通，行贾习儒，都需要修身正己，提高心智素养。

榆次常家重商而不轻学，重学而不轻商，学为经商之才培养基础，商为深学之人提供条件，要求子弟"凡语必忠信"、"凡行必笃敬"、"饮食必慎节"、"字画必楷正"、"容貌必端庄"、"衣冠必肃整"、"步履必安详"、"做事必谋始"、"出言必顾行"。乔家尊师重教，书房中供先师孔子位，并有名家端方书写的"敏德以为行止，本立而可道生"的对联。乔家对教书先生非常挑剔且尊敬，非饱学之士不请，教师回家以轿车接送，主人们一字排开送到大门外，还要目送一程。民国以后，乔家的私塾，不仅读四书五经，还有文史、数理、英语等课程。乔家的子孙中有 12 名大学生、两位博士、三位硕士，两位留学美国。明代著名蒲州商人王文显一生的体会是："夫商与士，异术而同心。故善商者处财货之场而修高明之行，是故虽利而不污；善士者引先王之经，而绝货利之径，是故必名而有成。故利以义制，名以清修，各守其业，天之鉴也。如此则子孙必昌，自安而家肥富。"[①] 晋商的心智素养，注重儒贾相通观、义利相通观、谋略竞争观、修身正己观、科技应用观、经世致用观的学习修养。

明末清初，傅山、戴廷栻、阎尔梅、阎若璩等全国知名的山西学者与顾炎武、王士祯、屈大均等经常聚会于祁县丹枫阁。丹枫阁为祁县商家戴廷栻所建。他们站在商人立场上，呼吁商人进入主流社会。傅山提出"市井贱夫可以平治天下"的主张，因为商人对商品生产、交换、流通、供求以及财富创造、经营管理最为了解。他说："何以聚人？曰财。白然贫士难乎有群矣，家国亦然。故讳言财者，自是一教化头骨相耳。常贫贱骄语仁义之人，大容易做也。"[②] "生人之有为也，本以富生人。富生人，而治人者乃有为。"[③] 明确提出有为的人关键是创造财富。李贽也说："不言理财者，决不能平治天下。"[④] 清初山西祁县丹枫阁是北方学术交流的中心，与江苏如皋冒襄的水绘园南北呼应。

1500～1750 年欧洲商业革命，经过 250 年导致欧洲工业化；同时发生的中国商业革命，经过了 350 年后，才出现了一线工业化的曙光。原因就在于欧洲的文艺复兴运动，使得欧洲的神权得以清算，人权得以张扬，科学与民主成为时尚，使欧洲的商业精神、重商主义与市民思想成为社会的主流，导致工业化在欧洲崛起。中国的皇权始终没有得到清算，戊戌变法没有能够像明治维新那样获得成功，中国商人精神始终不能进入社会主流。

---

① （明）李梦阳：《空同集》卷 44，《明故王文显墓志铭》。
② 魏宗禹：《晋阳人文精神》，山西古籍出版社，2003 年。
③ 傅山：《霜红龛集》卷 35。
④ 李贽：《大学评》。

　　光绪初年山西的一次乡试，试题为西商富华商困的原因。一位举子写道："良由商学无专门，商律无专条，商会无专责，而中西商情悬绝。"这一回答精彩绝妙。应当说中国的商科教育比西方晚了一些，但是也在缓慢发展。1897 年（光绪二十三年），南洋高等商业学堂（专科）创立，设银行、保险与关税科。1901 年（光绪二十七年），京师大学堂创立，设有商科。1902 年（光绪二十八年），清政府颁布《钦定高等学堂章程》和《钦定京师大学堂章程》，都列有商务学科。1903 年（光绪二十九年），清政府颁布《钦定大学堂章程》，规定大学八个学科，其中也含农、工、商、法。商科大学分三门：银行与保险学门、贸易与贩运学门、关税学门。1912 年，民国政府颁布《专门学校令》，设法、商等十类；颁布《大学令》，设商、法等学科。1913 年，教育部规定大学商科设银行学、保险学、外国贸易学、领事学、关税仓库学、交通学六门。到 1948 年，全国 207 所高校中设有商科的大学有 80 所，商科系科 21 种，在校生占 11.4%。

　　山西省的商科教育发展在全国并不落后。1908 年（光绪三十四年）山西成立工业专门学堂，两年后改为商业学堂；1912 年改为山西公立商业专门学校；1914 年金永反对新学，勒令商业学校并入法政专门学校；1916 年山西公立商业专门学校恢复；1930 年 10 月山西公立商业专门学校改为山西公立商业专科学校。

　　新中国成立后，1949 年在山西大学设置财经学院。1951 年将设在山西太谷的铭贤学院的财税、银行、会计并入山西大学财经学院。1952 年将山西大学财经学院并入中国人民大学。1958 年将 1951 年成立的山西省商业干部学校、山西省银行干部学校和 1952 年成立的山西省财政干部学校、山西省粮食干部学校、山西省合作干部学校合并组建山西财经学院。当年分二年制专修科、一年制进修班和短期轮训班三部，学生 1087 人。第二年招收四年制本科贸易经济、金融两个专业，后来又增加粮食经济、会计、国民经济计划等五个本科专业。20 世纪 50 年代，高等教育在山西有了长足的发展，至 1960 年，山西境内高校发展到 33 所。

　　山西高等商科教育的发展也确实曲折。1961 年按照"调整、巩固、充实、提高"方针，大幅裁并高校，1962 年山西省仅有山西大学、太原工学院、山西医学院等 6 所高校。山西财经学院于 1962 年改为中专，但很快在 1964 年恢复招生。1971 年初，各大学搬出城市，迁往农村，山西财经学院搬迁到平遥县襄垣镇进行"斗批改"，1971 年 6 月山西省革命委员会财贸组决定撤销财经学院，遣散教职员，留部分教职工组建山西财贸干部学校。1973 年 8 月国务院批准恢复山西财经学院，1978 年 9 月划归中华全国供销合作总社主管，1982 年 2 月改归商业部领导。1985 年山西省成立经济管理学院，1997 年合并山西财经学院与山西经济管理学院，更名为山西财经大学。几经曲折，从 20 世纪 80 年代开始，山西高等商科教育才在改革开放中获得了稳定的发展。目前，在山西数十所高等学校中，设有经济学、管理学及其二级学科理论经济学、应用经济学、经济史、统计学、财政学、税务学、金融学、保险学、金融工程、投资学、会计学、财务管理学、审计学、企业管理、国际企业管理、市场营销、电子商务、旅游学、国际贸易、产业经济学、经贸英语、经济法、工商管理等经济管理类数十个专业的本科、专科，在校学生数万人；同时，还有经济学、管理学在读博士、硕士研究生数千人。山西高等商科教育有经济学、管理学学士、硕士、博士授予权，高等商科教育获得了空前繁荣。

三、晋商精神仍然是当代山西高等商科教育思想

19 世纪中期后，科技进步使商路改变，晋商失去地利优势；政局动荡与战乱，晋商资产损失惨重；清末，部分晋商疏于审时度势，没抓住机遇适时改革，使晋商在近代社会巨变中走入低潮，晋商精神不再为外人关注。20 世纪 80 年代以来，经过改革开放三十几年的迅速发展，新晋商正在走遍山西，走向全国，走向世界。三十几年来，新晋商从不起眼的个体户、被人褒贬不一的煤老板等不同渠道，经过原始积累，已经或者正在走向现代化的装备制造、清洁能源、化工材料、电子网络、文化旅游、生态农业等新型产业。民营企业家已经登上政治舞台，山西工商业者正在以新晋商的新形象汇入中国新商人群体。一个无城不商、无商不富的时代已经形成。

在这样的背景下，中国商人精神、商业伦理正在成为新时代经济社会发展中的新焦点。历史上的晋商文化、晋商伦理与处世哲学受到人们的普遍关注。其实，形而上学的东西或者竖起来，或者倒下去，都不是一代或者两代人的事情。晋商精神在山西民间仍然微弱地存活着。只要政府确立天地之间人为贵，以民为本，为天地立志，为生民立道，坚持市场调节为主；只要大企业家确立独富贵为君子耻，能够大富大红大德，相济于业，互惠互利，并由此建立起我们共同的基本信念、价值取向、企业精神、行为准则，那么仁爱、正义、礼让、理智、诚信的社会环境与和谐发展，就是看得见的目标。晋商精神仍然是当今建设市场经济与和谐社会的社会资本。理性社会的建设，市场经济的发展，需要思想家和政府的引导，需要公共知识分子和社会媒体的传播，需要高等教育的贡献。高等商科教育担负着培育新一代企业家的重任。晋商精神仍然是当代高等商科教育的思想。

作为培养新一代企业家的山西高等商科教育，需要弘扬和传承晋商精神，在教学中，把重商立业、诚信义利、艰苦奋斗、同舟共济贯穿始终，以尧舜关圣等圣哲先辈的思想教育学生，不愧为尧舜关圣之后；更要在教学中发展和创新晋商

精神，赋予晋商精神以新时代的理念与需求，敢于进市场、闯洋场，与省内外、国内外商人交朋友、做生意。让学生明白，在经济转型发展中，从依赖自然资源逐渐转向循环经济业态，延长产业链条，实现资源综合利用，并积极构建和谐劳动关系，关心社会，积极承担社会责任，以周到的服务、合格的产品、合理的价格服务社会，体现出责任晋商的新形象；新晋商要传承老晋商的诚信，把诚信作为资本，作为市场的通行证，作为企业的命根子和自觉行为，体现出诚信晋商的新形象；在当今知识经济时代，还要以科学、以知识为基础发展自己的事业，推进工艺创新和产品换代，在现代科技支撑中登高望远、正确决策、占领先机，体现出知识晋商的新形象；还要开放眼界、敞开胸怀，以世界眼光和思维，把对外开放与内部发展相结合，积极使家族企业、合伙企业走向现代企业、走向世界，体现出开放晋商的新形象。

现代高等商科教育的课程设置、培养目标，注意了商学理论、科学技术、管理方法，这是现代商人必备的条件和要求，是非常重要的。但是，比较老晋商当年称雄天下最重要的软实力——诚信义利的商业伦理、为人处世的中和之道和修身正己的心智素养，我们的现代商科教育还需要大大加强。现代工商业、金融业与服务业的竞争，已经不再是业务规模和资本数量的竞争，而是软实力的竞争、文化的竞争，软实力关系到一个企业、一个行业的生命力、创造力和凝聚力。软实力是现代企业的核心竞争力。当然，现代商科教育还需要注意多学科的交叉，关注当年晋商教育不存在的经济学、管理学与法学、数学、工程学、心理学的融合与交叉等边缘科学问题。

用晋商精神培育新一代企业家，是值得研究的课题。

参考文献

[1] 黄鉴晖：《山西票号史料》，山西经济出版社，1990 年。

[2] 孔祥毅：《金融票号史论》，中国金融出版社，2003 年。

从新中国六十年金融变迁看
经济与金融的关系

洪葭管[*]

中华人民共和国成立已整整六十年。在中国历史上，这六十年是非凡的六十年，中国已经发展成为全球第三大经济体。在金融方面，改革开放有了巨大成就，且在国际上获得了一定地位，虽然历经曲折风波，但在关键时刻，总是能起稳定大局、继往开来的作用。回顾六十年来中国金融的变迁，总结经验，汲取历史教训特别是这次美国金融危机的教训，对正确认识和把握当前金融工作的任务与使命，规划未来金融发展，均具有积极意义。

一、新民主主义金融的短暂实践——金融服务经济：三年恢复，五年创业（1949~1957年）

1949年10月1日，中华人民共和国成立，而作为新中国金融事业主体的中国人民银行已于1948年12月1日在老解放区河北省石家庄市成立，同时发行人民币。中国人民银行的成立和人民币的发行标志着中国货币走向统一，新民主主义金融体系正式形成。新中国成立初期的几年中，金融方面的许多做法、措施，符合新民主主义经济的要求，从总体上讲是新民主主义金融的短暂实践。

南京国民党政权崩溃撤出大陆前，留下的是一堆烂摊子。抗日战争胜利后，它的中央银行拥有9亿美元，包括600多万两黄金，很快就耗费掉大部分，仅余200多万两黄金。1948年12月1日，又从上海央行库房里把首批黄金200万两运到台北收存，以后又运走57万两[①]。留存的备日常业务需要的黄金19.8万两，到1949年5月17日，京沪杭警备总司令汤恩伯又提走19.2万两，中央银行库

---

* 洪葭管，浙江鄞县人，上海市金融学会副会长、中国金融学会金融史专业委员会主任、研究员，上海财经大学和交通管理学院兼职教授，交通银行咨询委员，中国人民银行研究生部指导教师。该文系作者于2009年所作，发表前未经作者审核。

① 洪葭管：《中央银行史料》，中国金融出版社，2005年。

房里只剩 0.5 万两黄金和 30 万银元，被中国人民解放军于 10 天之后接管。

面对陆续解放的各大城市缺粮、缺钱的困难局面，中国人民银行总行和各地分支行协同有关经济部门致力于稳定金融物价、制止通货膨胀。

1949 年 6 月初，由于国内外敌对势力的存在，一些唯利是图的投机分子乘机兴风作浪，掀抬金银价格，使银元、黄金的黑市价成倍上涨。在过去金融中心的上海，投机活动尤为猖獗。经中央批准，上海市委、市军管会果断地作出了取缔银元、黄金、美钞投机活动的决定，于 6 月 10 日查封了金银投机的大本营——证券大楼，打击了操纵投机金银黑市的为首分子，使金银黑市价格迅速下降，金银投机活动基本肃清，初步稳定了金融物价，也为巩固、扩大人民币在上海市场的阵地扫除了障碍。

投机分子扰乱金银的活动遭到沉重打击后，又在商品物资上囤积居奇，倒买倒卖。1949 年 6 月下旬到 7 月下旬，他们知道粮食库存不足，就哄抬粮价，粮价上涨，其他物价也随之上涨。在此时期，由于新解放区不断扩大，老解放区开始恢复生产，生产建设的支出增大，大量资金流到上海采购物资，投机资本遂再次兴风作浪。到 11 月，上海的工业原料上涨，棉纱、粮食价格猛升，同时影响到其他城市物价上涨，形成一次全国性的物价大波动。面对这种情况，上海市在国家有关部门支持下，大量抛售棉纱、棉布等物资，金融部门加大收紧银根力度，财税和物资部门共同采取措施，抑制涨风。人民银行所有可运用的金融手段中最有力也最有成效的是开办折实储蓄。凡持有人民币者可按人民银行逐日公告的折实单位牌价，折合成折实单位存储，支取时亦按折实单位牌价支付，储户不会因物价上涨而遭受损失。1949 年 11 月 16 日银行收存的折实储蓄为 1120 万单位，每一单位牌价为 0.1855 元（原为旧人民币，已按 1 万元作 1 元折合成新人民币）；到翌年 2 月 28 日增至 4661 万单位，每一单位牌价升至 0.6546 元。这种折实储蓄在物价波动时存储的人就更多，最多时占银行全部储蓄存款总额的 91.3% ,[①] 对稳定金融市场、安定居民心理，起到了积极的作用。

1950 年 3 月人民银行又开办定活两便储蓄，这种储蓄既有活期之便又有定期之利，存储者十分踊跃。5 月下旬，开办保本保值储蓄，储户存入时照货币数额收存，支付时如折实牌价上升，可按折实保值；如折实牌价持平或下降，则可按原存货币保本，并计利息。银行致力于居民储蓄业务的开展，符合《共同纲领》和《宪法》对居民私有财产予以保护的精神。

经过几个有关部门的细密准备，政务院（后来改称国务院）作出《关于统一国家财政经济工作的决定》的重大决策，号召全国经济组织为实现财政收支、

---

① 洪葭管：《上海金融志》，上海社会科学院出版社，2003 年。

全国物资调拨和全国现金收支的平衡（以下简称"三平"）而奋斗。各地银行致力于收存款，建金库，灵活调拨，并实行现金管理，积聚尽量多的资金，支持国营贸易部门扩大加工、订货和收购，推动了工业、手工业和农业生产的恢复和发展，使国家掌握了大量商品，增加了国家经济的领导力量，有力地促进了金融物价的稳定。从1950年第二季度起货币发行趋于正常，银行的折实牌价3月份尚处于高位，以后即逐月低落。物价平稳，零售物价指数1951年为100，1952年为99.6，[①] 通货膨胀趋势得以根本扭转。新中国成立不久，经济尚在恢复时期，在中国大地上就把已经延续十几年的通货膨胀遏制住了，这是新民主主义经济的客观要求，也是货币金融所具有的稳定大局的特定功能充分发挥作用的结果。

1953年国家开始进入第一个五年计划时期。银行部门按照统一部署，推进各项业务，支持内外贸易、工业化建设和对资本主义工商业的社会主义改造，在机构体制和业务体制方面均有不少改进，还在全国范围办理了解放前存款的清偿，在提高经济效益方面取得显著成效。

1955年3月国家发行新人民币，收回旧人民币，以旧币1万元兑换新币1元，这种只改变记账单位，不影响货币实际价值，并采用全国各阶层人民同一标准的兑换办法，深受人民拥护，亦为外国舆论所称道。新人民币的发行，消除了国民党统治时期遗留下来的通货膨胀痕迹，便利了生产和交换，进一步巩固了市场货币流通，为银行开展各项业务创造了良好条件，是实行货币金融变革的一件大事。

1953～1957年期间，银行基本上运用信贷、利率杠杆开展各项存、放、汇业务，特别是在资金管理、成本核算方面认真贯彻增产节约的原则，有力地推动了经济效益的提高。国营和地方国营工业企业每百元产值占用的流动资金由1952年的43.8元降到27.4元，如上海同期占用资金由19.08元下降到11.76元，[②]达到了历史的最低点。这五年间由于信贷资金的支持，上海工业产值平均增长14.7%，经济成效显著。总体说来，这一时期金融工作主要还是运用金融手段，遵循经济规律办事，虽然高度集中统一的计划管理体制已经开始建立，但影响还不大。对新中国来说，这五年是艰难创业时期。在三年恢复、五年创业的经济建设中，金融起到了中流砥柱、支撑大局的重要作用。

二、高度集中统一体制为信贷过度投放开启大门，金融工作遭到严重干扰与破坏（1958～1976年）

中国经济本来可以沿着三年恢复、五年创业时期金融运行较有成效的道路继

---

① 中国人民银行调查统计司：《中国金融统计》，中国金融出版社，1992年。
② 洪葭管：《信贷资金使用效率问题初探》，《中国金融》2003年第15期。

续稳步前进，但在"左"的政治路线指导下，"大跃进"开始了，大肆扩大信贷，大量投放货币，造成1959～1961年间的严重通胀。

"大跃进"中，出现了许多惊人的做法和提出了许多狂热的口号。先是在"鼓干劲、破陈规"这一口号下，银行原来一些行之有效的规章制度被弃置一旁，管理流动资金的原则被视作教条，在信贷资金实际使用上，奉行"需要多少贷多少，哪里需要哪里贷，什么时候需要什么时候贷"的所谓革新措施。不讲效果，不讲监督，助长了工业企业盲目生产、商业企业盲目收购之风，造成大量物资积压和浪费。有的甚至把贷款应有的申请、调查、审核、批准等手续都省略了，由信贷员当场"拍板"决定便可。更有甚者则是一接到企业借款电话，立刻由信贷员代办借款手续，干脆"送贷上门"。由于借款这样方便，许多企业挪用流动资金搞基本建设，把银行贷款干脆当作财政开支之用。1958～1961年间大量增加信贷投放，贷款额由277.5亿元骤增至803.5亿元，[①] 远远超过存款增加额。除自有资金垫补外，只有大肆增加货币发行。这四年间流通中货币由52.8亿元猛增至125.7亿元，[②] 后来中央文件指出当时的严重情况是"货币发行过多，商品严重不足，部分物价上涨"，大家听了十分惊愕，因为已有10年不见通胀了。尽管物价受控，1961年零售物价指数仍猛升16.2%。

中央看到问题严重，决定进行国民经济调整，并于1963年3月由中共中央、国务院联合发出《关于切实加强银行工作的集中统一，严格控制货币投放的决定》（以下简称"银行六条"），这时又是考验金融能否稳定大局，为国民经济的持续发展作继往开来式历史性的援救。经过全国上下特别是金融部门的努力，流通中货币额1961年压缩至106.5亿元，1963年又压缩至89.9亿元，1964年更压缩至80亿元，贷款额亦逐年压缩到1964年为578.9亿元。上述各项均系降低余额，不是减少增幅。这样大规模调整之后，经济效益亦随之提高。就信贷资金使用效率而言，上海地方工业每百元工业产值占用流动资金亦由1961年的17.09元降低为1965年的12.01元，[③] 为1952年有完整统计以来产值资金率最优良的年份之一。

"文化大革命"开始后，一些非专业人员掌控了各级金融系统领导权力，逼使银行信贷管理日益放松，一些良好的规章制度被冲掉。银行的机构被撤并，人员被调走，体制被扰乱。到了1971年初，中国人民银行总行与财政部"合署办公"，在上海，市分行、区办事处和县支行亦先后与市、区、县财政局合并，市分行原有的各专业处一律撤销，只剩下一个"银行业务组"，配备十几个工作人员，其余人员都到奉贤五七干校劳动。由此导致财政减收、银行增贷、企业拖

---

① ② 中国人民银行调查统计司：《中国金融统计》，中国金融出版社，1992年。
③ 洪葭管：《信贷资金使用效率问题新探》，《中国金融》2003年第15期。

欠，体现经济效益的地方工业企业每百元产值占用流动资金从 1965 年的 12.01 元，上升到 1976 年的 21.32 元，成为 1952 年有完整统计以来产值资金率最高的年份。这十年把国民经济几乎拖到崩溃的边缘，金融方面虽然信贷收支失衡，货币投放亦多，但周恩来总理和几位副总理把总的闸门管住了，货币金融的局面尚未完全失控。当进入"拨乱反正"和实施改革开放的新阶段后，货币金融依然起到了继往开来、支撑大局的作用。

三、金融改革开放取得巨大成就，但社会主义市场经济体制建设的有效途径尚待探索和完善，稳定货币金融大局仍为头等大事（1977～2000 年）

中共十一届三中全会决定，在新的历史时期，工作重心转移到经济建设上来，银行开始进行金融体制，包括机构体制、业务范围、资金管理、贷款制度方面的一系列改革。在此之前，1978 年 3 月五届全国人大一次会议决定中国人民银行作为部委一级，与财政部分设，① 省、市、自治区以下的银行亦应比照办理。1978 年以前，全国的金融业基本上是一家银行统揽一切业务的"大一统"体制。这种高度集中统一的体制，对于国家集中财力、保证重点建设曾起过积极的作用，但以一家银行包揽一切金融业务，难以适应按照经济规律管理经济的需要，也不利于社会主义银行职能作用的充分发挥。新的历史时期产生新的金融体系这是客观必然。1979 年 6 月中国农业银行重新成立（本是人行农村金融局）；原为人行国际业务部的中国银行分设出来；中国人民建设银行（1996 年更名为中国建设银行）升格为一级银行（原为财政部的一个管基建财务拨款的司局，曾是人行的第二营业部）；人行执行央行职能后，1984 年 1 月成立中国工商银行，经营由央行分离出来的工商信贷与储蓄业务；中国人民保险公司亦与人行脱钩，独立为经营集体。至此，中国人民银行已一分为六，从一个金融机构分为六个金融机构，新中国成立 30 年来人民银行"大一统"的局面一去不复返了。改革是一场解放生产力的革命，金融改革的项目是众多的。《上海青年报》编的《见证上海金融改革三十年》就列举了 100 项。我们从大的方面归纳为八大类：①建立新的金融体系；②扩大经营范围；③改革单一银行信用形式；④改变信贷资金管理体制；⑤实行对外开放，改革外汇管理体制；⑥改革利率制度；⑦谨慎运用市场机制，稳步开拓金融市场；⑧执行货币政策，加强和改善宏观调控。

本文限于篇幅，不作详细介绍，只从资金和市场管理体制角度作一些阐述。

本来人民银行一家经营时银行业务受到很大限制，现在经营范围一扩大，贷

---

① 尚明：《当代中国的金融事业》，中国社会科学出版社，1989 年。

款种类增加，银行很快成为聚集资金和分配资金的重要渠道。新中国成立后的1953 年到 1978 年的 26 年中，银行平均每年增加的存款只占国民收入的 3.1%，1979～1982 年上升到平均每年占 8.2%，1983 年达到 9.3%。1983 年 6 月实施国企流动资金由人民银行统一管理。本来这一办法明文规定，国企自己应建立自有流动资金的补充制度，国家财政拨给的资金和企业自提流动资金之和，工业企业应不低于 70%，实际执行结果，则是财政不再拨给，企业也不愿补充，遂使人民银行统一管理流动资金成为人民银行一家统一供应流动资金。这也就容易造成信贷增加过度，货币投放过多，由于其他改革不配套，城乡货币化程度加深，20世纪 80 年代即有 1985 年、1988～1989 年两次通货膨胀；1994 年还因"乱拆借、乱开发、乱集资"，发生两位数通胀。经过大力压缩信贷，节约财政支出，主要是用大幅度提高利率（三年定期为年利率 12.24%，有的年份还有财政出钱的保值补贴 12%）的办法才把通胀势头压制下去。

资金是物资的货币表现，这句 20 世纪五六十年代流传的话，还是应该记住。商品生产和劳务所生成的资金，本来是实实在在的，是"干货"；而由虚拟资本股市疯涨产生的"市值"、楼市狂涨和其他投机手段产生的"市值"都不是实实在在的资金，而是虚拟的带有水分的泡沫，如果有关当局对此不加审察，而让资产泡沫不断吹大，那就潜伏着最终发生危机的风险。

20 世纪 90 年代中资银行业存款迅猛增加，是一个值得认真研究和对待的问题，以上海银行业存款余额为例，过去在 20 世纪 70 年代每年是十几亿元增长，80 年代是几十亿元增长，90 年代则是几百亿元增长，1996～1997 年每年都是上千亿元增长（21 世纪初则是每年几千亿元增长）。从 1949 年到 1991 年的 42 年间全市存款由 0.18 亿元增至 954 亿元，还不到 1000 亿元，而 1996 年一年就增长1040 亿元，变化之大，由此可见一斑。

自从 1992 年 10 月党中央发出建设上海国际金融中心的号召以来，我国在对外金融开放方面的决策和措施，都对"建设"十分必要，也很有利。1994 年实行汇率并轨，并在上海设立中国外汇交易中心，1996 年 1 月全国银行同业拆借中心成立，加上 1990 年成立的证券交易所，这样以货币市场、资本市场、外汇市场三者协调发展的框架也就有了基础。1996 年 12 月实现人民币经常项目可兑换，中国正式成为国际货币基金组织协定第八条款国。1997 年 7 月第二届东亚及太平洋地区中央银行行长会议在上海举行。2001 年中国正式加入世贸组织，在华外资银行的业务经营范围可得到国民待遇并可援引市场准入原则添设分支机构，营业性外资银行继续增加，到 2000 年达到 54 家。

1997 年 7 月爆发亚洲金融危机，被称为亚洲"四小龙"、"四小虎"的一些国家和地区受到沉重的打击。经济结构不合理，基础不扎实，存在资产泡沫和受到国际游资的冲击等都是危机的成因，但资本项目过早放开，汇率高估和股市恶炒，则对危机的发生起了触发作用。东南亚金融危机的爆发，让人们知道在全力以赴发展经济、金融的同时，要注意防范金融的风险，加强金融监管，提高信贷资产管理，防止泡沫经济的产生，把隐患消灭在襁褓之中。

1998 年中国人民银行实行管理体制改革，撤销原有的 31 个省、市、自治区分行，成立跨省、市、自治区的 9 大分行，体现了中央银行体制的垂直领导，有利于实施货币政策的独立性。20 世纪 90 年代中，整个金融管理体制有了进一步改革，由证监会管理证券行业，由保监会管理保险行业，中国人民银行不再对证券机构和保险公司行使监管权。2003 年修改《中国人民银行法》，由银监会监管银行类金融机构，这样就形成了"一行三会"的监管格局。20 世纪 80 年代中国人民银行由一家分设为 6 家，至此，央行又完成了"一分为四"的改革。在此前后中央银行在制定和执行货币政策方面更能增强前瞻性和有效性，同时把监管职能转换为防范与化解金融业系统性风险，注重于稳定金融职能的发挥。此后宏观经济变化较大，一会儿要防通胀，一会儿要防通缩；一会儿要遏制经济过热，一会儿又要刺激经济热起来。其中股票市场换手率高，投机性强，股市行情大起大落，也构成了对稳定金融的巨大冲击。又由于人民币处于外有升值压力、内有通货膨胀威胁的两难境地，金融宏观调控如何进一步加强和改善，货币政策怎样才能既有针对性，又有前瞻性，便成为对金融管理体制变迁后新的考验。

四、进入新世纪，国际资本流动频繁，美国发生金融危机蔓延全球，中国金融市场波动加剧，宏观调控难度加大（2001 年至今）

时间进入 21 世纪，经济全球化趋势加速，金融市场波动亦更加显著。2001 年 9 月发生美国纳斯达克股票指数危机，该指数由半年前的最高点 5040 点跌至 1300 点。中国的 A 股市场指数先由 2245 点跌至 998 点，又由 998 点升至 3000 点。再一口气疯涨到 6100 点，在美国发生的次贷危机，2008 年 8 月转为金融危机后，A 股又从 6100 点跌至 1660 点，跌幅达 70%。中国 A 股市场在 2007 年是全球融资额的第三位，2008 年则是全球股票市价跌幅最大的第三位。最近一些美国经济学家认为，这次美国金融危机是美国金融体系内生的危机，于是也有中国学者提出，类似的金融危机中国会不会发生？对中国社会主义市场经济来说，会不会发生中国金融体系的内生危机？

这是十分重大的理论问题，实质是社会主义市场经济下的金融体制也要摸索自己的发展模式，建立起有中国特色的金融市场体系。怎样看待这次在美国爆发、蔓延至全球的金融危机，将带来各经济学派和金融学说的一场大辩论。有识之士已经看到，危机发生的根本原因，还不在于监管未到位，创新太过头，而是资产泡沫太严重。怎样鉴别、认识泡沫的程度，以及泡沫破裂后如何处置和掌控，也是属于经济学至为深刻的理论问题和现实问题。我们从研究金融史变迁角度出发，不妨关注一下曾被称为"金融大鳄"，但颇有自我解剖勇气的乔治·索罗斯的揭示危机实质的一段话：[1]

"奥巴马政府面对的问题甚至要比当年困扰罗斯福总统的还要严重。1929年年末，未偿付信贷的总额是GDP的160%，由于债务累加和GDP下滑，到1932年上升到GDP的260%。2008年股灾时未偿付信贷的总额是GDP的365%，而且必定会上升到500%（这项运算还没有考虑到衍生工具的广泛使用……）。""除了先人为引发通胀而后再进行治理，没有其他办法能防止出现全球通缩和经济衰退这种远离平衡的经济状况。"

财产大缩水，华尔街大公司亏损严重，有的倒闭，有的破产，有的被收购，连一向被誉为最佳银行的花旗银行、美洲银行、摩根大通银行的股票市值在这次危机最严重时也分别跌掉了96%、89%和57%，这应该是玩弄虚拟资本者的"前车之鉴"。

2009年上半年，中国金融方面的几个统计数字都十分惊人。到2009年6月，货币供应量和贷款增速都创新世纪各年的新高，M2增速同比增长28.5%，贷款单是6月份就贷放1.53万亿元。外汇储备突破2万亿美元。全国银行存款余额，1952年年末是93.3亿元，1991年年末是14864.1亿元，[2] 2009年6月末为58.05万亿元，[3] 比1991年增长38倍，这固然能构成银行资产的来源，但却是对存户负债的最大风险。至于货币供应量和贷款增速如此之大，诚然是为保增长的需要，但也不可避免地会带来不良的后遗症。上半年各银行贷款达7.3万亿元，这对央行下半年如何进行宏观调控以保持金融大局的稳定，势必带来更大的困难。

怎样对待和汲取这次在美国爆发、蔓延至全球的金融危机的教训，不同界别会有不同态度。对正在从事金融实务的人来说，汲取教训、总结经验是为了下一次谋求更大利润。对政府主管部门来说，应寻求正确的金融稳定之路，然后更好地发展经济，创造政绩。对金融史学界的人来说，这是一次极好的机会，应该广泛积累资料，博采群体智慧，深入分析研究，写出更有见解、更符合实际、有现实意义的当代金融史来。

从六十年来的金融变迁看，经济决定金融，金融反作用于经济这一唯物史观

① 乔治·索罗斯：《2008年的崩溃风潮》（下），《南方周末》2009年3月5日。
② 中国人民银行调查统计司：《中国金融统计》，中国金融出版社，1992年。
③ 任统：《2009年上半年金融运行分析》，《中国金融》2009年第15期。

的基本原理还是应该遵循的。六十年中，经济发展较好的时期，金融的功能作用发挥得更充分，经济效益和社会效益也较好。反之搞严重违背经济规律的"大跃进"，金融也就随着货币大投放，信用大扩张。笔者不熟悉晋商发展的历史，但推想晋商发展与山西票号发展的关系也大抵如此。金融的反作用的确相当大，并且有相对独立的功能，但是它总得受制于经济。马克思是最早评介信用的作用巨大的先导者，他在《资本论》中说过，"信用制度会作为有力的杠杆发生作用，但是它仅仅是和生产方式本身和其他重大的有机变革相联系的一个要素"①，这一论断是我们正确认识两者之间关系的关键。人们运用金融手段，一定要牢牢掌握这一分寸，不顾条件、环境，不看制约因素，盲目扩张，一味求速，必然是事倍而功半，欲速则不达。这的确是正确认识金融作用功能的道理所在。金融功能作用再大，总不能说金融能决定一切，金融能包打天下。别的国家的金融实践也足以说明这一道理。

日本在 20 世纪 80 年代经济高速发展时，金融业是何等辉煌，大家在歆羡之余纷纷夸奖日本金融体制如何如何合理，日本银行办得如何如何出色。当时日本兴业银行办培训班，一批批中资金融机构从业人员到日本去学习。20 世纪 80 年代末、90 年代初日本经济泡沫破裂，十多年来经济难以复苏，日本金融业也困难重重，从此人们就不大称赞日本银行和它的制度了，相反还出现一些贬低之词。其实并不是日本银行在 20 世纪 70 年代、80 年代就办得好，90 年代就办得不好，而是经济在决定着金融。

2001 年美国纳斯达克市场股指由 5040 点下跌到 1300 点，这一股灾无疑宣告美元帝国证券市场久盛不衰神话的破灭。2008 年美国爆发金融危机，更能说明脱离经济发展需要的金融资本王国是不可能立于不败之地的。靠玩弄虚拟资本解救资本主义固有矛盾的企图最后也必然成为幻想。

银行和工商企业的兴衰基本上是同步的。银行发达的基础是工商业的兴旺。山西票号的兴起主要也是以晋商经营商业发达为基础。商业文明终究是人类进步的阶梯。工商业繁荣发达，银行的贷款到期顺利收回，呆账坏账少，银行盈利多，资本积累也快。如果企业经营状况普遍不佳，必然使银行的呆账增多，企业发生危机，银行也就难以逃脱厄运。经济与金融的关系，本质上是源与流的关系，源远流就长，上游源头缺水，中下游也就水流不畅。

参考文献

[1] 洪葭管：《上海金融志》，上海社会科学院出版社，2003 年。

---

① 中共中央马克思恩格斯列宁斯大林著作编译局：《马克思恩格斯全集》，人民出版社，2005 年。

［2］洪葭管:《中央银行史料》,中国金融出版社,2005 年。

［3］中国人民银行调查统计司:《中国金融统计》,中国金融出版社,1992 年。

［4］尚明:《当代中国的金融事业》,中国社会科学出版社,1989 年。

清代太平县① 四大商人家族

黄鉴晖　孙长青　宋培进　黄文胜*

这个课题在 20 世纪 70 年代有人传给我们，种种原因没有调查，趁一个长假，一行四人去实地调查。加之查阅县志等古籍，初步弄清四个家族的历史面貌。述下：

一、赵康尉家

太平县赵康村距县城二十余里，处在前往绛州的大道上，车来人往，是个集市，尉家是受乡人推荐，从本县南赵村迁来的。

尉家是河南叶县尉家庄农民尉得胜，学有打铁手艺，携妻及学徒，两副扁担，明末逃荒来到南赵村，为村民打造农具、炊具为生。一开始，为能站住脚，曾承诺来料加工，大活收钱，小活免费，并可以炭、铁、米面顶替加工费，为打造者提供了便利，招来生意日多，一做就是三年，也改善了生活。

义店村文益升姑姑嫁到南赵村，他常来闲住。一次听村民讲河南铁匠为人忠厚，心灵手巧，吃苦耐劳，勤俭持家，逃难来此，不几年生活过得挺好，很是羡慕，欲拜访结识。益升是个热心人，在交友中凡自认为可交往的，总爱给人提些谋生致富的意见。人常说做生意，要靠"天时、地利、人和"。南赵村小人少，这个地利条件，就不如赵康，他建议得胜迁移。

得胜迁赵康时，文益升又帮他置买土地、建房屋，规划烘炉，既打铁又种地，生意越做越大，比如烘炉由一盘、两盘、三盘，最多达二十一盘，炉工百八十，成为大型工场手工业。

生产规模的扩大，不言而喻，生产收入多，资本积累也多。从明末到清初的十几年间，资本在满足冶铁生产备料、成品之外有了闲余，得胜欲开发商业。做

---

① 太平县，民国改称汾城县，今称襄汾县。

* 黄鉴晖，山西侯马人，山西财经大学副教授，执笔作者；孙长青，山西忻州人，山西财经大学讲师；宋培进，山西太原人，供职于中国工商银行山西省分行；黄文胜，黄鉴晖之子，供职于山西财经大学。后三位主要从事采访、资料收集整理工作。

什么生意？听先人们说，天下万万人，最当紧的是粮食，再次是食盐，人人需要，做盐生意只赚不赔。中国各产盐区，各有行销区。河东盐，行销山西平阳、潞安、泽州等府州，河南南阳、河南、陕州等府州，陕西西安、兴安等府州，共计 173 个州县。叶县属河南南阳府，于是决定做河东盐商。得胜不易脱身，伙计不便托付，请原籍叔父尉镜出面经营，后来尉家又做了两淮盐商。

河东盐池，在明末之前为官办，靠劳役制征集农民采盐。明末开始畦地招商，自出资本，雇工采盐，出现了资本主义的生产方式。清初，全部畦地招商采盐，成为完全的资本主义生产盐池。

"畦归商种"后，盐商区分为坐商和运商。坐商领用畦地，按年缴银，取得畦地使用权，雇工采盐，盐卖给运商，坐商是盐的生产商人，运商是推销盐的商人。从清代长期来看，尉家一直是个运商，不曾做过坐商。

坐商领用的畦地，有的不想干了，就将畦地转售其他坐商，这种现象"亦已有年"，但却不准售于运商。山西巡抚衡龄任内（嘉庆十四至二十二年，即 1809 ～ 1817 年），曾欲将坐商抛弃的畦地，"原约价值共银两千三十两，令殷实商人尉世隆等照数捐出置买，以杜私采"，因不符规定，"旋奉部议，凡属畦地，均系坐商经营，与运商无涉，大小池似应归于坐商承买"（《增修河东盐池备览》），不予准许。

尉家传至四代尉维模，或六七代尉世隆，仍是运商，一年销往山西凤台、翼城、安邑、永济县和河南沁阳、康县的额引、代销、除引共 286 名 759 引。"名"是盐引的计量单位，一名 120 引，这样，286 名 ×120 引 +759 引，等于销往各州县盐 35079 引，河东盐一引重多少斤？累有变化，至清末每引重 240 ～ 800 斤不等。就按 240 斤计算，年销盐达 8418960 斤，说明是个大盐商。

据说，尉家传了十三代。县志上只查到五代，六或七代尉世隆是《盐法备览》记载的。三、四代各有兄弟 8 人（不知全否），人丁兴旺，是个大家族，院舍占了赵康村的一半面积。

尉得胜重视对子弟文化教育，先请的先生是文益升，乾隆初年请来郑板桥，最后请的是本县西里村李师白，后两位都是进士。因而，第三代有两人为仕：尉涛为户部河南司员外郎，升任刑部浙江司郎中；尉涵任繁峙县教谕，尉泉考得举人。

第四代有两人成为太平县的人物，记入光绪《太平县志》，为治理家政的贤达：尉维棣"天资明悟，气局宽洪，识大体，能肩巨任，家世业务，洞悉利弊，经理有方，训弟侄，敦品行，不染浮华。博览史鉴，修镇堡，立家祠，友爱至情，至老不衰。"继者为尉维模，"生而敦厚，读书励行，克承家训，识大体，诸自奉绝，孝友乐施，终身弗□，督家数十年，登门履田，从从抚无，镇筑堡捐资独多，抚宪赠匾曰'圭璋特达'"。尉维模在嘉庆五年（1800 年）是河东盐池的领军人物之一，盐商为清王朝共捐银 218 万两。嘉庆十六年（1811 年），皇帝"西巡台山，承办差务，蒙恩与宴，并煮粥赈两淮，钦奖'乐善好施'匾"。后来，治家者又变为尉维柄，三个一代人，轮换当家，说明年龄悬殊，所以弟侄一起受教育。

尉家何以衰败？因何而败？没有可凭的传说，不再记叙。

二、北柴王家

传说，先有赵康尉家，后有北柴王家。这是怎么回事？

北柴王家与赵康尉家都是明末前后河南逃荒者，王泰来独轮车推着母亲来，农民没有其他生产技术，曾充尉家雇工，小伙子长得帅，又老实能干，逐渐在尉家成为专管农业和畜牧的头头。尉家闺女年方二八，对泰来颇为喜欢，其父母也有同感，管家先生出面与泰来沟通，泰来如久渴得到一碗水满口同意，但要结婚尉家有个条件：泰来必须交出捡来的外财（传说是金砖）。泰来交出外财，尉家出钱给王家建房院、办喜事、传给经验，做起盐池生意。

王家没有留下家谱，始祖王泰来是调查中村民记忆的传说。光绪《太平县志》查到王永祚 1 人、王之纶等 2 人、王协等 7 人、王润翰等 2 人的名字，多少说明家族发展的一些情况。

从第二辈王之纶、王之缚两人看，此时王家既经商又从仕，是个官商结合的家庭。由于子孙从仕加级，祖父和父亲有了封赠；从商的捐输议叙有官衔，祖父、父亲也可有封赠。封赠，一般是中宪大夫、资政大夫或者刑部员外郎之类的虚衔。

王之缚是个从仕的，他曾"捐膏火以振文风，士习丕交，施乐饩以起残疾，人寿克终。乾隆十六年（1751 年）、二十二年（1757 年）官恩频加顶戴，赏施貂皮、荷包诸珍物。其积德厚，而际遇隆，实有□历"。

在史料中查到的第三辈王协、王琯、王晶、王勉、王棣、王勋、王勷、王栋等 8 人，应该说是王家最兴盛的时期。这期间，王协成为河东盐商领军的头号人物，在盐商中的影响力和财力都超过赵康尉家；从仕的王琯、王晶、王勉三人既为国家的发展做出贡献，又得到当政的奖赏。王勉在"由国子生待诏，仕刑部江苏司员外郎"，告归仕途之后，于两淮捐输煮赈，"督宪给匾以奖"。王晶"少时读书，即以利济为怀"，当"仕刑部贵州司员外郎，江左办差务，屡邀殊恩，以道职加按察使衔，恩加一级，御赐书福字，九老合诗，朝珠、荷包等物。皇太后赐自用缎十二匹、貂皮六十张，以及食物、赐宴圆明园，恩加一级"。

由于王晶从仕加级，他祖父王永祚，以孙晶加级，赠资政大夫，刑部员外郎，加按察使衔，即用监事；父亲王之纶，以子晶加级，赠资政大夫，刑部员外郎，加按察使衔。王勉从仕加级，他父亲王之缚封中宪大夫，刑部员外郎，晋资政大夫。

王协，经理河东盐业数十年，并且是两淮的大盐商。"乾隆庚子（四十五年，即1780年），甲辰（四十九年，即1784年），逢两次南巡，逐办差务，恩加一级，又恩加一级，赐宴并御书福字，御前落叶诗、并图洛水，兰亭、貂皮、荷包、朝珠诸珍物。"从而在北柴西南门外对面，建立"五福"石牌坊一座，"庚戌（乾隆五十五年，即1790年）奉旨"又在西南门外建"七世同居"石牌坊一座，所谓"七世同居"是上指王协高祖王廷仪、曾祖、祖父、父亲，下指王协及其子王××，孙王芬等七辈人，说明王家人丁兴旺。"设位题名，于忠义孝弟祠，蒙恩加三品顶戴，赐宴并貂皮、纱缎。"嘉庆丙辰（元年，即1796年）捐输，议叙盐运使衔，又在两淮煮赈，并捐商婴堂食费，恩加三级，钦奖"乐善好施"匾额，再在西南门外建"乐善好施"石牌坊一座。

嘉庆初年白莲教起义，以王协、尉维模为领军人物的河东盐商向清王朝捐银218万两，帝只收150万两，余数让发还盐商，结果又被经办官吏借去10万两，被降旨查办。"谕内阁：前据（山西巡抚）伯麟奏，晋商绅士王协、尉维模等，因官兵剿办教匪，大功将届告竣，一切善后赏赐诸事费需，情愿捐银二百一十八万两，以备凯旋之用。……乃不料晋省府县缪晋、郭明德、陈圣域，竟有向富户王协之侄王濡翰及尉维模借贷银十万两之事，实属贪鄙不堪，已降旨将缪晋等革职严审。"（《清仁宗实录》卷七四嘉庆五年九月丁未）从发生这件事后，王协主持家政事再未见，也可能移交给别的兄弟或侄儿。所以他"往年研精八法，尤嗜《南华马蹄秋水之章》，日吟再三，声琅琅出户外，寿八十卒"。

接替王协理家的是王恒泰，并成为河东盐商。嘉庆五年（1800年），那次发还捐款中，王协之侄王濡翰借款给官吏，显出家庭财政有分散，王恒泰接任后盐商的名字也成了王恒泰、王久泰、王履泰三人了，进一步说明弟兄分居了。

王恒泰、王久泰是河东盐商的坐商。坐商一百数十家，分为五等，恒泰属一等排名首户。王恒泰、王履泰又是河东四十家运商的两户，查河东运商向系五十八家，说明运商比昔日少了十八家。

王恒泰行销河南省邓州、桐梅、唐县、陕州和山西临晋县额引、代销、除引373名（×120引）加911引，共45671引，折合10961040斤。

王履泰行销河南新野县活引6名（×120引）加20引，共计740引，折合177600斤。另外，履泰还在两淮销盐，一盐商账本记载有履泰向其购买两淮盐1000引。

王恒泰还为家里两位寡妇建了节孝牌坊。王勋、王勖两位英年早逝，王勖也没留下儿女，二人的妻子守节又孝顺公婆。嘉庆十八年（1813年），在西南街，一前一后，相距数十米为她们二人各建一座节孝石牌坊。至此，王家建了五座牌坊，前三座早已毁坏，唯此两座保留至今。

嘉庆而后道光、咸丰、同治、光绪，王家是延续发展的，但不幸光绪年间家遭一次大火灾后，可能觉得再在北柴居住不吉利，举家外迁他地，今村民也说不清外迁何处。

三、南高刘家

据家谱记载，至民国，南高刘家已经传到 16 代。家庭成员被记入光绪《太平县志》的，是从 9 代开始的，已经是家世素封的了。

刘家发家史是从集中土地和开设各类商业开始的。在河南南阳、叶县、凤城、赊旗有土地 20 余顷，相应在各县开设有字号、商业之外，兼收地租。在太平县、太原、北京等城市开设字号，以药材生意为大。

九世刘若蕙，武生，捐输议叙通判，以子刘体直赠朝议大夫，钦加运同衔，霸州知州。

十世刘体正（1774～1841），善事较多，先是"南高村义学，村人刘体正捐资设立，后人踵行之，延师授徒，至今（光绪八年，即 1882 年）未废"。接着嘉庆九年（1804 年）、道光十八年（1838 年）两次捐钱捐粮，救济本村受灾村民，深为村民爱戴。在他去世后十年，即咸丰元年（1851 年）村民出钱，为感恩报德，在其老宅西墙外，南北街上建立"德行"石牌坊一座，保存至今。

十一世兄弟五人，有三人被县志"人物"记录。刘向经"家素封、性豪、遇国家捐输事，辄首倡之，以为邑人劝。交游最广，而尤善近交士研，所居日集思广益以自励。时子侄辈登贤书者已三人，知天之报，施善人，固不爽矣"。所谓登贤书者三人：

（1）刘笃敬，同治丁卯科举人，刑部学习主事，加员外郎衔；据此，其父刘向经赠通奉大夫，其祖父刘体正晋赠通奉大夫。

（2）刘松茂，郎中秩加级，其父刘向铺赠通奉大夫，其祖父刘体中赠通奉大夫，其曾祖刘若兰赠通奉大夫。

（3）刘景贤知府秩加级，其父刘向明赠通奉大夫，其祖父刘体仁赠通奉大夫。

由于家庭经营药材商业，向经兄弟两人，经常向贫病的村民施药。刘向书"生有至性，善体亲心，家世素封，委仲弟经理，未常过闻。日惟以笔墨自娱，兄弟间怡怡如也。常施药以贫病，人多德之。刘向铺读书聪颖，早岁食饩，后以家务，匆匆不获。卒举业，精小儿科，恒蓄刀圭上选，以济贫而病者，人咸德之。生平好善乐施，如修考院、筑城堡、急公好义，数十年如一日。今其子松茂，承其遗教，大有父风云"。

在经营药材生意中，采购药材量大品种多，难免发生霉变。当"柴胡"霉变不能再出售时，就命伙计当柴烧掉，所以当地流传刘家"拿着'柴胡'当柴烧，出了北京问南高"。

从十世到十一世虽然对国家、太平县和社会、村民多有捐输和捐助，但并没有得到皇帝钦奖的"乐善好施"的匾额。十二世刘笃康以知府的身份、以祖父刘体正的遗命，给国家"捐锦衣一千套"，换来钦奖的"乐善好施"匾额，并于光绪十六年（1890 年）十二月，在村北外原刘家花园处建"乐善好施"石牌坊一座，保存至今。

刘笃敬（1849～1921）辞掉刑部学习主事官职，最早先去了光绪二十二年（1896 年）设立的山西商务局，成为三个绅董之一，从此为山西现代工业发展效力。商务局于光绪二十四年（1898 年）筹办新绛纺织厂，光绪三十二年（1906 年）筹办同蒲铁路公司，刘笃敬除继续任商务局（后改为农工商务局）绅董外，曾兼任同蒲铁路公司总办，山西省商会会长，保晋公司经理。因在赎矿运动中建有功绩，光绪帝朱批，"渠本翘著赏给四品京堂，刘笃敬著赏给五品京堂"。男女婚事，讲门当户对，祁县渠本翘的女儿，嫁给太平刘笃敬的儿子，迎亲要走数百里路程。

刘笃敬除为山西省近代工业出力外，自己投资 10 万两白银，在太原南肖墙街，于宣统元年（1909 年）创建"太原电灯公司"。从此，结束了太原没有电力工业的历史。

进入民国时期，刘家又有什么发展？村民也说不出来。因为刘家在抗日战争时期外迁他处。

四、西贾仪家

西贾村住户中，仪家的后代不少，最年长者 89 岁，村民说他对仪家先祖了解，当上门调查时，先生只说家里没有家谱，前几年稷山县来人，说他们是从西贾迁去的，想了解家谱，也没法提供，又说过去家里祠堂在时，过年全家人都要去祭祖，按辈分排列，现在祠堂没了，一家人不认识一家人了。

仪家是先为官后为商，还是先为商后为官，谁也说不清楚。至于为商，是去陕西、甘肃做生意，涉及棉花、茶叶两行，这同明清两代晋南人多去陕甘经商是一致的。

《太平县志》查到仪家五人，多数没有辈分记载，但说明家庭重视文化教育，出了两个举人和一个知县。如"仪凤祯，西贾人，举人"。可能是仪"表子"。"仪世麟，西贾人，举人，凤祯子。"

"仪其健，西贾人，任昌平州判，补郴判，升安福县知县，俱有嘉绩。"虽两个儿子都已去世，但"两媳皆遗腹生孙，人称为正之报"。

太平县设有试院，参加乡试合格者，可获得"秀才"学衔。试院有一种费用叫"膏火"，是用于参加乡试的困难学子的补助。膏火费，一般是由乡绅捐助的。仪家在30年间，两次捐银。

道光五年（1825年）知县李炳彦劝西贾州同仪茂，捐膏火银一千二百两……助兴文教，册存礼房。

同治三年（1854年），知县章寿嵩，因书吏侵渔，膏火知缺，又劝邑绅符忠等，捐膏火银一千五百两，一统发当生息，碑立试院。

知县亲自劝仪家捐膏火费，在尉家、王家、刘家还未见到，也说明仪家人是有钱的。

仪家的事只能说到这里。仪家院落毁坏，同其他三大家一样，除"文化大革命"之外，一般都是20世纪七八十年代开始的。理由是：房屋虽好，但院子过窄阳光不好；房屋进深过浅；或者儿子结婚需另盖房等。西贾一座坐北向南的四合院，北房、西房已拆，东房、南房（含大门洞）尚在，东房的插廊柱子，直径总有三四十厘米，柱下有石雕基石，房檐下有木雕。这也是在各村仅能看到的一点。第一，各家房屋毁坏，原调查想如房屋存在，请地方开发旅游景点也就落空。第二，我们的调查比原传说的四大家族，还有进一步的说明。原传说是：太平县有四大家族，曰赵康尉家、曰北柴王家、曰南高刘家、曰西贾仪家。尉家最早，发于明代，商业主要以经营丝绸和盐业为主，商号设在苏、扬两府，河南和山西境内。清初"屠扬十日"，一蹶不振，倒了下来。王家传说发于尉家。初在尉家当长工，后外财发家，娶尉家小姐为妻，也经商于苏、扬二府。因此，当地有"没有尉家，也就没有王家"的传说。一百多年即倒了下去。接着起家的是刘家，约在清初，家舍建筑取"扬州式"。刘家财来两路，一是河南的石家店有"千顷庄园，从事地租剥削"；二是经商于京师、天津和河北一带。商业有钱铺、京货、杂货和药材行。刘家药材生意做得比较大，流传着"拿着'柴胡'当柴烧，出了北京问南高"。刘家由太平去京师，因沿途都有他的商号，进京不住店，庚子事变，京津损失严重，在本已空虚的情况下，迅速倒了下来。仪家较差，没有兴盛多久，清末前也就败了。

论开中盐法的演变与明中后期
边镇纳粮体制的瓦解

——明政府放权让利与利益集团
垄断盐业市场的考察

高春平*

开中法是明朝政府通过国家所控制的食盐专卖权，让商人输纳以粮食为主兼及货币、茶叶、马匹、草料、棉布、黑豆诸种军需民用品到全国各指定仓储，然后换取盐引运销获利，从而解决国家以边饷为主，兼及赈灾、救荒、济漕等多种社会需要的一种良法美制。开中法源于北宋的"折中"法。洪武三年（1370年）六月，开中法由山西行省率先倡议施行，旋即得到明太祖批准，并迅速推广到全国。洪武以后，开中的内容随着社会经济的发展和国家的需要逐渐由纳米中盐、纳钞中盐繁衍为纳铁中盐、纳金中盐、纳银中盐、纳麦中盐、纳豆中盐、纳马中盐、纳茶中盐、纳绢中盐、纳棉布中盐、纳谷草中盐12种方式，从而使盐在社会产品交换中充当了几乎万能的媒介角色，其中纳范围和产生的影响比宋代更为广泛深远。开中法的实施不仅使山西商人一跃而起称雄商界，而且带动了农业、手工业、商业的发展，对明前期边储、盐政、商贸产生了重要的作用。进入明中叶后，随着商品货币经济的发展，极大地刺激了人们追求财富的欲望和生活奢侈消费的攀比心理。于是，中纳实物换取盐销售权的专利凭证盐引便成为官商、权贵、勋戚、武将等众多社会势力纷起争夺的目标。而明统治者滥发盐引、官商勾结、盐法败坏、私盐泛滥，加之"引"与"盐"比例失调及市场变化诸多因素的制约，终于导致了政府宏观失控和开中法的瓦解，进而影响到明中后期的边防、粮价、盐制、财政。以往学界对开中法有过一定研究，但许多方面仍有待作

---

* 高春平，山西离石人，山西省社科院历史所副所长、研究员。

进一步探讨。例如，明代中期边方开中纳粮制解体，到万历时不得不实行纲盐法，这是关系国计民生的重大问题。其原因复杂，牵涉面广，确实值得探究。有学者认为，"迄今为止，治明盐史者，大都依明代官修史书，将边方纳粮制解体归咎户部尚书叶淇的所谓'变法'，唯日本学者藤井宏另持一说，认为与叶淇无关。而纳粮制解体的真正原因，实在于势要占中卖窝营利，而不在所谓的'叶淇变法'"①。笔者对此难以苟同。因为山西大学历史系王守义先生早在20世纪50年代即有此观点。他说："弘治五年叶淇毅然主张废止开中制度以及商屯制度是一个势所必然的结局。开中盐引的弊病多如牛毛，国家赋税遭到莫大损失。边军粮饷早已由中央政府输送'年例'供应，在此情形下，叶淇只是就已形成的局势，加以法令的规定，以挽回财政损失而已。"② 笔者在查阅《明实录》等大量有关资料的基础上，认为势要占中卖窝营利只是纳粮制解体的重要因素之一，要弄清纳粮制解体的真貌，必须从以下五个方面详加剖析，才能说明问题。

一、明前期北边的粮饷供给体制

明初，朱元璋为解决驻防北部边镇抵御元军的数十万明军的粮饷供给，采取了屯田、民运粮、开中法三套制度，亦即军士屯种自补，百姓向北边输纳，商人纳粮中盐三结合。习惯上将上述方式生产运输到边镇的粮食分别称为屯粮、民粮、盐粮。军屯早在1358年就已施行，洪武元年（1368年）后不断推广，成为明前期，特别是洪武、永乐、宣德年间支撑北部边镇粮食供应的主体。边镇军士由政府拨划空闲荒地，配给耕牛、农具、种子进行垦殖。每名军士授田50亩，其目的是寓兵于农，解决边储，减轻国家财政负担。正如朱元璋所说："养兵而病农，莫如屯田。现在海内安定，边境无事，如使军队坐食百姓，民必受害，非长治久安之术。故令天下卫所督兵屯种，以便兵农兼顾，国用以舒。"③ 军屯在洪武年间收效甚大。例如，辽东镇，起初主要靠从山东、天津海运粮食。到洪武三十年（1397年），由于都指挥马云、叶旺在当地督促军士大力屯种，收获日多，朱元璋因此谕户部："近闻彼处军饷颇有盈余，今后不需转运，只令本处军士屯田自给。"④ 永乐以后继续完善军屯制度，还曾颁行"红牌事例"作为督促兵士缴纳屯粮和考核卫所军官实绩的依据。军屯的目的是解决边饷，进而减轻国家财政负担。但因北部沿长城一线多高寒地带，屯田产量因地而异，不能完全解决边镇兵马所需的全部粮食。以地处塞北的大同镇为例，洪武八年（1375年）

---

① 刘淼：《明代势要占窝与边方纳粮制的解体》，《学术研究》1993年第3期。

② 王守义：《论明代的商屯制度》，《南开大学学报》1950年第2期。

③ 《明太祖实录》卷93。

④ 《明太祖实录》卷255。

大同都卫屯田 26496 顷，岁收粟豆 99240 余石，^① 建议将屯军月粮依陕西例，月减三斗。朱元璋说大同苦寒，士卒艰苦，月粮宜加不宜减。另据《明会典·边粮》知大同镇额设马步官军 135718 人，马、骡、驴 51654 匹，需米、麦、豆 932564 石，草 169190 束，秋青草 1760000 束。其中屯粮 513904 石，民运粮 418860 石，草 6 万束，盐 8 万引。^② 由此可见，屯粮与民运粮是大同边兵饭食的主要来源，而明初的屯粮仅占后来定额需粮 93 万石的 1/10。因此，明政府每年还得征调北直隶、山东、河南、山西、陕西数省农民将缴纳后的粮食亲自运送到指定的边镇，这就是所谓民运粮。洪武时，民运粮主要由华北各者输纳。如辽东镇，由北直隶、山西输纳；宣府镇由河南、山东、山西、北直隶输纳；大同镇由山西、山东、河南输纳。关于山西民运粮的输纳数额与区域，成化十八年（1482 年）陕西巡抚都御史何乔新曾讲："山西所属夏税秋粮计 2703160 石。洪武、永乐间，自存留外，仅输给大同各卫并雁门、偏头二关。正统末年，虏寇犯边，乃以太原等府、泽、潞等州税粮输之宣府。成化二年（1466 年），官军欲捣河套，乃以各税粮输之榆林，自此存留数少。"^③ 可见，山西民运粮无论数额还是缴纳范围均呈由少到多、由近而远的趋势。特别是明中后期，大同在明代北部边防中外抗蒙古、内屏京师的作用重大，兵员、粮饷一增再增。正统时巡抚河南、山西兵部左侍郎于谦深感山西的赋役负担，特别是运交大同方面的民运粮额过重。因此，他建议每年从法司的赃罚银及江南的折粮银中拨出 60 万两作为专项资金，于收获期在边地收购贮存米粮，从而将山西原来的 155 万余石民运粮减免了大约一半。嘉靖初年，梁材在《会议王禄军粮及内府收纳疏》中统计的数字是：大同的屯粮为 124600 余石，民运粮为 586475 石。即民运粮为屯田粮的 4.6 倍。时隔 20 年后，潘潢在《查核边镇主兵钱粮疏》中记载：大同屯田粮按银两已折为 118575 两，民运粮为 586618 两，民运粮仍是屯田粮的 4.8 倍。这都证明，在明代山西农民的民运粮负担无论是按本色输运还是按折色货币计算都是很繁重的。

总之，明前期各镇民运粮的数额多在 10 万石以上。中期以后各镇定额详情见表 1：

表 1　明代九边原额屯粮、民运粮　　　　　　单位：石

边镇	辽东	蓟州	宣府	大同	山西	延绥	宁夏	甘肃	固原	合计
屯粮	700000	116600	250000	513904	80000	65845	107497	613188	324266	2771300
民运粮		110000	270000	418860	68033	280000	200000	246744	42130	1635767

资料来源：《明会典》卷 28《边粮》条例。

---

① 《明太祖实录》卷 96。
② 《明会典》卷 28。
③ 《皇明世法录》卷 65。

由表1可知，屯粮占主，民运粮次之。不过，具体到每一边镇情况又略有区别。如辽东镇，屯粮便可自给；延绥镇，民运粮为主；宣府、宁夏两镇则是民运粮多，屯粮较少。但在交通不便、靠车拉驴驮的封建时代，要把数十万石粮食运到边镇绝非易事。它对农民来讲既妨碍农作，又耗费巨大，故而在洪武三年（1370年），山西行省将此带有普遍性的问题上奏，并以大同粮储自山东运到雁北太和岭路远费重的事实，提出了用淮盐招商开中的变通办法。《明史》载："洪武三年六月，山西行省言：大同粮储，自陵县（今山东长芦）运至太和岭（今山西马邑），路远费繁。请令商人于大同仓入米一石，太原仓入米一石三斗，给淮盐一小引。商人鬻毕，即以原给引目赴所在官司缴之。如此则转运费省而边储充。"① 朱元璋觉得开中法利国、便民、惠商，便下令全国推广。商人纳米换盐的比例，依路途远近酌定。同年九月，中书省言："陕西、河南军储，请募商人输粮而与以盐。凡河南府一石五斗，开封府及陈桥仓二石五斗，西安府一石三斗者，并给淮浙盐一引。河东解盐储积甚多，亦宜募商中纳。凡输米西安、凤翔二府二石，河南、平阳、怀庆三府二石五斗，蒲、解、陕三州三石者并给解盐一引。"② 可见，从洪武三年（1370年）六月起，淮盐、浙盐、解盐都相继实施了开中法。从此，各边多召商中盐以实军储，盐的运销与军需供应相辅而行，有机地结合在一起。

二、洪武、永乐时期开中法的创兴与发展

洪武四年（1371年），明政府进一步规定了中盐则例，"输米临濠、开封、陈桥、襄阳、安陆、荆州、大同、太原、孟津、北平、河南府、陈州、北通州诸仓，计道里远近，自五石至一石有差"③。具体则例，依军情缓急、米价高低、道路远近险易、中纳者获利情形酌定。该年七月，户部拟令江西南昌、吉安、抚州、南康四府运粮10万石饷重庆。其商人中盐运米至重庆仓，淮盐一引，纳米一石二斗。次年三月，为征讨辽东纳哈出，命户部募商人于永平卫雅红桥纳米中盐，淮盐一引，纳米一石五斗。有时则例虽定，若发现不妥，便进行调整。例如，洪武九年（1376年）五月，中书省说阆县河州，原募商人入粟中盐，每引计米一石，道远费重，故商人稀少。于是命淮盐减米二斗，浙盐减米三斗。

洪武朝（1368～1398年）是开中法的创立奠基时期。由于朱元璋的重视，开中法的主要规制基本确立，中纳则例依军情、粮价、路途、利润酌定；开中地点以东北、西北为主，兼及西南边陲卫所粮仓和个别内地仓储；折纳范围以米为主，但也开始以钞中盐及其他食物货币中盐的方式。如洪武三年（1370年）十

---

① ③ 《明史》卷80，《食货四》。
② 《明太祖实录》卷56。

二月，户部奏报：陕西察罕脑儿有大小盐池，请设盐课提举司，捞盐夫百余人蠲免杂役，专事煎办。行盐之地，东至庆阳，南至凤翔、汉中，西至平凉，北至灵州，募商人人粟中盐，粟不足则以金、银、布、帛、马、驴、牛、羊之类验值准之。如此则军储不乏，民获其利，得到批准。总之，洪武朝是关键时期。开中法的实施比较正规顺畅，并对明代前中期100多年间社会经济的恢复和发展产生了巨大的"龙头"牵引作用。其特点可概括为三：一是以军事需要，即统一战争和充实边储为主；二是中纳食物以米为主；三是中纳对象以商人为主。

在洪武朝成功实行的基础上，开中法在永乐朝得到进一步完善和推广，并出现商屯，成为明代开中法的兴盛时期。不仅商人，就连大小官员、士兵、百姓也皆可纳粮中盐。但也正由于放开了官员经商的口子，为以后官商勾结、扰乱开中和国家的经济社会秩序潜伏下危机。明代中期以后，开中法逐渐被破坏，实源于此。所以，永乐朝既是明代开中法的兴盛时期，又是产生问题、潜伏危机的时期。

永乐朝开中法政策的重大转变就是放权让利，突破洪武时只准商人开中，"监临官及四品以上官员家人不许中盐营利"[1] 的祖制，不仅大小商人，就是各级官员、士兵、百姓皆可纳粮中盐。例如，建文四年（1402年）八月，刚刚经过靖难之役夺得侄儿皇位的朱棣为了充实北平各卫粮储，为以后迁都作准备，命户部悉停天下中盐，专于北平开中。于是，除云南金齿卫、楚雄府，四川盐井卫，陕西甘州卫照旧开中不停外，其余各地一律暂停，俟北平粮储足支3年后再行开中。永乐二年（1404年）二月，明政府根据山西布政司右参政薛绶的建议追加引盐以补路费。当时，户部尚书郁新奏报河东盐积聚很多，已令运至杨壶站递运所仓，又令各站转运到河东分运司。薛绶等认为"民贫路险，难以输运，宜令商人中盐年久者量增引数以为路费，使就关之，庶免劳民"[2]。明成祖让六部讨论，最后决定河东地方每引除定额200斤外再追加80斤盐作为路途险远的补偿。永乐十年（1412年）正月，明成祖又采纳两淮都转运盐使鲍深的建议，再次令各地暂停开中，为营建北京宫殿大量地召商中纳盐粮。而且，永乐时期中纳地域更加辽阔，永乐十三年（1415年）四月，交阯布政司说本境官盐乞定例召商，许以金、银、铜钱中纳。于是户部定议金一两给盐三十引，银一两、铜钱二千五百文各给盐三引。

当然永乐朝的开中除以迁都北京为侧重点外，充实边储仍是一如既往。永乐十二年（1414年）在宣府开中。永乐十八年（1420年）七月，镇守大同总兵官、都督刘鉴言大同左、右等卫仓粮支给将尽，"宜募商开中盐粮，以备边用。

① 《明史》卷80，《食货四》。

② 《明太宗实录》卷11。

下行在户部议。尚书夏原吉等议，河东盐每引米三斗五升，淮浙盐每引米四斗，俱令于大同输纳，不次支给。从之"①。明政府因发行宝钞太多引起通货膨胀，钞币贬值，民间少用，决定采用户部尚书夏原吉的建议，采取用钞中盐以回笼货币疏通钞法的权宜办法。这年九月，夏原吉与吏部尚书蹇义等定各处纳钞中盐则例，"沧州盐每引钞二百贯，河南、山东每引百五十贯，福建、广东每引百贯，输钞不问新旧，支盐不拘资次"②，这是自洪武二十九年（1396 年）首次以钞 5 贯中纳海北盐一引至桂林以后的又一次大规模纳钞中盐。由此不难看出，从洪武二十九年到永乐二十二年短短 28 年时间，宝钞已下跌 20 多倍。原来每引海盐只需纳钞 5 贯，而今广东、福建海盐每引增至纳钞 100 贯。而且，这次钞币贬值已非局部，而是明成祖多年用兵财力损耗过多造成的全国性的物价危机问题。不过就开中法本身来看，永乐朝还是发展期，西部的甘肃，东北的开原，西南的云贵、交阯，华北的宣府、大同一带的广大地区都程度不同地实施了开中的办法。而且，中纳方式更趋灵活多样，无论金银贵金属，还是铜钱、宝钞皆可按一定的价值比例中纳，开中的主体也由洪武时的普通商人放宽到允许大小官员军民人等多种阶层。同时出现的问题便是，达官势豪染指盐场，势必凭借权势，侵夺民利，扰乱盐法。这在明中叶后日益成为败坏盐政的一大毒瘤。

表 2　永乐朝开中法实施情况表

时间	奏请单位	纳粮地点	折率	纳盐品种	资料来源
建文四年 （1402 年）	朱棣	北平	3 斗 2 斗 1 斗 5 升	淮浙盐 河东盐 川盐	《明太宗实录》 卷 17
永乐元年 （1403 年）	户部	曲靖	1 石 5 斗	安宁盐	《明太宗实录》 卷 17
永乐八年 （1410 年）	户部左侍郎 古朴	云南	1 石 3 斗 1 石 5 斗 2 石	黑白井 安宁井 白盐井	《明太宗实录》 卷 102
永乐十年 （1412 年）	户部	凉州	3 斗 5 升	淮浙盐	《明太宗实录》 卷 125

①　《明太宗实录》卷 227。

②　《明仁宗实录》卷 2。

时间	奏请单位	纳粮地点	折率	纳盐品种	资料来源
永乐十一年 (1413年)	贵州都司	贵州卫所	1石 1石5斗	黑盐 井川盐	《明太宗实录》 卷139
永乐十二年 (1414年)	行在户部	宣府	4斗	淮浙盐	《明太宗实录》 卷154
永乐十三年 (1415年)	交阯布政司	交阯	金1两 银1两	盐30引 铜钱2500文 盐3引	《明太宗实录》 卷163
永乐十三年 (1415年)	监察御史 萧常	山海卫 永平	5斗	河间 长芦盐	《明太宗实录》 卷166
永乐十七年 (1419年)	贵州都司	善安卫	2斗	川盐	《明太宗实录》 卷206
永乐十八年 (1420年)	镇守大同 总兵刘监	大同	3斗5升 4斗	河东盐 淮浙盐	《明太宗实录》 卷227
永乐十九年 (1421年)	户部尚书 夏原吉	广宁仓	5斗	淮浙盐	《明太宗实录》 卷240
永乐二十二年 (1424年)	户部尚书 夏原吉 吏部尚书 蹇义	全国	钞300贯 钞150贯 钞100贯	沧州、河东 山东、福建 广东盐	《明仁宗实录》 卷2

由表 2 可见，明成祖根据迁都和巩固边防的需要，每年都要由中央职能部门户部奏请实施对各地卫所仓储开中招商的具体办法细则，有时也采纳地方政府官员或边镇驻军将领及仓储负责人的建议，根据临时需要在当地施行开中。当时，全国以两浙、两淮、河东、长芦、四川、广东为主的六大盐场及云南、福建、河北等地的小盐场都程度不同地施行了纳粮中盐政策。而且，永乐二十二年（1424年）开中法在全国得到大规模推行，实施程序更加完备。永乐朝开中的具体步骤可分为报中、守支、市易。报中就是盐商按照明朝政府出示的招商榜文所要求的开中内容，把军需物资运送到指定地区仓库交验，向政府领取相应数额的盐引；守支就是盐商领到盐引票证后，到指定盐场凭引守候支盐；市易则是盐商把盐运到一定的行盐区域去销售获利。有的盐商为了减少运输成本，增加利润，于边地就近雇人垦荒屯种，把收获的粮食就地纳仓换取盐引，这便是商屯。商屯在永乐年间已大量出现。史称："永乐中，令商于各边纳米二斗五升或粟四斗，淮盐一

引。于是富商大贾自出财力，招游民垦田，日就熟而年谷屡丰，甘肃、宁夏粟石值银二钱，而边以大裕。"①

综观《明太宗实录》及其他有关资料可知，永乐朝发展了洪武朝的开中法。其特点可概括为三：

第一是军事需要，亦即四处征战和充实边储进而巩固国防需要为主。永乐朝开中纳粮的地点有80%集中在北部和西南边镇的卫所仓库，这是和明成祖五次亲征漠北及出兵安南的军事需要密切相关的。当时北部九边驻扎了近百万兵马，形成了庞大的军事消费区，而屯粮和民运粮难以满足军需，必须倚重商人转输，实施开中办法，每年解决边镇一部分兵饷。

第二是侧重营建北京新都。建文四年（1402年）和永乐十年（1412年），明成祖两次令全国各地暂停开中，大规模地集中在北京开中纳粮，规定必须使北平粮储足够数年食用后才许别的地方开中。

第三是中纳实物仍以米为主。洪武朝除极个别时期用金银、宝钞、布帛、牲畜中纳外，其余都是纳米中盐。永乐朝也是，除永乐十二年（1414年）和二十二年（1424年），用金、银、铜钱、宝钞中纳外，其余都是以米中纳。这既反映出洪武、永乐时期政策的连续性，又证实明初种植农作物的单一和社会经济正在逐步恢复。洪武时期淮盐与米的比率前后起伏较大，而永乐时期淮盐每引与米的折率起伏不大，反映出永乐年间随着经济的恢复，物价比较平稳，米价稳中有降。例如，建文四年，纳米3斗换盐1引；永乐十年（1412年），则纳米3斗5升换盐1引；到永乐十二年（1414年）纳米4斗换盐1引；再到永乐十九年（1421年），纳米5斗才换盐1引。可见，永乐朝盐贵米贱。另外，也可看出，从洪武后期到永乐年间，宝钞大幅贬值。如洪武二十九年（1396年），纳钞5贯换盐1引，到永乐二十二年（1424年），纳钞300贯才换盐1引。36年间折率悬殊60倍，货币贬值十分明显。

三、明中后期北边纳粮体制的逐渐败坏

开中法从洪武初创到仁宣时期是其兴盛阶段。在这50多年间，明王朝的社会经济迅速恢复和发展，吏治清明，国力增强，国家呈现上升兴旺势头。特别是经永乐时的全面推进，在国计民生中的作用日益显著。仁宣之后，特别是明中期，剧烈的土地兼并浪潮不断地冲击着北边纳粮制的物质基础。在这股狂潮中，屯地被侵占、民田遭侵吞的现象愈演愈烈。从宣德年间开始，屯田制、民运粮、开中法便不同程度地出现了问题。特别是成化以来，统治者滥发盐引，北部边储

---

① 顾炎武：《天下郡国利病书》卷28。

纳粮体制逐渐解体，到弘治初年国家边防开支政策不断变更，导致嘉靖、隆庆年间开中法完全受到破坏。

英宗后期，三杨年老，王振专权，边镇各级管屯将官、镇守太监以及王府、势豪等抢占屯地，私役屯军之事时有发生。他们"往往占种膏腴、私役军士，虚报子粒"①。屯军不堪忍受压迫便不断地逃亡，于是政府用超经济手段强制屯垦的主体劳动力大减，屯军的流失和屯地的被侵占，自然使屯粮减少，民运粮追加，于是屯田制首先受到破坏。

民运粮负担的加重与屯粮的减少和蒙古骑兵的频繁入犯均有关联。同时，民运粮的加重又带来了农民承受不起被迫负欠的问题。山西平阳府所属州县"秋粮当输入大同天镇诸卫，道里一千里，民苦挽运，负欠累年"②。宣德五年（1430年）闰十二月，户部奏称甘肃、宁夏、大同、宣府、独石、永平等处俱边境要地，民粮艰于转输。"比年虽召商中盐，途程险远，趋中者少，供不敷。宜暂许各处寓居官员军余有粮之家各纳米豆，不拘资次于淮、浙、河东等处支盐。"③这些官员军将之家何以能有多余粮食用于纳米中盐，供应宣、大、甘、宁数处边镇军储，恐怕与大量占种屯地、私役军士不无关系。同时，户部的奏折说明宣德后民运粮的负欠、屯地的侵占、开中法的破坏已不是山西省的个别现象，而是边镇普遍存在的问题。到正统以后，随着政治的日渐腐败和商品货币经济的刺激，统治集团的贪欲犹如决堤洪水一发不可收拾。于是中纳实物换取食盐销售权的专利证券——盐引更成为权贵、勋戚、武将、奸商等特权势力角逐的目标。这批社会蠹虫，利用各自的身份特权，纷纷占窝奏讨，从中牟取暴利，以致造成引盐壅滞、私盐泛滥。尽管明政府曾三令五申严禁势要中盐以减少盐课流失，但收效甚微，因为皇帝本人就是破坏禁令的罪魁。可以说军屯是北边粮饷供给体制的主体枝干，民运粮为其供血源，开中法有如从体外输液。这三者既互相依存又互相影响，如果一旦败坏，便意味着北部边方纳粮体制基础的破坏和动摇。明中期开中纳米的弊端如下：

（1）守支长久，报中日少。洪武、永乐间，盐法严明，商人纳粮后持引到指定盐场便可支盐。但进入明中期，由于米价日涨，开中项目渐多，加之势要染指，盐不足支，商人持引守候经年支取不到食盐，严重挫伤了盐商报中纳米的积极性。为此，明政府不得不一再降低盐与米的中纳比例，并于宣德五年（1430年）实行"兑支"法，即商人持引在本盐场支取不到盐时可以到别的盐场支取。许多商人因守支之苦，多不愿到边地报中纳粟。正统五年（1440年）正月，两

---

① 《明英宗实录》卷108。
② 《明英宗实录》卷7。
③ 《明宣宗实录》卷74。

淮都转运盐使司奏称：各处中盐客商，"有自永乐中候支盐，到今祖父子孙数代不能支盐，生活百般艰难者。请如洪武中例，给钞还其资本以便民。事下行在户部会议，以为洪武中每盐一引给钞二十锭，今请加十锭，有愿候支者勿强，从之"①。可是从洪武到正统近百年间，物价已涨数倍，宝钞不断贬值，况且随着商品货币经济的发展，民间交易多用银而不用钞。所以，名义上偿还资本，实际成效有限，对普通中小商人来讲，原先可以获取一定利润的盐引到此已成多年不能周转兑现的空头支票。此后，明政府又把淮、浙、长芦等盐按比例分为"常股"与"存积"两类来刺激商人报中的积极性。但旧的矛盾还未彻底解决，新的问题随之而生。争中"存积"盐的结果使"常股"盐更加壅积滞销，"存积"盐供不应求。商人仍因守支时间太长而越来越不愿报中纳粟。这是导致开中纳米难以维持的一个重要原因。正统十四年（1449 年）五月，又发生户部主事张斌、陈汝言状告盐运使耿九畴、巡按监察御史刘文一案。

此案的经过是：正统五年（1440 年），两淮盐运司奏准永乐中守支盐商有愿得资本者给予钞，不愿者仍听守支。但是判官薛华在执行过程中，不问商人是否愿意，一概将守支商人姓名移到南京户部给钞。不久，有不愿要钞者仍允许守支。于是，各商姓名重占二牍，给开中支盐带来麻烦。为此，户部奏派主事张斌同巡按监察御史刘文前往清理文册姓名。途中，张斌得泻病，怀疑刘文饭中下毒，便奏说刘文等怕他发其奸弊因而施毒使我吐泻，英宗命法司逮治刘文，另派户部主事陈汝言查究，陈汝言又奏盐运使耿九畴等犯有受贿重冒支给盐钞之罪，俱下法司问罪。经刑部审理，确证刘文并未施毒，张斌病属饮食不洁导致的痢疾。耿九畴也在法庭上陈辩自己并未受贿，重支盐钞乃因以前薛华胡为，造成一商占二册引致，本人只有失察之嫌和监管不严之责，绝无受贿之实。最后，英宗命张斌诬告谪戍辽东铁岭卫，陈汝言、耿九畴皆宥免不问，稀里糊涂地将此案草率了结。

（2）势要占中，巧取豪夺。所谓势要，通常指明统治集团中有权有势、身份地位显贵的一部分特权阶层，主要包括皇亲国戚、边镇官将、受宠宦官、盐衙官吏。其中典型者如正统时的宦官金英、通政使李锡，弘治时的庆云侯周寿、寿宁侯张鹤龄等。金英曾强取淮安府民船 60 余艘载盐牟利。李锡在正统十二年（1447 年）十二月指使家人输米 1200 石，欲支盐 2500 引，刑部以"官四品以上子弟家人不得中盐、竞小民利"劾奏，明英宗仍听令李锡支盐。到成化以后，势要奏讨占窝成风。"每岁户部开中年例，方其文书未至，则内外权豪之家，遍持书札，预托抚臣。抚臣畏势而莫敢逆其势，重得与数千引，次者亦一二千引。其

---

① 《明英宗实录》卷 63。

余多寡各视其势之大小而为之差次。"① 边镇到处都是权力与盐引的等级交易。在大同，权贵"每占盐一引，则可不出大同之门，坐收六钱之息。一引白得银六钱，积而千引，则中坐致六百金，万引可得六千金"②。这种依靠特权倒卖有价证券的行为，其利润之高，危害之大是不容忽视的。它以损害国家边储、败坏开中制度的巨大代价肥了一小撮社会蠹虫。

（3）官商勾结，卖官鬻爵。到明中期，商业贿赂严重，一般开中商人要投托势要勾结不法官吏必须以巨额钱财贿赂权贵，而这又不是普通商人能办到的。所以明中叶后，躬身转贩的开中商人不断缩减，投托势要的不法奸商越来越多。他们捣鬼的手法或是纳粮掺假或是虚出通关。早在宣德年间，便有奸商在纳粮时以次充好。到正统时，随着政治腐败，贿赂公行，竟发展到串通不法官吏，掺以灰土泥沙。正统六年（1441 年）六月，户部右侍郎张凤说副总兵吴亮奏贵州缺粮，移文令于龙江盐仓过称客商盐内支 5700 余引赴镇远等府收贮备用。结果发现龙江仓盐米"多杂以灰、土、泥沙，到彼价低，不堪易米给军"③。此外，按明制，商人纳米到边仓后，由仓场官吏验收，且盐引上注明纳粮品种、数量及应支盐额，并加盖印章，称作"通关"。但到正统时，一些奸商通过贿赂管仓官吏，少纳甚至不纳米却能盖印通关去盐场支盐获利。这比掺假危害更大，它使边仓未收到粮食，盐场却支付了盐，政府蒙受双倍的损失。特别是景泰、天顺年间，明政府剜肉补疮，利用开中法纳粮入监升官，明码标价，卖官鬻爵，"武职正千户以上至指挥同知减作五百石，副千户以下三百石俱升一级。总旗四百石，小旗四百五十石，舍人、余丁、军人六百石俱授以试百户，就注本卫管事，子孙承袭。若民人愿纳米豆六百石亦授以试百户，袭如武职"④，致使吏治更加败坏。

（4）走私猖獗，盐税流失。洪武时下场支盐不准多支更不许夹带。永乐朝已有公侯都督倍数多支。宣德十年（1435 年）五月，行在户部分析中纳两淮盐者少的原因时即指出："皆因役处军卫势要之家纵容厮役阻坏盐法，私出兴贩，辄数百艘挟持兵器，所至劫掠，巡司官兵莫敢谁何。"⑤ 景泰年间走私渐盛。"比者如商中盐，应者绝少，盖因私盐多而官盐阻滞。"⑥ 正统年间，法弛贿兴，走私更甚。宦官王振打着皇帝旗号"倍支官盐，船挂黄旗，府州县望风拜跪"⑦。成化以后，甚至发展到武装走私，公然与官府抗衡。他们"结党朋，操利器，与

①② 《明经世文编》卷 246。

③⑦ 《明英宗实录》卷 80。

④ 《明英宗实录》卷 200。

⑤ 《明英宗实录》卷 5。

⑥ 《续文献通考》卷 20。

官司捕役抗争一旦之命，赴眉睫之利"①。当时敢于造"遮洋大船，列械贩盐"者已非中小商人，而是强有力的富商巨贾、权门贵戚、闾里世族、军卫势豪组成的武装走私集团。这就造成了明中期"人得私贩，官盐沮坏，客商少中，无以济边用之急"②的不良局面，从而使国家盐税流失，财政收入大减。

四、边储由纳米为主转向纳银的内外条件

1. 社会经济的发展和折色制的产生

明中叶，社会经济出现了前所未有的发展。随着商品经济的发展，东南沿海地区的许多市镇产生了资本主义生产关系的萌芽，商品货币化的趋势越来越明显。正统初年，明政府在一些地方征收赋税时，改实物为折色，岁征金花银814000余两。田赋由实物折征白银，这是赋役制度史上的重大变革，标志着商品货币和经济的发展进入新的历史阶段。此后，各边镇民运纳米也逐渐向折色纳银制迈进。例如，辽东镇、宣府镇、大同镇、甘肃镇于弘治至万历年间先后折征。

成化（1465～1487年）时期，由于统治集团的奢侈腐朽和宦官汪直的奸欺国政，弄得明朝的财政、边防危机空前严重。统治集团对盐政之弊束手无策，只得在千疮百孔的开中制度上做文章。这一时期开中的规模方式空前，其特点有：

第一，由于西北战局紧张，兵马频调，开中方式由纳米为主扩张到纳粳粟米、麦、豆、草、马以应急需。成化元年（1465年）五月，兵部根据巡抚宁夏都御史陈玠所奏，开花马池盐召商中马以补足宁夏所缺4500匹马。成化三年（1467年）因小王子犯边，决定在大同开中两淮、山东、河东、福建、广东盐共10万引，纳草实边。此后又在成化六年（1470年）、十二年（1476年）、十三年（1477年）间，分别于延绥、大同、宁夏诸边实施纳马中盐、纳豆中盐、纳草中盐等办法解决燃眉之急。成化十三年（1477年）四月，小王子进攻大同，京师戒严。宪宗急召大学士刘健、李东阳、谢迁至平台商议。成化十九年（1483年），小王子再次大举进犯大同，败总兵官许宁，入河北顺圣川大掠，并以6000骑攻打宣府，进逼京师。明廷急命朱永充总兵官驰马至大同，会同宣府总兵周玉合击，才将小王子的攻势挡回。但这次失败，更暴露了边储空虚的问题。故而次年底，明廷根据浙江巡盐御史林诚的建议，"开中两浙盐课给三边、山西并大同，各开中四十万引。宣府五十万引。陕西一百三十三万一千六百余引"③。这次总计开中盐3031600引，是明代开中引盐数额最大的一次。

---

① 《明经世文编》卷409。
② （万历）《陕西通志》卷8。
③ 《明宪宗实录》卷259。

第二，将开中法运用于赈灾、济漕和抚治流民，进一步加重了政府的财政危机。成化五年（1469年）二月，开中淮浙等运司盐课18万引于荆、襄、南阳等处赈济。同年十月，又开中两淮、两浙、河东盐80万引于陕西赈灾民。成化十年（1474年）九月，为补充各仓所缺以备急用，于是定拟开中盐引纳米、麦则例，仅济漕仓储共开中两淮、两浙、长芦、山东盐100万引，① 按明制折算，则纳粮食达82.6万石，合13216万斤。

第三，纳米中盐、纳银中盐、京运年例银、盐钞银共同支撑北边供给。正统年间明政府通过国家财政调拨银两接济边储。例如，大同镇在正统七年（1442年）始有京运。正统十二年（1447年）令每年运银10万两于辽东籴买粮料。② 京运银起初是临时补救性的，后来逐步发展成定例，且数额越来越多，故称"京运年例银"。京运银、纳米中盐、纳马中盐、纳银中盐已逐步成为北部纳粮制的重要补充形式。成化十年（1474年），巡抚右副都御史刘敷疏请两淮水乡灶课折银，"每引纳银三钱五分"③。这是盐课折色的开始。四年后，明政府命陕西各边中开河东、淮、浙盐共80万引，明确规定"银粮则依时价订立则例"④。成化十九年（1483年）两浙盐课也许折银，每正盐一引，浙西场银七钱，浙东场银五钱。由此可见，到成化朝，由于屯田制的崩溃，边防、财政危机的加剧，纳银中盐、京运银已成为纳米中盐的重要辅助形式。不过，这时开中纳米的传统方式仍占很大比例，开中折银尚处于试点阶段。即所谓"成化间始有折纳银者，然未尝著为令也"⑤。

第四，势要占中，买卖引窝，败坏开中法更加严重。势要奏请开中，宣德、正统间已有之。到成化年间，此风更甚，直接影响到开中纳粮体制的运行。势要占中的方式往往是直接向皇帝奏讨中纳盐粮，也有一些奸商投托势要获取中盐特权。例如，成化二年（1466年）太监李棠乞令家人于辽东地方开中分两淮存积盐五万八千引，诏特准一万引。十二月甲寅，"有吕铭等八人投托势要，奏：欲运米赴辽东，中纳成化二年两淮运司存积盐五万五千引。有旨自中出。允之"。⑥ 按明制：召商中盐，户部定则例，出榜召商，方许中纳，无径奏得允者。时马昂为户部尚书，不能执正，盐法之坏自此始。成化三年（1467年）五月，户部"定拟辽东诸仓开中成化二年淮盐则例。定辽左、右仓各一万二千五百引，引一石四斗。三万仓一万引，引一石一斗"。可见，这次开中淮盐共65000引，按则

---

① 《明宪宗实录》卷133。

② 《万历会典·京运年例》。

③ 《浙江通志》卷83。

④ 《明宪宗实录》卷20、卷174。

⑤ 《明史》卷80，《食货四》。

⑥ 《明宪宗实录》卷34。

例，中纳粟米应 76000 石。但其中 1 万引为太监李棠奏请，"至是户部尚书马昂定为则例界之"。① 所以，这次实际开中淮盐当为 55000 引。这表明势要占中这种违法行为已为皇帝认可，并逼使户部屈从。其结果，势必是户部未开中前，势要已事先获悉并越过职能部门预先抢得盐引中纳特权。正像《明通鉴》所言："上即位之初，太监李棠等乞开中辽东盐万引，许之。自是请者日众。"这种不通过报中而占有开中盐引数的现象此后愈演愈烈。势要通过"径奏"方式，将实际上并不参加边方开中的盐引数掺入户部开中盐粮总额中，使开中盐粮水分日多，纳粮体制受到很大的冲击。

总之，成化朝势要占中以宦官为主，总额高达 28 万引之多，其危害极大。所以，成化十九年（1483 年）十月，户部议处大同边备事宜时即指出："两淮运司见有成化十七年（1481 年）、十八年（1482 年）存积盐三十万三千余引，宜以二十万引召商于通州仓领米运赴大同交纳。每运一石与盐二引，量地添减。不出二引之数，限一月以里完即与支给，不许势要中卖致误军饷。"② 尽管规定如此，第二年九月，还是有四名太监奏讨了全国最大的两淮盐的盐引 8 万多引。可见，成化时期宦官势力占窝夺引是多么猖獗。

2. 弘治朝叶淇变法

公元 1488 年，明孝宗即位，为了矫正其父统治时奸佞充斥、财政困窘、边防危机的状况，任贤抑奸，广开言路，先后任用余子俊、马文升、刘大夏等名臣整顿茶马、清理盐法，出现了弘治"中兴"。这期间，正是开中法由纳粮为主向纳银为主转变，亦即"叶淇变法"阶段。其特点是：

（1）继续推行开中纳粮。弘治元年（1488 年）五月，左都御史马文升，巡抚都御史罗明奏请召商纳粮西北。遂命甘肃等处仓场开中云南黑、白井盐 2 万引，四川盐课提举司盐 4 万引，山东运盐使司盐 4.5 万引，两淮运盐使司存积盐 4.5 万引。弘治三年（1490 年）七月，命大同、宣府开中两淮引盐召商纳米豆以实边储。"大同开成化二十二年及二十三年存积、常股盐共二十六万五千三百六十引，宣府十六万引，辽东三十四万引。"③ 当时，蒙古小王子、火筛控弦数十万，对明朝西北边镇不断进犯，构成严重威胁。为此，明政府连年大规模地在西北开中纳粮。弘治十一、十二、十四年三次总计在西北开中盐高达 64 万余引。弘治十八年（1505 年），小王子大举进攻，攻陷西北要塞花马池、清水营，引起关中恐慌，京师震动。幸亏粮储充足，兵部尚书刘大夏措置有方，才挡住了小王子的凌厉攻势，没有使"土木之变"的悲剧重演。

---

① 《明宪宗实录》卷 42。
② 《明宪宗实录》卷 245。
③ 《明孝宗实录》卷 40。

（2）清理盐法、食盐折银、叶淇变法。明朝的北部边防到弘治初积弊全面暴露。军卫缺员、马政败坏、盐法阻滞、茶法不行的现象十分突出。为了扭转危局，孝宗大力整顿盐、茶、马政，并在军事上确立了以宣、大为中心，以守为长策的战略防御方针。弘治二年（1489 年）二月，明政府决定从全国最大的两淮盐场入手清理盐法。不久，负责此项工作的户部左侍郎李嗣奏："两淮运司递年掣过引盐无虑百余万，而商人所缴截角引目十无二三，不严为之禁，则奸商投机不已，盐法为之益坏。"① 孝宗将奏章发下户部讨论。最后，户部提议让全国各盐运司、提举司每岁造册缴部，以凭稽考，获准。这次清理说明，政府盐政机关历年过账的引盐数目与开中商人实际交回的截角引目差距大到十之七八。换句话说，两淮盐场的引盐数额实际只有20%左右真正用于开中商人纳米中盐，其余一大半已为奸商影射，势要占夺。那么，如果任此发展下去，盐法势必越来越坏。所以，户部建议全国各盐政机关，每年除将秤过引盐数额造册报部外，必须将商人所缴截角引目同时造册缴部。这就是要堵塞盐务漏洞，防止盐政官吏欺上瞒下，搞两本账的把戏。另外，这次清理也证明，开中法弊端积重难返，名存实亡。因此，尽管令盐司每岁造册交部，实际上能否扭转此大势，孝宗未必不清楚，户部更不必说。但作为职能部门不能见死不救，而应尽量起死回生。所以，这次清理盐法已是强弩之末。弘治四年（1491 年）十一月，巡按监察御史周谈奏："山西户口食盐钞请如例折收银两，留贮官库准给官军俸粮，户部覆奏，从之。"这又说明，解决边储只有变通其他办法，不能死守旧规了。所以，就在这年，户部尚书李敏罢，由成化中曾官大同巡抚，熟悉边情，孝宗初入为户部侍郎的叶淇代替。叶淇上任后，非常清楚成化中皇帝挥霍，宦官折腾，西北用兵，开中纳米困难重重，致使国库日空、边塞缺饷的现状，同时又为兼顾主营盐业的徽商的利益，于是，上任第二年，便变开中之法，"请召商纳银运司，类解太仓，分给各边。"② 辩证地看，叶淇变法的正负效应并生，"商无守支之苦，一时太仓银累至百余万。然赴边开中之法废，商屯撤业，菽粟翔贵，边储日虚矣"③。但是，任何事物都有个过渡渐变过程。叶淇变法后，原来纳米中盐为主的开中方式并未也不可能马上废止。它和京运银同行并存了一段时期才走完自己由主变次、由次到亡的历程。弘治六年（1493 年）九月，命于甘肃开中两浙运司弘治三年常股盐 8 万引，四年存积盐 75096 引。福建运司四年额办盐 94900 余引。两淮运司六年存积盐 5 万引，召商上纳粮草以备军饷。"复命户部运太仓银六万两。"④ 弘治八年（1495 年）开始了纳粟中茶的办法，"各茶马司茶四百万斤募人入粟以

---

① 《明孝宗实录》卷23。

②③ 《明史》卷80，《食货四》。

④ 《明孝宗实录》卷80。

实边储"。① 而且，终弘治一朝，一直是纳米中盐与运司纳银双轨并存。弘治十四年（1501 年）正月，"命送太仓银六万两，陕西布政司官库银四万两并开中两淮运司弘治九年常股盐十五万引，四川盐课司九年、十年盐十八万七千二百四十余引于延绥以备边储。"② 两年后，"开中河东运司弘治十四年拖欠存积盐一十二万六千引，每引价银三钱，以助宣府边饷，准今年岁例之数"。③ 这是典型的纳银中盐。

从以上分析不难看出，边镇供给体制由纳米为主向纳银制转变已是大势所趋。这一转变的根源在于明中期社会经济的发展，特别是商品货币经济的兴盛。成、弘之际是这一转变的关键阶段。而弘治五年（1492 年）的叶淇变法，既反映出盐业开中折色制的实现，又标志着这一转变的基本完成。

五、叶淇变法后的盐政诸弊

皇亲国戚历来难治，其家奴更是狐假虎威，无恶不作。弘治十六年（1503 年）正月，商人朱达乞以长芦运司正统五年（1440 年）至成化十六年（1480 年）雨水冲没等项引盐 69300 余引，俱免追盐课，每引各纳价银五分于官，别用价自各场买余盐补数贩卖，"户部执不可，上特许之"④。朱达是寿宁侯张鹤龄家人，张鹤龄是张敬皇后弟，孝宗妻弟，与其弟张延龄骄横不法，曾放纵家奴在北京南部的故乡强夺民田，此时又以消折盐课乞于户部。尚书侣钟说没有此事，恰巧长芦运司造文册至通政司掌司事礼部右侍郎沈禄，沈禄与张氏为姻亲，密告其事，并抄一份送张鹤龄。同年二月，监察御史聂贤等亦言："朱达奏买引目，欲以一倍之利而盗国家十倍之利，以一引目而影射百十余引，群小得以假借声势到处凌轹官府，任意拣买场分总榷得以投闲，盗卖官府，亏损正课。此盐一行商盐必沮。伏望收回成命，将达等处以重罪，为将来之诫，仍敕户部通行清理盐法，都御史并巡盐御史禁治势豪私贩并总催侵欺，惟收本色盐课，庶盐法流通，公私便利。奏入上曰：此事已处分矣，姑置之。"⑤ 弘治十八年（1505 年）三月，户部郎中李梦阳上奏批评时政，他特别强调了孝宗容忍张鹤龄赤裸裸地滥用皇恩给王朝造成的长期损害，结果被下狱。五月，外戚庆云侯、寿宁侯家人及商人谭景清等奏请买补残盐至 180 万引。户部尚书韩文条陈盐政积弊七事，论残盐尤切。他说："盐法之设，专以备边。今山、陕饥，寇方大入，度支匮绌，飞挽甚艰。

---

① 《明孝宗实录》卷 103。

② 《明孝宗实录》卷 176。

③⑤ 《明孝宗实录》卷 196。

④ 《明孝宗实录》卷 195。

奈何坏祖宗法，忽边防之重。"① 孝宗未及采纳实行身死，放在武宗登极诏中。二侯复奏乞，下户部重议，韩文等再三执奏，力持不可，但武宗竟答应。

1. 无人报中，纳银中盐

正德年间，私盐盛行，王府奏讨，织造乞请，致使一般商人无利可图，纳米中盐难以维持，明政府只好实施召商籴买的变通办法。正德八年（1513 年）正月，"户部以宣府、大同、延绥、宁夏、甘肃各镇军储不给，请开中两淮、长芦、河东、山东、福建、两浙运司及四川盐课二百二十五万二千五百余引以备支用。其路远米贵处所无人报中本色者收价转发各城堡，召商籴买，或折放听军士自买，从之。"② 到正德九年（1514 年）四月便出现了"山东盐引奏开长年无人报中"③ 的难堪局面。正德十年（1515 年）十一月，户部以各边粮草缺乏，请开中两淮、长芦、河东盐课，"宣府、大同各二十三万八千一百引，计得银十万两。辽东十一万九千四百八引。蓟州十九万一百十八引，各得银五万。山西雁门等关十二万引，银三万，从之。"④ 第二年六月，"顺天府宛平县民马成先报中两淮运司余盐一十二万余引，后因尽绝奏乞改拨仪真、淮安批验所余盐。户部执奏，引盐开中俱有定则，岂可令奸商罔利，阻坏盐法。请治成罪以为奏扰之戒，诏不许，仍令报中。"⑤ 可见，马成并非一般商民，而是投托势要并能通天的奸商。

2. 引盐阻滞，私盐盛行

明世宗在位期间，明朝社会矛盾全面爆发。宫婢造反，阁臣倾轧，兵变迭起，南倭北虏猖獗，农民起义不断，这一切都预示着明王朝的统治已进入风雨飘摇、行将灭亡的前夕。在此大气候下，开中盐法更是弊窦丛生，每况愈下。早在成化三年（1467 年）十月，走私盐货已十分猖獗，明政府不得不申明禁盐事例，时私盐类多越境货卖，官盐不通，而盐法遂为所坏。两淮巡盐监察御史左钰奏"今后夹带兴贩官私引盐越境者经该官司擒拿，追门买食者依律问斩，盐至二千斤者问发充军，民终本身。军舍余丁股里者发边卫，沿海者发辽东铁岭卫，庶几奸弊革而盐法通，从之"⑥。

3. 盐丁逃亡，盐法败坏

由于盐法受到破坏，盐丁大量逃亡，到明世宗嘉靖时盐法之弊日盛一日。嘉靖十一年（1532 年）正月，户部奏派盐引言各边额引并预备客兵及补岁用不敷三项，共该盐 1670507 引，而各运司岁办额盐只该 1341924 引有奇。计额外增益

---

① 《明史》卷 186，《韩文传》。
② 《明武宗实录》卷 96。
③ 《明武宗实录》卷 111。
④ 《明武宗实录》卷 131。
⑤ 《明武宗实录》卷 138。
⑥ 《明宪宗实录》卷 47。

殆 30 余万引，引目有限，而开中无穷，存积愈勘而分派难继，恐非经久之法。十三年（1534 年），给事中管怀里进一步谈及盐法之坏其弊有六。"开中不时，米价腾贵，召籴之难也。势豪大家，专擅利权，报中之难也。官司料罚，吏胥侵索，输纳之难也。下场挨掣，动以数年，守支之难也。定价太昂，息不偿本，取赢之难也。私盐四出，官盐不行，市易之难也。有此六难，正课壅矣。"① 这番议论，可谓切中要害。

综上所述，明前期北部边镇的粮饷供给是屯田、民运粮、开中法三位一体的供给体制。三者中屯粮为主、民运粮、盐粮为辅。这三者有如三根木柱支撑着北部边储，构成北边供给的有机整体。到隆庆时，穆宗曾问九边军食问题，户部尚书刘礼乾说："各镇原有屯田，一军之田足以赡一军之用，后屯粮不足，加以民粮，民粮不足，加以盐粮，盐粮不足，加以京运。"② 这基本上说明了军屯败坏后的衍变过程，也反映了明前期屯粮、民运粮、盐粮共同构成北部粮饷供给体制的事实。这种纳粮制若要解体，势必是三方共构体的崩坏，而绝非某一方面的原因可致。三者之间既互相依存又互相影响。所以，明代中期边方纳粮制的解体是牵涉吏治、经济、边防状况的体制转换问题。它与屯田制的废弛，民运粮的负欠、开中法的破坏密切相关。其根由则在于明中期社会经济的发展变化，特别是与商品货币经济发展带来的田赋折征、民运粮折纳、运司纳银制一系列变化有关。至于势要占窝、王府奏买食盐、太监奏讨盐引等均是盐政弊端的各种表现。他们是专制皇权卵翼下扰乱社会经济的消极腐败因素，是败坏国家利益的蛀虫，但如果将此视作边方纳粮制解体的原因而忽视社会经济发展变化的内在要素，就难以真正把握纳粮制解体的实质。试想屯粮被夺、民粮交不够、盐粮运不到的情况下，京运年例银也是不得已的办法。所以，在无法解决封建专制政体和遏制利益集团寻租格局的情形下，只能想办法先解决财政收入，进而解救边储的匮乏。反之，解决不了财政危机，军需供给便成问题。当然，叶淇变法也没有彻底解决明代专卖制盐政引目混乱诸弊，发展演变到万历四十五年（1617 年），袁世振进一步实施了垄断盐引的盐政纲法。直到清代陶澍改革盐政，实行票盐法，才在一定程度上改变了盐商垄断盐业市场、既得利益集团操纵引窝获取暴利的积弊。当然，中国封建社会历史的发展、制度的变迁是复杂的，受到当时统治者、社会利益集团和国民经济状况的制约和影响。总体来看，开中法的实施符合明代前中期社会经济发展趋势和巩固边防的需要，它虽然经历了由盛到衰的变革过程，但客观上对大量由普通农民转化而成的山西商人的崛起功不可没。《明实录》及明人文集中也保留有不少山西商人响应开中法榜召、纳粮贩盐、进行各种商贸活动的

① 《明史》卷 80，《食货四》。
② 《典故纪闻》卷 18。

记述。《明孝宗实录》弘治十四年（1501 年）八月壬申条巡抚大同都御史刘宇的上奏中写道："大同十一州县军民，铁器耕具，皆仰商人从潞州贩至……"明人吕楠也讲："夫宣府，朝廷之北门也。直隶、河南、山东西之刍粟皆输于此。两淮、长芦、河东诸盐商皆业于此。"①

制度经济学认为：制度至关重要，决定着经济绩效。土地、劳动和资本这些要素，只有有了制度才得以发挥功能。明代前中期开中制的实施实质上是政府对汉唐以来长期奉行的盐业官营制的调整改革，意在通过放弃部分官营权力，让利给普通中小商人。由于这项政策既符合市场经济的发展趋势和政府解决边储粮饷的客观需求，又受到明太祖"不许监临官及四品以上官员家人中盐营利"祖制的有效制约监控，促使开中的内容随着社会经济的发展和国家的需要逐渐由纳米中盐、纳钞中盐为主繁衍为纳铁、纳金、纳银、纳麦、纳豆、纳马、纳茶、纳绢、纳棉布、纳谷草中盐 12 种方式，从而使盐在社会产品流通交换中充当了极其重要的媒介角色。开中法的实施不仅使山西商人一跃而起称雄商界，而且带动了农业生产、手工业制品、商业城镇的发展，对明前期社会经济产生了空前重要的牵引作用。特别是对商品货币经济的发达和中国十大商帮的崛起产生了极大的助推功用，认真总结其演变的历史轨迹很有启示和教益。另外，明中叶后，随着商品货币经济的发展，金钱拜物教盛行，极大地刺激了社会各阶层的贪欲。于是，户部控制的中纳实物换取盐销售权的专利凭证盐引便成为达官、权贵、勋戚、武将、宦官等众多社会利益集团纷起争夺的目标。于是滥发盐引、官商勾结、盐法败坏、私盐泛滥愈演愈烈，加之政治腐败，明政府宏观调管失控，发行"引额"与"常股"、"存积"之盐比例失调，导致市场粮价波动，引盐供求失衡，中小商人利润日少，特权商人日益膨胀，整个社会呈现出从洪武朝局部放权 + 严管——永乐朝全面放权 + 能管——宣德、正统、景泰、天顺朝守支、报中环节开始失控 + 兑支调整 + 官商勾结 + 虚出通关 + 武装走私 + 利用开中卖官鬻爵——再到成化朝全盘失控 + 势要占窝 + 屯粮日减 + 盐粮不足 + 京运银补充，最终导致了弘治朝政府宏观失控和开中法的瓦解 + 叶淇变法 + 京运年例银替代，进而影响到明中后期的边防、粮价、盐制、财政。尽管正德年间户部尚书韩文一度整顿盐法，嘉靖、隆庆年间，总理屯盐都御史庞尚鹏清理九边屯政，但积重难返、积弊难革，封建专制体系内部利益集团的固化、滋生腐败土壤的硬化、寻租行为的常态化格局很难打破，看不见的手和看得见的手博弈的结局是盐业市场再度走向盐政纲法垄断，市场难以发挥基础性作用，大明王朝行将灭亡。由此可见，改革攻坚，必须减政放权，严惩贪腐，真正让市场发挥决定性作用。

---

① 《吕泾野先生文集》卷7，《赠秦宣府序》。

参考文献

［1］（清）张廷玉等：《明史》，中华书局，1974 年。

［2］中央研究院历史研究所校印：《明实录》。

［3］国联图书出版有限公司：《皇明经世文编》，（明）陈子龙著，中国台湾：台联国风出版社，1968 年。

［4］（清）王圻：《续文献通考》。

［5］（明）李东阳等：《大明会典（万历版)》。

［6］（明）陈仁锡：《皇明世法录》。

清末潞绸产业衰落原因的几点考证

韩 玮 程 琦[*]

挖掘研究地方文化遗产成为许多地方历史工作者当前热衷的事业。山西历史悠久，可以发掘的东西很多，在晋商研究热潮推动下，出现了大量的以山西为背景的历史文化研究项目，其中对潞绸的研究引起不少人的关注。尽管在相关地方政府和相关企业的支持下有过一些学术交流活动，以期能活络这项研究的开展，但到目前为止，鲜有成果面世，只有些零散的文章出现于个别报章杂志。岳树明在《"衣天下"的潞绸》一文中介绍了潞州丝织的全过程，明洪武中时期潞绸的管理制度，使潞绸在潞州形成了一个庞大的织造规模。还介绍了潞绸的做工、色泽、规格，并从腐朽的封建政权和官僚制度阻碍制约了社会经济的发展的角度分析了潞绸的衰败。《物产寻宝——士庶皆得而衣之潞绸》文章中，作者马书岐、刘晓、田秋平通过对明代的现存最直接的潞绸物证写起，介绍了明代潞绸的地位；通过一段潞绸商人的自白，介绍了潞绸的售出情况；例举"一次'焚机罢工'事件，是长治平民阶层反封建斗争的先声，罢工以清廷取消派造命令为胜利"得出"这是一个悲哀的胜利，封建制度摧残了一个产业，毁坏了一个品牌，从此潞绸每况愈下以至销声匿迹了"。《长治民间发现的明代潞绸》作者田衍中详细介绍了出土的明朝两幅潞绸作品，详细分析了两幅作品的材质、内容与艺术价值，并且总结了潞绸文化在明朝的历史地位。《潞绸的艺术风格及其技术美特征》的作者芦苇、杨小明在系统梳理潞绸历史的基础上，探讨了其色彩和图案的艺术风格，并从功能、形式、材质和工艺等方面对其技术美的特征进行了发掘和提炼。文章着重为读者介绍了潞绸的色彩美、图案的样式以及潞绸技术的精华所在。作为明清两代的皇室贡绸，潞绸素有"南松江，北潞安，衣天下"之美誉。文章强调潞商被忽视的现实，要求通过对历史的追思，引起人们对潞商及潞绸的关注。但是，文章更注重潞绸本身工艺的研究。当然文章中特别提到潞绸是明清两朝的皇家贡品，这一点对于潞绸的商品性质的定位很重要。在中国明清皇家所需之商品，除少部分到民间采买，剩下大部都有专门的官营工场生产或由官府指

---

* 韩玮，四川成都人，山西财经大学国际贸易学院教师，主要研究方向为中国商业史；程琦，山西长治人，山西财经大学文化传播学院教师，主要研究方向为跨文化传播。

定的地域及专门工匠生产。潞绸既然拥有了贡品的属性，那么其作为当时的高档商品流入民间的数量不会形成规模，同时一些所谓潞绸的民间仿品和贡品潞绸质量上也有很大差别，我们应明确名扬海内的潞绸应特指"贡品潞绸"，这种现象应和当时瓷器的情况相仿佛。这就给我一个启示，主要作为贡品的潞绸在生产、流通阶段特别是在征税、销售方面应该有别于民间的程序。针对于此，会在下文详考。《寻访失落的潞绸岁月》的作者陈瑾通过重游山西村落，通过村落的地理位置和布局角度，分析了潞绸的兴起和衰亡，以及潞绸带给山西村落的影响。作者通过对历史的寻找，总结了丝绸的起源；通过对古文字的搜寻寻找有关潞绸的痕迹，总结了潞绸的衰落。"到了清末，朝廷的横征暴敛以及社会动荡，广大机户不堪其苦，怒而'焚烧绸机，辞行碎牌，痛哭奔逃'，终使潞绸行业一蹶不振。光绪八年，经中丞张之洞专折奏请，长治停额供之例，从此潞绸便销声匿迹了。"《潞商之殇——潞绸悲歌》的作者丹婴从潞商的角度，叙述了潞绸文化的兴衰。"为了潞绸的生产和销售，为保潞绸名产的质量和信誉，从明到清，多少代机户和潞商作出了艰苦卓绝的努力，并为此付出了沉重的代价。虽然潞绸质量上乘，但它的原材料多是由商人从外地运来的——这正是它致命的要害所在。为了解决原材料问题，当地官员和百姓也曾克服气候干燥、天气寒冷等条件大量种植桑树，然而丝线不足的问题始终存在。清代时，为了潞绸生产，潞商们必须远到四川等地从事生丝收购，长途贩运。潞绸生产就是这样艰难而顽强地维持。"这篇文章特别强调了潞绸生产原料的对外依赖性。[①]

在以上关于潞绸衰落原因探讨之文章中对于明清潞绸的衰落原因主要总结为以下三点：首先，对内而言，封建专制制度腐朽，官府横征暴敛赋税盘剥严重；其次，对产业自身，原料（丝）供应不济，使得产业链中断，织工流失严重；最后，对外，则是帝国经济侵略。这些原因分析都浮于表面，没有全面而深入地对清末潞绸衰落原因进行剖析。沿以上几点，试着更全面深入地对这个问题作些粗浅考证。

一、潞绸是具有贡品性质的产品

对于第一点原因的认识可以从古代税收制度入手，同时结合古代商品贸易的特点来说明。

1. 税赋发展沿革

吕思勉总结"税赋二者，古本有别，税以足食，赋以足兵，然至后世，则二

---

① 潞绸作为贡品在生产方面是不计成本的，只要求质量，这是明清时期这类商品的共性。不能用普通民间商品发展规律来看待潞绸，应把其放于特定历史环境格局中研究才能抓住其发展之本质。

者渐混而唯一"①，故中国古代之税法与田制紧密相关。税最早是按土地和人来征的，而对于商业征税则迄于唐代，宋乃沿其制"凡州县皆置务，关镇亦或有之……行者赍货，谓之过税，每千钱算二十；居者市鬻，谓之住税，每千钱算三十。……其名物各随地宜而不一焉"。在宋仁宗时商税占到全国税收的三分之一。到元代仿宋代制度"太宗甲午年，始立征收课税所……选有产有行之人充之。其所办课程，每月赴所输纳……世祖至元七年，遂定三十分取一之制"②，同时，元代也有模仿唐租庸调制的赋税。以元代的科差为例，其中之"丝线，亦差发，古之调也"。科差，元代税赋名目之一，包括三项（丝料、包银、俸钞），特别在北方收丝不收布，反映了当时养蚕业的发达。元代手工业商品受到官府和贵族的垄断控制，民间商业发展受限制，只有高档丝织品，金银珠宝等奢侈品充斥市场。山西地区在元末保持了一个相对稳定的环境，重要原因是这里曾是大军阀扩廓帖木儿的根据地，在这种环境里商品经济得到发展。因此，高档奢侈品的社会需求、北方养蚕业发达和地域生产区相对稳定的发展空间必然为潞绸在明清的兴盛创造了有利条件。

2. 潞绸的贡品性质

明代商税依旧承袭元制，《明史·食货志五》："太祖初，征酒醋之税，收官店钱……凡商税，三十而取一，过者以违令论。"再到清依旧沿明制，只不过课征的项目亦越加繁重。综上所述，商税是针对民间商业发展而设的。在这种环境中，潞绸产业发展似乎受到的影响很小，潞绸兴盛于明中后期，成为当时蜚声中外的丝织品。

《为呈明违禁等事三月十四日具详》记"为呈明违禁颜色绸绫事，切照朝鲜开市，业经出示晓谕，一应违禁货物并玄黄紫皂颜色概不许在市质易。职会同兵部驾司亲守馆门逐一□验，就日察出商人王成玄色潞绸五匹，毕科紫色绫七匹，梁贵玄色六云纱三匹，随将本犯枷责警众。"③

这说明潞绸在当时是非常重要的商品，不得随便上市交易。同时，在明代的小说中都反映出潞绸是一种上层社会很流行的奢侈品：

"我不知几时方讨得中意的送来哩！前有书一封、白镪一百，寄与相公买书籍的，潞绸四匹送公公的。束生道：'多谢已收了。'小姐吩咐厨下整酒，与相公洗尘。那些家人小厮丫头媳妇一齐俱来磕头，此夜尽欢而散。"④

"雄信回后房取潞绸四匹，碎银三十两寄秦母，为甘旨之费。又取潞绸二匹、银十两送樊虎为赆敬。樊虎当日别去，回山东把书信银两交与秦母，又往衙门中

① ② 吕思勉：《中国社会史》第十三章，《赋役》，上海古籍出版社，2007年。
③ （明）郭之奇：《宛在堂文集》卷32，明崇祯刻本。
④ （明）青心才人：《金云翘传》卷3，清康熙刊本。

完其所托之事。雄信依旧留叔宝在家中，不过是饮食作乐而已。"①

到了清代初，潞绸更是得到皇家的青睐：

"官用补缎一匹、细布二十四。春秋二季竖杆大祭每次用九色潞绸、绫各九尺，白夏布二尺，头号高丽纸四张……"（《吉礼例用》）；②"春秋祭马神用红潞绸七丈一尺二寸五分，青潞绸一丈九尺一寸六分，绿潞绸二尺……"。③

潞绸在当时明显具有贡品性质。贡品是专制社会中专门供给（进贡）统治阶层享用的物资，通常由全国各地选出同类物资之最上品，凡一方之土特产，通过特殊的生产、采购、加工、运输渠道送抵首都，以保障品质，交由最高统治者支配。将最新、最好的向朝廷交纳，供皇族使用，也称之为贡赋。实际上贡品也是税赋的一种，所谓实物税。这种制度始于夏代，据《禹贡·疏》载："贡者，从下献上之称，谓以所出之谷，市其土地所生异物，献其所有，谓之厥贡。"

作为拥有实物税属性的商品潞绸是不会受到税赋繁重影响的，真正影响它的是上层消费群体对其需求的政策调整。

"定山西解潞绸例，先是山西长治高平二县，岁织潞绸三千匹。至是颁定式样，每匹长五丈阔二尺五寸，酌定价银十三两，岁织一千四百七十九匹。十三年，户部以江南采买布匹粗恶，令入觐官带回另买。康熙六年（1667年），题准减去大潞绸一百匹，改织小潞绸四百匹，长三丈，阔一尺七寸，至十四年，又议准大小潞绸各减去一百匹，十七年，题准每匹核减银五钱"；④"康熙三年（1664年），覆准采绸色尚鲜明多贮无益，嗣后遇应用之时，令江宁、苏州、杭州三局照部行数目织染，解部无庸，每年造办潞绸每匹重六十四两，长八十尺阔二尺四寸，小潞纳每匹重十有六两，长三十尺阔一尺七寸，岁由山西长治高平二县织造，解部转送内务府捡收。〇康熙十四年（1675年），覆准长治县岁织潞绸六十二匹，小潞绸一百八十六匹，高平县岁织潞绸三十八匹，小潞绸一百十有四匹，如额解部。〇十七年（1678年），题准潞绸每匹准销银十二两五钱，小潞绸每匹准销银二两七钱五分。"⑤

如果对贡品需求量大，即可不计成本地去供应，前提是保证其品质的卓越。成本的负担当然取自政府的财政税收，因此，税收越重，政府在奢侈品消费方面越有能力去推动潞绸这类贡品的产业发展。由此可以看出，所谓赋税沉重压迫潞绸产业发展，这种提法是不全面的。当然，赋税的繁重可能会影响到潞绸产业链中的某些环节，比如原料成本的浮动、运输成本的增加及规模较小的生产作坊的

---

① （明）袁于令：《隋史遗文》卷2，明崇祯刊本。

②③ （清）官修《国朝宫史》卷19，《经费3》，清文渊阁四库全书本。

④ （清）曹仁虎辑：《皇朝文献通考》32卷，图书集成局，清光绪二十七年（1901年）。

⑤ （清）乾隆二十九年（1764年）敕撰《钦定大清会典》136卷，光绪商务印书馆精石印本。

生存，这些方面需要更深入地研究探讨，在这里就不再展开。因此，从整个潞绸发展的大环境及大背景看待其发展，最重要的是抓住以下两点：首先明确潞绸贡品的特征，然后才能由此展开研究，而不能动不动就套用现代经济发展法则的一些理论去研究历史问题，这种做法无异于缘木求鱼。潞绸的品质是其作为贡品最重要的生存价值，一旦其品质因各种原因下降，那么该产业生存就面临巨大的挑战。

光绪八年（1882年）张之洞《请将晋省例解绸绢纸张折价解部片》："查晋省土性强蘗，产丝粗糥，水色沉暗，练染无方，织为衣料，不惟非江浙四川绸缎之比，亦远不如南阳、郧阳之茧缎，仅与云南所产相等，并无足贵。若生素农桑等绢，质地尤为疏薄，略似京师罗底稀纱。至毛头呈文等纸，里粗色黯，即京师市肆通行之皮纸，而洁白逊之。窃考山西地产，他无可称，惟煤铁两端"；① 吕坤《停止砂锅潞绸疏》："臣闻……不载于经额，山西不派之烧造，苟便于近取而可足，似不必远办以病民。又查得织造地方有浙江等九省，织造物料有纱罗绢纻，而山西岁止有绫绢各五百匹，闰月共加八十六匹耳。并无所谓山西潞绸者卷。查万历三年，坐派山西黄绸二千八百四十匹，用银一万九千三百三十四两。十年，坐派黄绸四千七百三十匹，用银二万四千六百七十余两。十五年，坐派黄绸二千四百三十匹，用银一万二千余两。十八年，坐派黄绸五千匹，用银二万八千六十两。夫潞州之有绸也，非一年矣，祖宗时未尝坐派。陛下即位以来，坐四次计工费银八万三千有奇矣。是绸也，士庶皆得为衣，而皇上不以进御，臣心亦有所不安者。独谓上用内用未必如……否取办于二千里隔山逾岭之外，即万不可已，但求砂器全美，又何必锁钉红箱净棉塞垫困扰生民。黄绢虽非岁织，但山西困惫已极，倘再行坐派，或改江南别项织造之价，或工部另议别项钱粮□给潞安，无使贫省难于取办，小民困于诛求地方幸甚。"② 光绪八年（1882年）张之洞《筹款裁抵摊捐疏》："窃臣甫入晋境，既问民间之疾苦，因问官之疾苦。则金以摊捐为累，对摊捐凡关系一省公事用度而例不能销，则科之于州县者也。晋省自乾嘉以来，州县解交两司暨本管府州之摊款，通计需银十一二万两……潞绸不敷例价盘费，农桑绢不敷例价盘费，毛头纸不敷运脚盘费京饷津贴差费，科场经费，岁科考棚经费兵部科饭食，臬司兵部奏销印红饭食，秋审繁费，臬书饭食，省城臬府县三监繁费，土盐公用……"③

以上相关文献正说明政府权衡政治经济利益，对于贡品类别要进行调整，潞绸作为贡品在清末面临被裁撤的命运。一方面是政府财政拮据，另一方面对于潞

---

① （清）葛士濬：《清经世文续编》卷49，《户政》26，清光绪石印本。

② （清）曾国荃、张煦修：《山西通志》187卷，清光绪十八年（1892年）刻本。

③ （清）葛士濬：《清经世文续编》卷25，《户政》2，清光绪石印本。

绸需求度下降，有了更好的替代品。潞绸在这样的大环境下，衰落是必然的；其次，潞绸作为当时的高档奢侈品声名远播海外的主要原因是作为朝贡贸易的特殊物品传入国外，而非循正常贸易渠道进入海外市场。

"赐国王及正使均照雍正五年例，其副使总理官每人蟒缎□缎各一，妆缎采缎蓝花缎青花缎蓝缎各二，绫纺丝各四，绢二。□送官每人各潞绸纺丝各四，绢二，银五十两。从人每名各潞绸纺丝绢二，银五十两。又加赐国王龙段四妆缎十二，妆花缎、线缎各八，绫纺丝各二十二，罗十三，绢七。"①

这种特殊贸易现象我们应用延续千年始自汉代的纳贡贸易来理解。余英时先生在其著作中提到"就国家财政而言，贡纳体系对于汉代中国来讲显然是一种债务而不是资产……其经济价值远不如它的政治意义"。② 迄于明清，把像潞绸这类高档消费品恩赐与四夷的做法还在延续，潞绸作为著名的贡品以官方或私人走私的渠道散落于海外市场是很正常的，并不能说明潞绸是循正常经济规律开拓自身的海外市场。潞绸更多的体现是政治意义而非经济意义。

二、潞绸产业发展要素的变迁

山西商人、纺织工匠和丝原料这三者是潞绸产业发展的要素。它们三者关系紧密，相互依存于明清的政治经济生活中。

商人贩丝，投资办场，引进培养人才，推动潞绸产业发展。山西泽潞地区的商人对潞绸的发展所起的作用不可小觑，潞绸的生产销售大都是政府委托给经济实力雄厚和官方关系密切的山西商人运作。

日本学者寺田隆信在《山西商人研究》中提到，"范氏是活跃于明清时代山西商人的典型。这一事例告诉我们，尽管明代山西商人和清代商人活动范围不尽相同，但其历史性质和历史作用是完全相同的，他们的发展是有助于清王朝体制的维持的。这正是他们与清王朝共兴衰的原因"。③ 这句话高屋建瓴，指出山西商人与清政府的密切关系，政府的行为对于山西商人的影响很大，山西商人利用优势获得商机，积极满足政府的需求；政府政策调整，山西商人也会适时调整其商业行为。

那么作为其经营的重要商品潞绸的兴衰在一定程度上与其经营模式转变有重要关系。商人的本质是求取利润的最大化，山西商人不可能摆脱这个本能的东西。众所周知，在清中叶以后，山西商人的经营模式由主营贸易逐步转向金融票号，在这个过程中认为其削弱贸易商品方面的投入应该是合理的。譬如，茶叶、丝织物、棉布、盐等商品贸易利润对于山西商人而言已远远不如票号放贷及贩运

---

① （清）乾隆二十九年（1764 年）敕撰《钦定大清会典》93 卷，光绪商务印书馆精石印本。
② 余英时：《汉代贸易与扩展》，上海古籍出版社，2005 年。
③ ［日］寺田隆信：《山西商人研究》，张正明等译，山西人民出版社，1986 年。

鸦片所获之利润丰厚。那么，对于潞绸产业而言必然陷入各项投入匮乏的窘境。

潞绸的生产需要大量桑蚕事业提供丝原料，这些丝原料主要来自三个地区，首先是华北（河南、山东、河北），其次是陕西和四川，最后是本地（山西本省）。对于太原府和平阳府的描述中都提到"种桑养蚕，产丝甚多"及"蚕丝甚饶"。[①] 史念海先生提到远在北宋时期，现在的岢岚、宁武、保德等地都有绢等丝织品产出，并作为贡品，送到政府去。[②] 由此可见，明清山西潞绸兴盛是北方丝织业衰落后北方丝织业余脉的小范围恢复。

明清时，江南地区丝织业已为全国之翘楚，已为全国之主要丝绸产地。北方泽潞地区的潞绸怎么与江南丝绸同为贡品呢？解释这个问题，必须提到元代的匠户制度，在这一制度下培育了大批的技艺精湛的工匠，工匠是手工业发展的基础。如何证明山西地区有这样的基础呢？可以从明初移民情况来旁证这个问题。明承元制，明初为了调控人口合理分布，按籍大量移民，山西是主要的移出地。"洪武时期山西向外输出移民总量达300万"，[③] 通过这个数据可佐证山西地区在元末明初有着很雄厚的丝织业技术工匠人才储备。

为何明清在晋东南的泽潞地区的潞绸会兴起，而不是山西其他也同样在历史上盛产过的丝绸（上面提到晋北地区宝德、宁武等地的丝绸产品）产品呢？这主要还得从以下两点来说明：

（1）明清时的泽潞地区是重要的交通枢纽，自古山西上党盆地地理位置非常重要。"府据高设险（《志》云：郡地极高，与天为党，故曰上党），为两河要会，自战国以来攻守重地也。周最曰：秦尽韩、魏上党、太原。秦地天下之半也，制齐、楚、三晋之命。荀子曰：韩之上地谓上党之地，方数百里而趋赵，赵不能凝也凝，犹当也，故秦夺之。汉初韩信收上党，乃下井陉。东汉初，冯衍遗上党守田邑书曰：上党四塞之固，东带三关。《汉志》云：上党郡有上党、壶口、石陉三关。晋太和四年，燕皇甫真告其主炜曰：符坚有窥上国之心，洛阳、太原、壶关，皆宜选将益兵，以防未然。盖洛阳、太原，邺都之外屏，而壶关则肘腋之备也。时申绍亦言：宜移戍并土，控制西河，南坚壶关，北重晋阳，西寇来则拒守，过则断后。炜皆不用。既而符坚命王猛伐燕，谓猛曰：当先破壶关，平上党，长驱趋邺，所谓疾雷不及掩耳时燕都在邺。唐李抱真曰：山东有变，上党常为兵冲。杜佑曰：上党之地，据天下之肩脊，当河、朔之咽喉。杜牧曰：泽、潞肘京、洛而履河津，倚太原而跨河、朔，语其形胜，不特甲于河东一道而已。五代梁围潞州，晋王存勖曰：上党河东藩蔽，无上党，是无河东也。宋靖康初，粘没喝

---

① 冯承钧译：《马可·波罗行纪》，上海书店出版社，2006年。
② 史念海：《河山集》（第3卷），陕西师范大学出版社，1988年。
③ 葛剑雄：《中国移民史》（第5卷），福建人民出版社，1997年。

围泽州，种师中请由邢、相邢，今直隶顺德府。相，今河南彰德府间，捷出上党，捣其不意。王应麟曰：上党于河北常为兵冲者，以东下壶关，则至相州，南下太行，则抵孟州也。明初定山西，亦由泽、潞而北。上党诚自古必争之地矣。"《清史稿·地理志》山西："潞安府：繁，疲，难。隶冀宁道。初沿明制，领县八。乾隆二十九年，省平顺，分入潞城、壶关、黎城。西北距省治四百五十里。至京师千三百里。广三百里，袤二百七十里。北极高三十六度七分。京师偏西三度二十八分。领县七。长治繁，难。倚。东：壶口山……岭东五指河，东南为沾水，迳紫团山入河南林县。东有玉峡关。冯坡镇。黎城简。府东北百十里。东南：潞祠山。西北：积布、钲峪。浊漳水自襄垣入，东南迳联珠山，错潞城复入，左合黄须水，东迳赤壁山，仍之。东北：绣屏，清漳水自辽入，迳吾儿峪，古壶关在焉，入河南涉县。玉泉水从之。泽州府：冲，难。隶冀宁道。初沿明制，为直隶州。领县四。雍正六年（1728 年）为府，增附郭。西北距省治六百二十里。至京师千六百里。广三百四十里，袤二百三十里。北极高三十五度三十一分。京师偏西三度三十七分。领县五。凤台冲，繁，难。倚。……"①

清人李燧《晋游日记》卷一："十五日，行五十里，抵泽州。泽州与潞安俱上党地，界联中州，一切食物，俱取给于清华镇。② 故山右人终身不识蟹者，而泽州得食蟹。"③

以上史料都证明泽潞地区为咽喉要冲之地，太行八陉有四陉都在该区，其中的太行陉使用最多，今天还是重要的省际通道。泽潞地区土地贫瘠，在农业发展上并无优势，但凭借交通要冲的地理优势，在明清之际当地人多弃农经商（明清晋商一部分起源就在晋东南地区，并非直接产生于晋中地区），该地商业兴盛必然带动手工业的发展，交通的便利使得泽潞地区可以很快地接受太行山以东地区发达的丝织技术及原料，同时，山左地区因经济、战争、瘟疫及水旱灾荒等原因避难于山西的工匠最便捷进入的地区也是泽潞地区。

（2）清中后期自然环境变化对于泽潞地区桑蚕业发展的影响很大。泽潞地区在明清时期的自然环境和现在是有差别的。当时，泽潞地区气候和植被都比现在要好得多，即便现在该地区也是山西森林植被保存最好的地区之一。在中国气候史上，19 世纪初期是一个转折时期。气候史学者已证实：在华中和华东，1740～1790 年的半个世纪是一个温暖时期，年平均气温比现在高出 0.6℃。清人李燧《晋游日记》卷一中有"城（泽州）中花木蕃甚，木瓜橘柚，皆结实累

---

① （清）顾祖禹：《读史方舆纪要》卷 42，《山西》，中华书局，2005 年。

② 河南沁阳县东北四十里，为由京入陕之孔道，山西货南下皆出于此地。明置税课局大使，清置粮捕水利通判。

③ （清）李燧：《晋游日记》卷 1，山西经济出版社，2003 年。

累……"的记载。泽潞地区在清中叶气候适于种桑养蚕业发展，时至今日，在沁水、长子、高平、阳城等地的农村还有养蚕遗风。李伯重在《十九世纪江南的经济萧条与气候变化》中提到"中国在 1791～1850 年之间是一个寒冷时期，年平均气温比今日低出 0.8℃。最低年平均气温出现在 1816 年，该年平均气温竟然比今日低出 2℃，并且是自小冰期以来的最低气温。有些气候学家则认为中国的第六个小冰期始于 1840 年左右，一直延续到 19 世纪 80 年代。而上述中国的气候变冷在华北、华东和华中最明显……"尽管在此寒冷时期开始于何时的问题上存在分歧，但是大多数中国气候学者都认为在 1816～1940 年间华东出现了以气温剧降为主要特征的气候剧变。上述气候剧变也表现在湿度的剧变方面。在中国，气温与湿度的变化有着密切联系。中国大部分地区属于季风气候，受两大季风的重大影响。夏季季风自东南向西北而来，温暖而湿润，带来降水；而冬季季风则由西伯利亚和蒙古南下，干燥而寒冷。如果年平均气温低，那么干燥而寒冷的北方气流就会停留较久，而温暖而湿润的东南气流也难于深入内地。这时期的气候变化影响着全国的经济，对于泽潞地区也不例外，该地区变得干燥的气候使得本地的丝原料生产肯定减少，外地的原料输入量也会减少，必然对于潞绸产业有严重影响。

综上所述，就潞绸衰落原因的寻找必须着眼于潞绸兴盛的必备条件——商人、丝原料和工匠。泽潞地区的经商之风，带动手工业的发展，潞绸只是当地手工的一项，当地的铁器、瓷器也很出名。原料的供给和工匠的稳定性决定了该产业是否能稳定发展。清中后期，特别是"道光萧条"后，不断发生的天灾以及引发的人祸摧毁了这种产业赖以维持的稳定基础。譬如，丁戊奇荒（见图1）、黄河泛滥、太平天国及捻军的征战等都足以对潞绸产业造成沉重打击。

光绪八年（1882 年）张之洞《请将晋省例解绸绢纸张折价解部片》载"四万张上项诸色，为物甚菲而累及官民甚重，所役□载甚多。潞绸并不出于潞安，潞民但能养蚕不习机杼，向在泽州织办，或雇泽匠到潞织办，或寄丝至豫省织办。大祲以后，桑植不蕃，机匠寥落。如泽州机户前约千有余家，五年前三十余家，今存米山镇刘氏一家。此不惟灾余之衰，亦足见地利之迁移……"①

以上清末史料足以说明，潞绸已经不止在泽潞地区生产，它已发生了产业转移，史念海先生在《陕西地区桑蚕事业兴衰变迁》中提到，清中叶陕西醴泉县就有山西的工匠传授潞绸技艺。这时的潞绸渐失贡品地位，已渐沦为民间产品，在曾经的辉煌下苟延于世。在没有贡品垄断的保护下，降为民间商品的潞绸和其他民间商品一样，在发展上必然受尽各种盘剥压榨，逐渐消亡。

---

① （清）乾隆二十九年（1764 年）敕撰《钦定大清会典》136 卷，光绪商务印书馆精石印本。

能畅引溉田設果有灌注之水前人豈不知乎今朱軾以違

立社倉引水入田具奏此事不必令他人辦理卽令伊久住

山西鼓勵試行若所言有效甚善該部知道

　　謹案荒政善後自以倉儲水利爲經久之策然非大

　　從之後所能驟興辦者故文端亦以細加籌畫事屬

　　難行覆奏

　　特令仍留山西試行得以讞獄陝西去而社義諸倉至

　　雍正乾隆中屢奉文通行水利卒無舉辦者

光緒五年六月

上諭山西頻年災重情形實爲近今所未有現雖得雨深透補

種秋稼可聲有收而一切賑撫孕宜尚難稍緩朝廷宵旰焦

勞尤刻刻以災區爲念捐例既難展限豈可因小民稍有生

《山西通志卷八十二——荒政記》四十

图1

三、棉纺业及鸦片种植对于潞绸产业的冲击

史念海先生就陕西的桑蚕业发展作过专门的研究，他认为"当地（陕西）能够有桑蚕事业是和黄河以东的山西地区有关"。[①] 史先生对于陕西桑蚕业的衰落总结了几点原因，其中提到外地优质丝压缩陕西当地丝的生产、棉布的普及如鸦片的种植，这些原因对研究潞绸的衰落有启示作用。

江南地区的丝织业在明清时期无论从产品的质量和产业规模等方面都已远远超过黄河流域的丝织业。在这个大背景下，山西潞绸的出现就是特例，正如史念海先生所谓的"抱残守阙，苟延岁月"。史先生在《黄河流域蚕桑事业盛衰的变迁》中特别提到棉纺织业是在明清时期填补了黄河流域丝织业衰落所留下的巨大产业空间。黄河流域普遍种植棉花代替以前传统的桑蚕事业，这是当时的大趋势。在明万历六年（1578 年）各司府征收棉花布匹记录中山西省棉布的数目是291000 匹，棉花数目是51250 千克，位居第三位（见表1）。

表1 明万历六年各司府征收棉花布匹情况

地区	棉布（匹）	棉花（千克）
山东	601937	190992.5
河南	735850	64396.0
山西	291000	51250.0
陕西	128792	8604.0
湖广	10750	25000.0
四川	140000	35199.0
江西	100000	/
浙江	/	2502.0
南直各府	312794	/
北直各府	28778	52759.0

资料来源：《山西棉业》。

可见山西省的棉花产量及棉纺织业已经远远超过了本地丝织业。"到19 世纪70 年代，诸如西方的机制棉纱之类的新产品已经开始渗透到北方市场。这种新市场发展对手纺业和手织业的冲击相当大"。[②] 随着棉布的普及程度不断加深，手工丝织物的发展空间肯定会被不断地压缩。潞绸的发展自然也逃脱不了这个必

---

① 史念海：《河山集》（第3 卷），陕西师范大学出版社，1988 年。
② ［美］马若孟：《中国农民经济》，江苏人民出版社，1999 年。

然趋势的影响。

在清末山西广大地区大量种植鸦片，破坏了正常的农业经济发展，也对潞绸的发展有重要影响。鸦片战争之后，清廷无法禁烟，但看到白银大量外流，财政拮据，为了减少白银外流居然采用了某些上层官员的建议——在国内种植鸦片，用国内鸦片打败国外鸦片，从而减少白银外流，在1859年颁布《征收土药税厘条例》，表明国内鸦片种植由此合法化，事实上是半公开地鼓励各地种植鸦片，换取大量的赋税，同时客观上确实减少了白银外流。在此10年之后，因为种罂粟比种粮食挣钱，同时山西省气候干燥适于罂粟的种植，从而成了最大的鸦片种植地，山西所有良田都在种植鸦片（"往往以膏腴水田遍种罂粟，而五谷反置诸硗瘠之区"）。

张之洞描述山西遍地种植鸦片，"几于无县无之"，御史刘恩溥也描述山西是"数十万顷膏腴之田，几无树艺五谷之土"。曾国荃记载"此次晋省荒歉……自境内广种罂粟以来，民间积蓄渐耗……"

鸦片赋税高，获利高。"20世纪初对鸦片的需求是1800年的70倍，每年有2500万人吸食鸦片，总消费量2.2万吨。"[①] 地方官员、富绅和百姓都热衷于种植鸦片，这种情况当时不只是存在于山西一省，而是遍及黄河中下游流域，维持了近二十年。本土鸦片战胜了进口鸦片，每年给清廷带来近千万两白银的税厘，但是大量的耕地和劳力转移到鸦片种植上所带来的后果，是严重影响山西省的正常农业发展，特别是粮食生产，直接后果导致"丁戊奇荒"，百万人死亡。这场灾难也给潞绸以毁灭性的打击。

这里要提一下，所谓帝国主义经济侵略对于潞绸业的打击。在鸦片战争后，西方资本主义国家一时尚无机制丝织品对华输出，相反仍需向中国进口满足国内需求，中国的丝绸反而出口年年增加。1860年，丝绸出口为212.38万海关两，1894年为841.55万海关两，增长了3倍。种种事实表明，这一时期，尽管受到内外战争、社会动荡的影响，市场常有起伏，但传统手工丝织业总体呈发展态势。[②] 这现象倒是可以反证，把帝国主义的经济侵略和潞绸的衰败硬扯到一起似有强加之嫌，恰恰是国内其他丝织业发达地区（特别是江南地区）丝织业的不断发展严重挤压了非发达地区丝织业的生存空间，特别表现在对于原料、市场、交通运输等因素的控制，使得以潞绸为代表的一些地方特色丝织产品趋于消亡。这种社会经济现象与自然界物种之间相互竞争、适者生存的法则是相仿佛的。

四、小结

在一个大的格局下着眼研究潞绸的衰败，这种方法是历史研究最基本的方

---

① ［美］E. A. 罗斯：《变化中的中国人》，中华书局，2006年。

② 汪敬虞：《中国近代经济史（1895~1927）》（下），人民出版社，2000年。

法，脱离这种方法去思考研究任何历史问题，都会落入王学末流的窠臼，当然也不会找到历史的真相。山西潞绸产业衰落的原因是多方面的，可概括为两个层面。一个层面是社会层面，潞绸的贡品性质是其兴衰的重要因素，再就是和潞绸有关联的商人、手工业者及原料的空间配给等因素是潞绸发展的基础；另一个层面是自然地理环境层面，自然地理环境对于潞绸产业发展的影响很重要，地方特色的的产品有其地域特征，离开地域的地方产品就如南橘北枳一样失去其特色，地方的自然环境既是当地物质和精神特产的依托，也是它们的掘墓者。

特定空间和时间下的社会现象随着这种特定空间和时间的变化或消亡或兴盛。在这一规律下，我们观察研究历史现象时，大可不必夹杂太多的感情色彩来影响我们对于过去曾存在事物的价值判断。逝去的就让它逝去，不要造个假的，来证明其复活；存在的，有条件就把它原汁原味地保护好，不要改造加工。现实社会把历史商业化，美其名曰"文化产业"。表面上恢复古代的生活方式，包括国学热、仿古餐厅等，虽起到点普及历史文化的作用，但其副作用却使得历史学最重要本质——"考据求真"淹没于庸俗化之中，历史研究沦为商业发展需求的外壳包装。由于笔者能力有限，学识浅薄，对于潞绸衰败的考证还不够深刻和全面，一些观点有待进一步商榷，有些地方有待日后进一步完善。

参考文献

[1] 吕思勉：《中国社会史》，上海古籍出版社，2007年。

[2] 余英时：《汉代贸易与扩展》，上海古籍出版社，2005年。

[3] 史念海：《河山集》，三联出版社，1981年。

[4] [美] 马若孟：《中国农民经济》，江苏人民出版社，1999年。

[5] [美] E. A. 罗斯：《变化中的中国人》，中华书局，2006年。

[6] 汪敬虞：《中国近代经济史1895－1927（下）》，人民出版社，2000年。

[7] 葛剑雄：《中国移民史》，福建人民出版社，1997年。

[8] [日] 寺田隆信：《山西商人研究》，张正朋等译，山西人民出版社，1986年。

[9] （明）沈思孝：《晋录》，商务印书馆，1936年。

[10] （清）顾祖禹：《读史方舆纪要》，中华书局，2005年。

[11] 程光、李绳庆：《山西商人茶路》，山西经济出版社，2008年。

[12] [日] 宫琦犀一：《近代国际经济要览》，陈小洪等译，中国财政经济出版社，1990年。

[13] 余英时：《士与中国文化》，上海人民出版社，2013年。

晋商商帮兴替的历史轨迹

薛秀艳[*]

提起晋商，一般狭义地认为是指清代道光朝以后勃兴的晋中商人。晋中大地上散落的一座座晋商大院，曾经叱咤近代中国金融舞台的一系列事实，还有影视剧的推介，往往使人们形成这样的认识。事实上，晋商在明清之际驰骋商界近五百年，而且商人主体也经历了晋南盐商、晋东南盐铁商、晋中边商以及晋中票号商人的转变过程。

一、开中制与晋南盐商、晋东南泽潞盐铁商人集团

明代实行的开中制度，给山西商人带来了巨大的商机，随之产生了晋南的盐商集团。中盐法从山西开始实行，随后迅速地在全国各地推广开来。中盐法创立于洪武三年（1370年）。当年六月，山西奏疏言："大同粮储自陵县长芦云罕太和岭，路远费重。若令商人于大同仓入米一石、太原仓入米一石三斗者，给淮盐一引，引二百斤。商人鬻毕，即以原给引目赴所在官司缴之。如此，则转输之费省而军储之用充矣。"[①]朝廷同意了这一建议，于是创立了中盐法，也称"开中法"。从此我们可以看出，中盐法创制的直接目的是为了解决边远地区军储粮饷的供应困难。再加上从陵县长芦运粮至大同太和岭路远费重，遂由盐商来承担这一艰巨的运输任务。盐商取粮于陵县长芦，运至大同和太原仓，然后取得盐引，支盐贩卖，获得商业利益。卖毕，原引目作废，缴回官司。显然，中盐法的创意是以盐利为诱饵去利用商旅终年游徙贩鬻来满足屯兵的军饷之需，而国家又省去军饷之费。当时的大同，"地滨穷荒，土脉沙瘠，而风气寒冰异常，稼事岁仅一熟，稍遇旱荒，即一熟不可得，自谷豆稷黍之外，百物不产"，[②]再者，该地"原无奇货异产"，所以每年所收税银只有三四百两。如此恶劣的自然条件，商人就近纳粮绝不可能；招募流民，实行"商屯"，又缓不济事；试行"开中制"的表率作用，逼使明廷在具体政策上不得不做出许多让步。"开中"项目不仅仅包括

---

* 薛秀艳，山西岚县人，山西财经大学讲师，研究方向为晋商文化。

① 《明太祖实录》卷53。

② 《明经世文编》卷452，梅国桢：《再请罢榷税疏》。

纳粟，还涵盖纳布、纳马、纳铁、纳帛、纳草等多方面内容。"开中制"在大同仓试行后，各边镇军粮以及各行省赈济，多仿行之。山西毗邻北部九关（蓟镇、辽东、宣府、大同、山西、延绥、宁夏、固原、甘肃为九关），占据了该政策的地利之便。晋商得地利之便，此前已积累了长途贩运经验，自然是捷足先登，且获益不菲。晋商纳粮的主要边镇为大同、山西、宣府、宁夏、延绥，换得盐引后，须到指定盐场支盐，很大程度上融洽了晋商与这些盐场的业务联系。

晋南商人，所处地域靠近河东盐场，又在别处盐场锐意进取，几乎占尽了"开中制"的诸多便利条件。晋南的河东盐场，晋东南的潞铁，可就地取材；再加之晋商不惮辛苦，北方的长途贩运贸易多由他们控制，转贩者益众，本省的潞绸、泽帕、潞锅、铁器、棉布、煤炭被源源不断运出，外省的丝绸、茶叶，经由山西销往内外蒙古，以及西北和东北地区。也正是这两条途径，推动着晋商商业资本的高度集中。在盐商的活动过程中，逐渐出现了商人朋合为帮的组织形式。① 此时晋商中唱主角的是晋南盐商和晋东南盐铁商人。

明朝中后期，由于盐法日坏，明政府于弘治五年（1492年）改行"折色"制，即把纳实物改为纳银两。该制度甫一实行，"商屯"纷纷解体，边商日趋衰败，内商逐渐兴盛。"边商"与"内商"的区别，缘于"开中"商人的专业分工。边商以运送实物或招募流民实行商屯为己任，换得盐引后，转贩给内商；而内商的专责为收购盐引、支盐、运销食盐。以上专业分工，不失为提高经济效益的好办法。但由于私盐泛滥，以及别的原因，各边商交换的盐引难以售出，极大影响到"开中"制的顺利实行。受此影响，于是原来以北方边镇市场为活动舞台的晋商逐渐向内地转移，尤其是向盐业居全国之首的两淮江浙地区转移。大部分边商开始定居盐场，充当了真正的"盐商"角色。在这种情况下，晋商的地理优势不再，其优势逐渐被徽商所取代，徽商趁势而起，垄断了行盐之利，成为盐商主体。晋商分化为两部分，其中的一部分到两淮盐区纳银换引做专门的盐商，另一部分则到全国各地贩运北方边镇所需各种物资，并同时在各地区间进行物资交换。晋商就由单纯的开中商人转变为多业经营的商人。明人胡世宁说："今山陕富民，多为中盐旅居淮浙。"② 扬州是两淮盐场的集散地，重修《扬州府志》卷52载："（嘉靖）时西北商贾在扬者数百人。"嘉庆《江都县志》卷12亦载："扬（扬州）以流寓入籍者多……明中盐法行，山陕之商麇至。"而初期寓扬之商，以"秦晋商人势力最大"。为商人子弟专门设立一"运学"，证明盐商群体在日渐扩大，其在社会中的作用也不容忽视，具体史料，可参照《两淮盐法

---

① 《长芦盐法志》卷2，《沿革》载："明初，分商之纲领者五：曰浙直之纲，曰宣大之纲，曰泽潞之纲，曰平阳之纲，曰蒲州之纲。"

② 《备边十策疏》。

制》。"乔承统，字继之，山西襄陵人，明季贡生，父养冲，中盐卒于扬州"；"李承式，字敬甫，其先山西大同人，中盐于扬州，承式登嘉靖三十五年进士"；"杨义，字宝元，号昆岳，山西洪洞人，其先业盐淮南"。以上诸人，都是"运学"培养出来的人才，他们的事迹，进一步折射出晋商在两淮盐商中的地位。由纳粮中盐，到纳铁中盐，以及纳布中盐，晋商的经营项目逐渐扩大，正如张正明的分析：晋商除了继续进行两淮、长芦、河东盐等的运销外，对粮、布、茶等的经营也不再局限于供应北方边镇，而是扩大经营项目的范围，走向了多方位商业经营的道路。明中叶以来，晋商的活动区域已经由明初的北方边镇拓展到全国甚至海外，晋商足迹可谓"半天下"了。

当时，晋商的另一支劲旅是晋东南泽潞盐铁商人。泽潞商人是指山西东南部的泽州（今晋城）和潞州（今长治）一带借经营盐铁、丝绸等物起家的商人群体。史料记载："平阳、泽、潞，豪商大贾甲天下，非数十万不称富。"① 泽潞商人的兴起应该也与长期以来特别是自明代以来的食盐贸易有关。泽潞商人虽然不占有河东盐场的地利之便，但是他们处在河东盐及本地物资向东南转输的运道上。清初大学士陈廷敬曾说，泽州这个地方"据中州上游，山峻而险，水瀑而陡，居民往来，商旅辐辏"，而泽州所属陵川县道路虽更加险峻，但"上党以南与中州山左，商旅往来，必由于此"。② 这里几乎是从陕西和晋南向河南及以东以南运输的必经之路，也是与北部的太原连接的重要通道，所以泽潞商人也以善于经营而闻名天下。

泽潞商人的兴起虽与开中法和食盐贸易有关，但与晋南商人相比，他们的商业活动与本土的手工业发展尤其是与制铁业的发展有密切关系。该地农业条件不太好，但却蕴藏着丰富的矿产资源。史料记载："上党居万山之中，商贾罕至，且土瘠民贫，所产无几，其奔走什一者，独铁与绸耳。"③ 泽、潞各地都有铁矿分布，如阳城"县地皆山，自前世已有矿穴，采铅、锡、铁"，④ "史山，县东北三十里，产铁矿"⑤。陵川牛金山"其山出铁矿煤炭"⑥。泽、潞两地产铁的历史很悠久，在明代中期的记载中，铁和盐已成为泽潞商人最重要的两种商品。

在明代，泽潞一些著名的大商人都是通过盐铁贸易发家的。明末阳城王重新专门经营长芦盐和阳城铁货之间的贸易，"七岁而孤，年十四即挈父遗橐行贾长芦、天津间，俯拾仰取，不数载遂至不訾。因不复身贾，其所用人无虑千数百

---

① （明）沈思孝《晋录》。
② 张正明、科大卫：《明清山西碑刻资料选》，山西人民出版社，2005 年。
③ （顺治）《潞安府志》。
④ （乾隆）《阳城县志》。
⑤ （康熙）《阳城县志》。
⑥ （光绪）《陵川县志》。

指，皆谨奉诫无敢欺，所著《货殖则训》甚具"。① 明末高平唐安里人冯春"弃书综米盐布帛之事，公饶心计，权子母，征贵贱，仍遣鬻盐铁于瀍沧之间，不数载赀渐裕"。② 南方淮扬地区亦有泽潞商人的身影，"山西泽州李君蘽商于扬……李君事蘽此邦有年"。③ 但到清代，泽潞商人在食盐贸易中的地位迅速被徽商超越，日益走向边缘化。沁水端氏镇贾氏先人"以世营盐业居金陵，称大贾，后值业务疲滞，始迁安徽怀远属之岱山铺，置田产，颇营他业，再迁河南睢州，营业盖日就衰落矣"。④ 在清中期以后大量的碑刻材料中看到，泽潞商人的商号大都集中在河南、河北的市镇中，有关盐业贸易的记载也日益稀少。清代以后，泽潞商人势力减弱，但泽潞地区的制铁业和铁器贸易一直到清末还维持了一定的规模。

潞绸也在一段时间内成为当地商人的主要贩卖货品。潞绸是明代产于山西潞安之丝绸。"明季长治、高平、潞州卫三处，共有绸机一万三千张，为当时北方丝织业之中心地。潞安府明嘉靖八年（1529 年）升潞州置，隶山西布政使司。治长治县（今市）。领县八。辖境相当今山西长治、襄垣、潞城、黎城、长子、屯留、平顺、壶关等市、县地。为山西丝织中心，有机户千家，织机九千余张，以潞绸名闻天下。"⑤ 明代以后潞绸生产逐渐衰落，但一直到清初，潞绸生产仍维持着一定的规模，并保持着较高的工艺水平，但是获利甚微。清初潞绸衰落有两方面的原因：一是山西本地不生产丝线，潞绸的生产依赖于他处丝线的供给。在明代文献中，泽潞地区还是一个生产桑蚕的地区，"明洪武初潞州桑八万株，至宏〔弘〕治时九万株有余"。⑥ 这或许是洪武年间劝导农民开垦植桑的农业恢复政策的效果。明朝诗人常伦《沁水道中》诗曰："处处人家蚕事忙，盈盈秦女把新桑。黄金未遂秋卿意，骏马骄嘶官道旁。"⑦ 描写的也是沁水蚕丝生产的田园风光。但到清初的文献中，泽潞居然被说成是不产桑茧的地区，清乾隆《潞安府志》上说"（潞绸）丝线取给山东、河南、北直等处"。可见明末清初的战乱对生产的破坏之深。在当时的交通和经济条件下，这无疑增加了潞绸的生产成本，抑制了潞绸的发展。二是政府的剥削压榨。历来重税盘剥是封建社会抑制工商业发展的重要手段，清王霈在《请抚恤机户疏》中写道："独苦本省衙门之取用，以及别省差官差役。织造者一发之中殆虚不日，虽各请发价，而催绸有费，

---

① 王小圣、卢家俭：《古村郭峪碑文集》，中华书局，2005 年。

② （顺治）《高平县志》。

③ 赵之璧：《平山堂图志》，成文出版社，1983 年。

④ 贾景德：《近代中国史料丛刊》第 76 辑，《沁水贾氏莝庙石刻文稿》，文海出版社，1972 年。

⑤ 《中国历史大辞典·下卷》。

⑥ （光绪）《长治县志》。

⑦ （雍正）《泽州府志》。

验绸有费，纳绸有费，所得些许，尽入狡役积书之腹，化为乌有矣，机户终岁勤苦，夜以继日，妇子供作，俱置勿论，若线、若色，尽取囊中，日赔月累，其何能继？"① 官府的压榨，使得机户苦不堪言，以致出现"各机户焚烧绸机，辞行碎牌，痛哭奔逃"② 的情景。可见潞绸生产在清代已经举步维艰，相当困难了。伴随着丝绸生产的日渐衰微，泽潞商人的丝绸贸易也日渐衰败了。

晋南盐商、泽潞盐铁商人通过盐、铁、丝织品等商品的生产与交换，走出家乡，参与到全国性的商业竞争中去，完成了初期的资本积累，并开始形成一个著名的地方商帮，海内流传"平阳、泽、潞，豪商大贾甲天下，非数十万不称富"③ 的美誉。而清代以后，开中法早已不行，食盐贸易被徽商垄断，丝绸贸易式微，同一时期，晋中商人以经营汇兑业务而崛起，成为晋商的主流，晋南盐商、晋东南泽潞商人的活动遂湮没于前者的巨大光环之下，不为后人所注意。

二、北部边疆民族贸易与边商集团

1. 旅蒙商

早在明代，边境地区就有汉族与少数民族互市的传统，明中后期隆庆年间"封贡互市"政策的实施，使明朝和蒙古各部结束了长期对峙的局面，边贸迅速发展。晋中商人及时地向辽东和漠北蒙古地区发展商业贸易。尤其是当清政府开始实行满蒙友好政策停息边陲战火之后，屏防外族的九关无须设置，再加之盐法日坏，大盐商逐渐衰败的时候，此时晋中商人反应迅捷，面向蒙古、新疆乃至西伯利亚的庞大商队组建起来，旅蒙商（以经营内外蒙古地区的商品为主业）顺势而起成为晋商的主角。旅蒙商经营盛况，清人徐珂《清稗类钞》有详细记述："山西行商有车帮。晋中行商运货来往关外诸地，虑有盗，往往结为车帮。此即为泰西之商队也。每帮多者百余辆，其车略似大古鲁车，一车约可载重五百斤。一御者可御十余车。日人而驾，夜半而止，白昼牧牛，必求有水之地而露宿焉，以此无定程，日率以行三四十里为常。每帮车必挈犬数头，行则系之车中，止宿则列车为两行，成椭圆形，以为营卫。御者聚帐篷中，镖师数人，更番巡逻。人寝，则以犬代之，谓之卫犬。"

旅蒙商主要集中在晋中地区。徐珂的《清稗类钞》对光绪年间资产在30万～800万两之间的山西富商予以排列，晋南富商，只有亢氏一家在列，其他均为晋中商人。晋中商人在清初崛起也有它的区域及历史原因。相对于晋南地区，

① （顺治）《潞安府志》。
② （顺治）《潞安府志》。
③ （明）沈思孝：《晋录》，商务印书馆，1936 年。

晋中人从事旅蒙贸易更具有地利之便，但晋中在元末的混战和明中期的蒙古边祸中都是战乱的波及区。当晋南、晋东南商人占尽开中之利时，晋中人仍然处于边患之中。从"隆庆和议"直到清代边疆平定，晋中的交通区位优势才得以显示出来。晋中是晋南、川陕等通往省会太原和京城北京的通道，随着全国商品经济的大发展，北京作为政治中心的辐射力增强，晋中的通道作用也增强了。"路当孔道"的便利交通条件，使他们成为走口外的早期拓荒者。晋中本地没有盐铁之利，晋中商人经商的经历就更为艰难，肩挑贸易走得更远，也更敢于冒险。早在明末，晋中赴北边贸易的商人与占据东北的清贵族建立了关系，改朝换代之后，晋中商人的商业活动，受到了政府的庇护与扶持。追溯晋中富户发家史，旅蒙贸易占据了主要地位。

（1）大盛魁。大盛魁商号是清代山西人开办的对蒙贸易的最大商号，极盛时有员工六七千人，商队拴有骆驼 10 万峰。活动地区包括喀尔喀四大部、科布多、乌里雅苏台、库伦（今乌兰巴托）、恰克图、内蒙古各盟旗、新疆乌鲁木齐、库车、伊犁和俄国西伯利亚、莫斯科等地，其资本十分雄厚，声称其资产可用五十两重的银元宝，铺一条从库伦到北京的道路。而大盛魁的创办人山西太谷县的王相卿和祁县的史大学、张杰最初只是肩挑贸易的小贩。康熙时，清政府在平定准噶尔部噶尔丹的叛乱中，由于军队深入漠北不毛之地，水源不足，大军运送粮草非常困难，于是准许商人随军贸易。在随军贸易的过程中，他们三人凭借买卖公道，服务周到，渐渐壮大了生意。清兵击溃噶尔丹军后，主力部队移驻大青山，部队供应由山西右玉杀虎口往过运送，他们三人便在杀虎口开了个商号，称吉盛堂。康熙末年改名为大盛魁，这就是大盛魁商号的创始经过。

（2）太谷曹氏。太谷曹氏发迹，始于明末清初人曹三喜。当时三喜为谋生，随人至东北三座塔（在今辽宁朝阳县），租地种菜、豆类。后与一当地人合伙，用所种之豆，磨成豆腐出卖，用豆腐渣养猪。辛苦经营多年，日渐发达。这时，原合伙人提出分开各自经营。三喜独立经营后，由磨豆腐、养猪，又发展到用高粱酿酒，进而开杂货铺，后又兼并了原合伙人的生意。随着三座塔地方的繁荣，人口的增多，清廷设立了朝阳县。而曹氏在该地早已开办有商铺，所以当地有"先有曹家号，后有朝阳县"之说。此后，曹三喜又将商号开办到赤峰、凌源及建昌等地，经营范围也扩展为杂货业、典当业、酿酒业。后来又在沈阳、四平、锦州等地设立商号。这样，曹氏已成为关外大商。"在新疆、库伦及莫斯科、伊尔库茨克等地，设有曹氏商号。其经营的范围很广，如：丝绸、布匹、呢绒、颜料、药材、皮毛、杂货、洋货、茶叶、账庄、典当、钱庄、票号等。"《清稗类钞》称曹氏有资产银六七百万两。

（3）祁县乔氏①。祁县乔家更以"先有复盛公，后有包头城"为天下人所熟知，"复盛公成为乔姓之商号后，买卖兴隆，又在包头城增设复盛全、复盛西商号和复盛菜园，后来又在包头城内共开设了复盛公、复盛西、复盛全等19个门面，四五百职工，是包头城开办最早、实力最为雄厚的商号"。

（4）祁县渠氏②。祁县渠氏先祖渠济，上党区长子县人。元末明初其子敬信、守信、忠信做贩运小本生意，是走村串户的"货郎挑"，经常从上党贩运潞麻和梨到祁县，再把粗布和枣贩回上党，年长日久，有了些积蓄。明洪武二年（1369年），便把其父接到祁县定居。"后来其子孙经商于包头一带，到渠源祯曾祖父渠同海时，在包头经营的商业已初具规模，已购地10余顷，经营着菜园、油粮、茶叶，并兼做钱业生意。到清朝乾隆年间，渠源祯的祖父渠映瑛又增设长源川、长顺川两大茶庄，从两湖采办红茶，贩销于西北各地及蒙古、俄国。至此渠家已经积累了万贯家财，成为巨商大贾之家。"

（5）榆次常氏③。榆次常氏也是典型的旅蒙商，车辋常氏始祖常仲林于明代弘治初年，由太谷惠安迁此为人牧羊，到清康熙、乾隆年间，七世祖常进全开始经商，八世祖常威率九世万玘、万达，从事商业活动，赢利颇丰，逐渐使常氏成为晋中望族，"其经营则在多伦诺尔、张家口、兴化镇及本省大同、繁峙等处"。常氏后代衍化为"南常"、"北常"两支。恰克图对俄茶丝贸易是他们的业务重心，诚如《山西外贸志》所述："在恰克图从事对俄贸易的众多山西商号中，经营历史最长、规模最大者，首推榆次车辋常家，常氏一门，从乾隆时从事此项贸易开始，历经乾隆、嘉庆、道光、咸丰、同治、光绪、宣统七朝，沿袭150多年，尤其在晚清，在恰克图数个较大商号中，常氏一门独占其四，堪称为清代本省的外贸世家。"此外，"北常"的独慎玉商号还在莫斯科设立了分号。

清代晋中商人通过旅蒙贸易的初期积累，将分店开设到大江南北，为日后创办票号奠定了强大的物质基础。

2. 清代中俄贸易与茶商集团

（1）晋商的茶叶贸易。晋商在对俄出口茶叶之前首先是在国内西北地区进行民族茶叶贸易，因此可以说西北地区的茶马互市贸易是晋商进行对外茶叶贸易的基础。茶马互市中茶叶贸易与中俄茶叶贸易具有传承关系。从茶叶来源看，福建、湖北、四川、陕西等地一直以来都是主要的茶叶供给地区，晋商对俄茶叶贸易也是如此。通过茶马互市，晋商熟悉了茶叶种类和政府政策，为对俄贸易打下了基础。山西不产茶但晋商却因茶叶贸易而闻名于世，其中的一个主要原因就是晋商能够根据市场需求主动出击。如旅蒙晋商就是先于茶商进入到蒙古腹地进行

①②③　张正明：《晋商兴衰史》，山西古籍出版社，1995年。

贸易的商人团体，在经营过程中，他们发现蒙古和西藏地区居民，都靠饮茶养生"新疆回夷口食，茶粮最关紧要"①；"中国红茶、砖茶、帽盒茶，均为俄人所需"。② 这就为山西人经营对俄蒙地区的茶叶贸易提供了信息。茶叶是旅蒙贸易的敲门砖。对此，晋商根据需求状况展开了三路茶叶贸易。"一是对库伦、恰克图的北路贸易，由东口（即大同）经张家口至库伦或从西口（即右玉杀虎口）入蒙古归化至库伦；二是赴新疆伊犁、塔尔巴哈台的西路贸易，由归化出发经百灵庙至漠北赛尔乌苏、布彦图、乌里雅苏台、科布多，再分别至塔尔巴哈台古城及乌鲁木齐；三是赴东北边陲与俄贸易及越界赴伊尔库茨克、涅尔琴斯克、圣彼得堡和莫斯科等地的东路贸易，由张家口经多伦诺尔通往谟南锡林郭勒、察哈尔、昭乌达、呼伦贝尔、漠北喀尔喀蒙古车臣汗部、土谢图汗部。"③ 晋商茶帮可分为"内茶商"和"外茶商"两大类。内茶商主要负责茶叶的收购、加工制作和将其运输到张家口和杀虎口，把茶叶卖给外茶商的国内贸易。外茶商则主要负责从内茶商手中买到茶叶，由东西两口贩运茶叶到边疆各地如蒙古、新疆以及恰克图，与俄国商人进行茶叶的国际贸易活动。晋商中的外茶商在张家口、杀虎口以北直至中俄边境城市恰克图、俄境西伯利亚等地的茶叶国际商路上的活跃程度大大超过内茶商对国内市场的经营，由此形成19世纪中叶以前晋商茶帮主导中俄恰克图贸易的局面，正如史料记载："其内地商民至恰克图贸易者，强半皆山西人，由张家口贩运烟茶、缎布、杂货，前往易换各色皮张、毡片等物。"④晋中盆地四通八达，大部分茶叶就是在该地休整后，才源源不断运往东西两口，"清初，在福建采办（茶叶），经江西、湖北、河南、山西抵达张家口出塞。清中叶，在湖南安化办茶，运输分水旱两种：一路由常德、沙市、襄阳、郑州入山西泽州（今晋城）；一路穿洞庭湖，由岳阳入长江，下水至武汉，转汉水抵樊城（今襄樊）起岸北上，贯河南入山西泽州。两路到泽州后，继续北上经长治抵祁县、太谷休整，然后北上大同，经天镇达张家口出塞"。⑤ 旱路运输主要采用了驼帮运输的贸易方式。晚清及民国时，办茶在湖北崇阳、蒲沂、通城，及湖南的临湘，以湖北的羊楼洞与湖南的羊楼司为集散中心。运输路线是沿长江达武汉，转汉水到樊城起岸，沿上述旱路抵张家口。也有一部分经山西右玉县，过杀虎口关抵归化，再进入蒙古各地。

渠绍森在《晋商与茶文明》一文中梳理了茶文明北传的线路图："在明代，

---

① 《清圣祖实录》卷283，康熙五十八年（1719年）二月癸酉。
② 《清宣宗实录》卷71，道光四年（1824年）七月甲辰。
③ 《刘坤一遗集·奏疏》（卷1），《山西外贸志》（上册），1984年铅印稿本。
④ 刘建生等：《晋商研究》，山西人民出版社，2002年。
⑤ 渠绍森：《清代山西旅蒙商》，《晋商史料研究》，山西人民出版社，2001年。

晋商通过大同有名的茶马互市，使大量的茶叶通过蒙古辗转输入俄国。俄人林士奇曾记述，在俄国一些地方，16世纪时就有了一定数量的砖茶贸易，俄国上层人士的饮茶习惯就是从那时逐渐形成的。到清雍正五年（1727年），中俄签订《恰克图条约》之后，晋商垄断了在恰克图的对俄贸易，俄国成为最大的中国茶叶销售国，它改变了俄国人的生活习惯，使喝茶成为俄国人生活中须臾不可离开的大事。"据沈家屯张氏老人回忆，外贝加尔湖周围居民不论贫富，年长年幼，都爱饮砖茶，茶是每日离不了的饮料。每日早晨就面包喝茶，当作早餐，不喝茶就不去上工。中午饭后也须有茶，每天喝茶有5次之多，好喝茶的人能喝10～15杯。俄国境内气候寒冷，当地人民饮食以肉类为主，喝茶有助于消化油腻，但俄国又不是茶叶产地，是晋商看到了这个巨大的消费市场，开拓了从闽北到莫斯科的万里茶路，控制了对俄的茶叶贸易。

（2）从闽北到莫斯科的万里茶路。从18世纪至19世纪末期的万里茶路，全长达5150公里，其中中国境内从福建武夷山区至中俄边境的买卖城恰克图约4500公里。陆上茶叶之路以恰克图为中心，中俄商人"彼以皮来，我以茶往"，19世纪中叶以前这条贯穿欧亚的陆上茶叶之路的贸易一直为山西商人所主导。而这条万里茶路的起点则在福建的武夷山区，武夷山的下梅村曾经是重要的茶叶集散地。中央的人工运河——当溪，有8个码头装卸繁忙。当溪的水面宽不过8米，长1000余米，自公元1680年开通后就被当作一条水运通道，四方商贾通过这条水运通道在下梅进行商贸活动。据《崇安县志》载，康熙十九年（1680年）间，"其时武夷茶市集崇安下梅，盛时每日行筏300艘，转运不绝"。1727年（雍正五年），晋商至福建经营武夷岩茶，与其交易者，多为崇安下梅邹氏。"邹氏茶商所经营的武夷岩茶过分水关到江西河口镇后入信江，由水路进鄱阳湖至湖口。溯长江西至汉口，在汉口经鉴定分装溯汉水至襄樊再溯唐河至河南赊店（今社旗县），改为陆路北上，经洛阳泽州（今晋城）长治出子洪口至祁县，按商号分配，其中花茶大部分在华北销售，砖茶和红茶均运至张家口改为驼队运输行程达1100余公里至库仑（今乌兰巴托），再行400余公里到达中俄边界的买卖城恰克图（新疆境内）。邹氏茶商在恰克图设有武夷岩茶茶庄，生意兴隆。"① 由此可见当年以茶叶交易为中心的经贸活动在下梅十分活跃。乾隆年间，下梅遂形成崇安最大的茶市。恰克图是著名的买卖城，晋商把茶叶卖给俄罗斯的大茶商，然后再由这些茶商把中国的茶叶转运到欧洲各国。从武夷山出产的茶叶，经船运、车队、马帮、驼队几次变换交通工具，先经水路，随后又翻越深山、穿越草原，最终抵达中俄边境恰克图。而在19世纪中叶以前，这条绵延数万公里的茶叶之路

---

① 邹全荣：《下梅文史资料集萃》，《福建文化报》2003年10月26日。

的贸易一直由晋商所主导。清人衷千说："清初茶时均系西客经营，由江西转河南，运销关外。西客者山西商人也，每家资本约二三十万至百万。首春客至，由行东赴河口欢迎。到地将款及所购茶单交点行东，恣所为不问，茶事毕，始结算别去。"（《茶事杂咏》）①

（3）外贸世家榆次常氏。榆次常氏是晋中富商。在对俄贸易中占有重要地位。徐珂《清稗类钞》称常氏有资产百数十万两。该族原系山西太谷县人，明朝弘治十三年（1500年）常仲林迁居榆次县车辋村刘家寨，由仲林一世起到八世常威时，家"始裕"，"至于起家，即率经商"。其经商则在多伦诺尔、张家口、兴化镇及本省大同、繁峙等处。常氏发迹之后，氏族分居，添房盖院，分为"南常"、"北常"。"南常"以万已为代表，为"世荣堂"；"北常"以万达为代表，为"世和堂"。

北常从乾隆年间始，就以大德玉商号名义在恰克图经营对俄贸易。随着业务的发展和资本积累的增加，常氏于道光六年（1826年）新设大升玉商号，道光二十年（1840年）增设大泉玉商号，同治五年（1866年）增设大美玉商号，光绪五年（1879年）增设独慎玉商号，形成了常氏的"玉"字连号。此外，独慎玉商号还在莫斯科设立了分店。汾阳路履仁先生目睹晚清恰克图商业状况，撰文说："买卖城内由一东西向横街和三条南北巷子组成，西巷有常家的大泉玉，中巷有常家的大升玉，东巷有常家的独慎玉。"正如《山西外贸志》记载："在恰克图从事对俄贸易的众多山西商号中，经营历史最长、规模最大者，首推榆次车辋常家，常氏一门，从乾隆时从事此项贸易开始，历经乾隆、嘉庆、道光、咸丰、同治、光绪、宣统七朝，沿袭150多年，尤其在晚清，在恰克图十数个较大商号中，常氏一门独占其四，堪称为清代本省的外贸世家。""北常"有十家带"玉"字的商号最著名，号称"十大玉"。据《汉口山陕会馆志》称，光绪八年（1882年）汉口"北常"的商号有如下12家：大昌玉、大德玉、大泉玉、三德玉、保和玉、慎德玉、大升玉、三和源、大通玉、大顺玉、泰和玉、独慎玉。"南常"的商号名称均带有"昌"字，号称"十大昌"。其商号遍布苏州、上海、汉口等地。

晋商，曾以茶叶贸易在300年的历史进程中，创造了一个神话般的商业奇迹。晋商万里茶路南起福建武夷山，跨鄱阳湖、长江、黄河、中原大地，越太行山、大漠戈壁，北达蒙古、俄罗斯，大量的茶叶由此销往俄罗斯，甚至直抵欧洲腹地，成为我国历史上继丝绸之路之后又一条重要的国际商路。晋商万里茶路的鼎盛时期，起点武夷山下梅村日行竹筏300余张，往来不绝。终点中俄边境贸易集散地恰克图曾云集晋商茶庄达百家之多，茶叶经营者上万人，年交易量近千万

---

① 张正明：《晋商与经营文化》，世界图书出版公司，1998年。

斤，交易额达数百余万两白银。

3. 东南沿海贸易与船商集团

《山西票号之组织及沿革》一文中记载："当清初叶，山西商人们足迹已遍天下，统称两大帮。一为粮船帮，即载运各省货物于沿江河及海口交易者。二为骆驼帮，即懋迁各种货品于内、外蒙古用户及俄旧京莫斯科者，艰苦经营，奔波万里，其坚忍性亦殊可嘉。又值清康、雍、乾时代，一百余年之太平天下，晋商富力日积月累，乃有余力以经营金融业。"①

船帮出现在清代中叶。经济发展的历史表明，当商品经济和贸易发展到一定规模时就要求有相应的货币规模来满足交易需求，从这个意义上来看船帮的出现不是一般意义上的商品贸易，它是适应于商品经济和货物贸易的发展而产生的一种特殊贸易形式，正是这种特殊的铜材贸易满足了商业贸易发展对货币的需求。

明清时期实行银两与铜钱并行的货币制度，由于铜是铸钱的重要原料，清政府严格禁止制造黄铜器皿，对黄铜实行严格管理的政策，以期能够缓和国内市场上铜原料供不应求的状况。雍正四年（1726年）清廷颁布法令，除"黄铜之乐器、天平砝码等及5斤以下铜镜不禁外，其余一应器皿，无论大小轻重，俱不许仍用黄铜制造"。②"京城内除三品以上官准用铜器，其余俱不得使用黄铜器皿。定限三年，令将所有悉行报出，官府给价收买。（逾限）不交官者，照私藏禁物律治罪。其铺户有仍将黄铜制造器皿者，照销毁钱为，从律治罪。"③ 一年之后又议定："以前曾议三品以上用黄铜，今尤觉乱用者多。以后，惟一品官之家，器皿许用黄铜，余者遍行禁止。有藏匿私用者，概以违禁论。"④

即使这样，仍不能满足市场需要。由于明清以来经济发展而导致对货币需求的增加，货币流通量猛增，但当时中国产铜量极低，仅靠云南一地产的滇铜远远满足不了日益增加的铸币需求。在这种情况下，从乾隆三年（1738年）开始，国内商人去日本贩铜。赴日的铜商分为官商和民商。官商贩运之铜，全部上缴国家铸钱。民商贩运之铜，60%上缴国家，40%由民商在市场上销售。山西巡抚于乾隆九年（1744年）二月得旨："晋省殷实商人尚多，惟有令其承办洋铜，以供鼓铸，为可行之事耳。"⑤ 从此，山西商人被特许出洋采铜，接办了原来浙江商人海上对日本的贸易权，开始了组织船帮对日贸易采办洋铜。晋商在对日贸易中用中国的商品换取日本的铜，他们每年夏至从苏州装船出海到日本长崎，9月中旬装载铜斤返航，小雪后再放洋，次年4月回国，一年两运，乘风破浪，冒着触

---

① 范椿年：《山西票号之组织及沿革》，原载于《中央银行月报》第四卷第一号，民国二十四年（1935年）一月出版。见于《晋商研究早期论集》（一），经济管理出版社，2008年。

②③④ 《清文献通考》武英殿本，浙江古籍出版社，2000年。

⑤ 《清高宗实录》卷417，乾隆十七年（1752年）六月戊午。

礁沉没的危险，远渡重洋。往返于长江口与日本长崎之间，垄断从日本进口生铜的贸易 80 多年。晋商的海上商路（船帮）：国内各地——长江——吴淞口——黄海——日本长崎。

在赴日贩铜的晋商中，介休范家是其中最为突出的代表。船帮 18 世纪时国内有洋船 15 艘左右，山西介休皇商范氏就拥有六七艘，往返于长江口和日本长崎之间，垄断从日本进口铜的贸易七八十年。范毓宾时期，范家的商业发展到了鼎盛时期，被人们称为著名的"洋铜商"。

晋商船帮所经营的铜材贸易不同于一般的商品贸易，铜作为铸钱的重要原料，一方面要求产地的铜材质量要好，使得铸钱的消耗尽量减少、生产成本降低；另一方面要求经营铜材的商人要有较高的信誉，能够配合政府保证铸钱所需的铜材来源。晋商之所以能够获准赴日采办铜材原料，其中一个主要原因是因为晋商与其他商帮相比，具有与政府更加密切的官商关系。以范氏为例，在乾隆二十九年（1764 年）以前，全国共有贩铜船 15 只，范氏拥有 3 只，年贩铜 60 万斤，占由日本进口铜的 1/5；乾隆三十一年（1766 年）后，范氏拥有 7 只船，年贩铜 140 万斤，占由日本进口铜的 1/2 多。范氏家族之所以成为当时显赫一时的八大皇商之一，是由于明朝末年，清军与明政权对立时，操纵张家口贸易的八大晋商经营并给予清军大量的军需粮秣。"八家商人者皆山右人，明末时以贸易来张家口，曰：王登库、靳良玉、范永斗、王大宇、梁嘉宾、田生兰、翟堂、黄云龙。自本朝龙兴辽左，遣人来口市易看，皆此八家主之。定鼎后承召入都，宴便殿，蒙赐上方服馔……"[1] 山西铜商因此积累了大量的资金，晋商通过"驼帮"、"船帮"完成原始积累后又开始向票号过渡。因为商业贸易要进一步做强做大，必须要有强大的金融作后盾。

在票号产生之前，各个区域的晋商已经在不同的商业领域书写着他们的财富神话，晋商内部的区域差异使得晋南、泽潞、晋中的商人和商业呈现出他们各自不同的特点。这是因为山西被河流和山脉自然地分为几个地理单位，各个单位的环境、物产都有很大的差异。这种差异直接影响到商业活动中一些重要的因素，比如商品种类、区域间贸易的路线和商业网络等。同时也因为山西各地商人所处的地方传统和社会关系网络是不同的，这也使他们的商业活动呈现出不同的特点。这也提醒我们注意"晋商"这个概念可能产生的问题。晋商和徽商一样，不应被视为一个同质的、同源的、无差异的概念，要把他们还原到一个区域历史发展的时间脉络和历史传统中去重新审视。这也许不仅对晋商研究，而且对其他地区性商帮的研究，可能都有方法论上的意义。

---

① （道光）《万全县志》卷 10，《志余》。

参考文献

［1］黄鉴晖：《山西票号史料》，山西经济出版社，1990年。

［2］孔祥毅：《金融票号史论》，中国金融出版社，2003年。

［3］李永福：《山西票号研究》，中华工商联合出版社，2007年。

［4］曹煜：《祁帮票号》，山西经济出版社，2003年。

［5］《山西票号史料》编写组：《山西票号史料（增订本）》，山西经济出版社，2002年。

［6］张正明：《晋商兴衰史》，山西古籍出版社，2001年。

［7］刘建生、刘鹏生：《晋商研究》，山西人民出版社，2002年。

商业文化

明清晋商与中国商业文明

张　舒　张正明[*]

张　舒　张正明[*]

文明是人类社会发展与进步的体现。明清晋商称雄商界 500 余年，在弘扬中华优秀传统文化的历程中，丰富和发展了中国商业文明的理念、内容与机制。

一、明清晋商的商业文明理念

首先，明清晋商从观念上对"四民"中处于末位的商人地位，提出了挑战。明清时代是中国封建社会后期。封建社会的统治者长期奉行一种"重本抑末"政策，所谓"重本"是重在维护封建剥削基础的农业土地关系，"抑末"是为了"重本"，故在"士农工商"的"四民"中排在了末位。但是，明清晋商对这种旧的传统观念进行了挑战。明代蒲州（今永济）商人王文显指出："夫商与士，异术而同心，故善商者，处财货之场，而修高明之行，是故虽利而不污。善士者引先王之经，而绝货利之径，是故必名而有成。故利以义制，名以清修，各守其业。①"王文显的话，使我们看到明代的山西商人已意识到他们的社会地位与士人是各守其业，并非要低"士人"一等了。入清以后，由于晋商的继续成功发展，使山西的社会观念与风尚发生了大的变化。雍正二年（1724 年）山西学政刘於义向皇帝奏称："山右积习，重利之念甚于重名。子孙俊秀者多入贸易一途，其次宁为胥吏，至中材以下方使之读书应试，以故士风卑靡。"雍正帝朱批道："山右大约商贾居首，其次者犹肯力农，再次者谋入营伍，最下者方令读书。朕所习知，习俗殊可笑!"②清末太原府举人刘大鹏说："近来吾乡（指太谷县）风气大坏，视读书甚轻，视为商甚重，才华秀美之子弟，率皆出门为商，而读书者寥寥无几，甚且有既游庠序，竟弃儒而就商者。……当此之时，为商者十八九，

---

　　* 张舒，山西太原人，山西省社会科学院历史所研究人员；张正明，山西太原人，山西省晋商文化研究中心研究员。

①（明）李梦阳：《明故王文显墓志铭》，《空同集》卷 44。

② 《雍正朱批谕旨》第 47 册，刘於义雍正二年（1724 年）五月九日。

读书者十一二。"① 山西人在明清"重本抑末"的社会风气中，主张学而优则商，把商业排在了各业之首，可谓对封建等级观念的挑战，是社会文明的进步。

再者，明清晋商学而优则商理念的形成，是否意味着他们不重视儒学了呢？否。晋商不仅重视儒学，而且努力弘扬光大中华优秀传统文化，并进而在理念上形成了儒贾相通观、义利相通观、修身正己观。晋商认为儒贾追求目标不一，但二者可通，行贾可习儒，学而优则贾，儒可贾，贾可仕，仕可不失贾业。明代蒲州商人王瑶"行货而敦义，转输积而手不离简册"。② 同乡沈邦良"幼知学，进取甚锐，后以家务服贾……南帆扬越，西历关陇……而所至必携《小学通鉴》，时诵习之，遇事辄有援证。工楷书，喜为近体诗，盈于囊箧，其嗜好然也"。③关于义利，晋商认为诚信重义是商人处世立业之道。孟子说："义，人之正路也。"（《孟子·离娄上》）荀子说："夫义者，所以限禁人之为恶与奸者也。"（《荀子·强国篇》）晋商弘扬中华先哲思想，主张见利思义，先利后义，以义制利，义利相济，作为经商理念的哲学基础、商人精神价值的核心。明代临汾商人孔镇商于襄阳，"其货多受人贷，忽值饥馑"，他若催逼偿还，如同"推之陷阱矣，即焚其约剂，空手北归"。④ 清代宁夏天成西商号是山西平遥人赵登科等开，经营皮毛等土特产，一次经营发生严重困难，后经山西交城天元恒皮货店出手相助，渡过难关，买卖又兴隆起来。赵登科认为经商以信义为重，滴水之恩，涌泉相报，便义请天元恒为本店东家，并共同制定了合伙股份制。⑤ 修身正己，是中国古代思想家育人之道，"齐家、治国、平天下"是自我修养之目标，其标准为"仁义礼智信"、"智信仁勇严"，核心是以人为本，唯贤是举。清代祁县富商乔致庸，秀才出身，弃儒经商，成大家，他的经商原则是：一信、二义、三利；处世原则是："气忌燥、言忌浮、才忌露、学忌满、胆欲大、心欲小、知欲圆、行欲方"；"为人作事怪人休深，望人休过，待人要丰，自奉要约，恩怕先益后损，威怕先紧后松"。⑥ 晋商对子弟教育尤为重视，不仅建学馆、聘名师，而且重视文化教育。高平富商赵氏，所请教师皆为当地名儒，同时对女性子弟也给予文化教育。

二、明清晋商的商业文明内容

司马迁《史记》称："天下熙熙皆为利来，天下攘攘皆为利往。"孔子说：

---

① 刘大鹏：《退想斋日记》，山西人民出版社，1990 年。
② 韩邦奇：《苑落集》卷 6。
③ 张四维：《条麓堂集》卷 28。
④ 吕柟：《续刻吕泾野先生文集》卷 8。
⑤ 赵明景：《话说宁夏百年老字号天成西》未刊稿。
⑥ 武殿琦等：《在中堂》，山西人民出版社，1993 年。

"富而可求也，虽执鞭之士，吾亦为之。"① 人们为了生计而活动，是一种本能。但是面对利益，如何摆对利益与信义的关系，则是文明进步与否的体现，所谓"君子爱财，取之有道"就是二者关系的一条红线，而商业文明的表现形式多种多样，信用与诚信是其关键与核心。

信用与诚信二者既有联系，又有区别。二者之间的联系是：皆为商业经济的要求，不过信用是其本质要求，诚信是其道德要求与行为规范。二者之间的区别是：信用是商业经济的基本制度，体现着其客观规律的本质要求；诚信是规范商业行为的道德约束，是商业道德中最重要、最核心、最基本的标准。

晋商的诚信经商突出表现在如下三方面：

1. 言而有信

孔子说："人无信不立。"所谓："青山常在，绿水长流，信同青山，绿水如财源。"清人郭松焘称山西商人"惟其心朴而心实也"。据称，平遥城内一老年丐妇，持一张 12000 两汇票要兑现，日升昌伙计见汇票为 30 年前其张家口分号所开，经查无误。原来老妇的丈夫本是张家口皮货商，30 年前将银交日升昌张家口分号汇出，不幸返家途中病故，致家中生活每况愈下，老妇沦为丐婆，后偶翻其夫夹袄衣角检出此汇票。日升昌核对后全额兑现，由此日升昌信誉更著。1930 年蒋阎冯中原大战，晋钞大幅贬值，约 25 元可兑 1 元新币，祁县大德通票号若以晋钞付出可大发横财，但失信于民，大德通不让储户吃亏，动用历年公积金补足兑换，使大德通信誉益著。

2. 货真价实

晋商在经营活动中坚持以义制利，商品保质保量。清代晋商在茶贸中视茶叶质量为生命，保质不掺假，不以次充好，俄人、蒙人都认准晋商茶庄的品牌，长期购买，一生不变。蒙古人甚至以晋商之砖茶代替银两，作为物质交换手段。高平富商赵氏的面粉商号不但不缺斤短两，而且明码超量，即每买 1 斤（16 两）面粉，多给 1 两（17 两），顾客交口称赞，商家薄利多销总计仍获盈利，从而收到了双赢效果。太谷广升药店创建于明嘉靖年，所生产"龟龄集"、"定坤丹"，数百年长销不衰，主要是严把质量关，选料人参必"高丽"、"老山"，鹿茸非"黄毛"、"青耳"不用。曲沃旱烟为明清时期名品，严格的加工程序，保证了烟叶质量。加工时，当烟叶过暑发酵转黄后，经抽梗、碾面、配料、切丝、揉丝、透风、晾干、储存、过夏等工序，最后经鉴定合格，方可上市。太原益源庆醋，明代为晋王府专用，坚持传统配方，同时不断创新，工艺由三道发展为蒸、酵、薰、淋四道，生产的醋具有甜绵香酸，回味生津特点，而享誉八方。

---

① 《论语·述而》。

3. 诚实待客

晋商认为"诚信戒欺"是商人立业之本。晋商《行商遗要》称："为商贾托天理，常记心上，不瞒老、不欺幼，义取四方……为客商学谦和，勿势欺良。"①清代盂县商人张静轩说："（经商）结交务有吃亏心，酬酢务存退让心，日用务存节俭心，操持务存含忍心，愿使人鄙我疾，勿使人防我诈也……前人之愚，断非后人之智可及，忠厚留有余。"②明氏临县人王子深以开客店为生，有客商住宿后遗金一袋，王收金待客。客啼还，王验给之，"客以其半分，拒之，客商叩谢而去"。③清代绛州人王文宇"贸易保定府完县，与葛东岗友善，东岗有子不弗立，惧其毁败，阴以白金八百两付文宇，不令子知，东岗死，文宇督其子，俾其成立，将东岗所遗金还之"。④晋商十分注意礼貌待客，包括着装都有讲究，既表示对客户的尊重，又适应业务要求。在着装上：一是入乡随俗，如在蒙古地方，即穿蒙服、讲蒙语。二是因业而异，如票号钱庄、金银首饰、珠宝玉器、古玩字画等业，所营物品多细货，接待多绅富、官员、墨客及其眷属，营销人员穿着则较阔绰；若营绸布、皮货、百货者，皆穿长衫，单夹更换；若粮油、日用、铁锡业者，多短打扮或套袖围裙。三是内外有别，站柜台者服装多黑白灰蓝，款式不标新立异；负责跑外的，因同各方人士交往，穿着较好。

三、精神信仰与商业文明机制

信仰是一种精神追求，并对信仰者行为具有约束作用。晋商出于求财、趋吉、避凶的心理，信仰诸神，但敬奉最多的是关公。关公即关羽，三国武将，以信义著称。晋商对关公膜拜之至，情有独钟，他们不仅在家中店铺供奉，而且在各地会馆为关公修建殿宇。晋商所以如此崇奉关公，一是因关羽同为山西籍人，有着非常的荣耀与自豪感。二是祈求神威广大的关公降福保平安。明清晋商经营地区广泛，常常会遇到天灾人祸等意想不到的困难，在心理上希望得到神威广大的关公庇护，消灾降福。三是以关公的"信"来规范商业行为，取信客户；以关公的"义"来团结同仁，摒弃见利忘义、不仁不义等不良观念与动机。晋商从精神上请神威广大的关公日夜监督他们的商业活动，同时从关公身上汲取无穷的正气力量，使商业立于不败之地。可见，晋商在经营活动中使商业伦理道德与关公信仰融为一体，成为一种精神力量，进而推动了商业的文明经营活动。

晋商在弘扬商业文明的活动中，还制定了许多家规号规，从机制上约束家属

① 李玉明：《行商遗要的发现及其对晋商研究的重要价值》，《学术论丛》2007 年第 2 期。
② 盂县《续修张氏族谱》。
③ （万历）《汾州府志》卷 12，《隐逸》。
④ （雍正）《泽州府志》卷 37，《孝义》。

与员工的言行。家规方面，如祁县富商乔氏订有"十勿"、"六不"。"十勿"即勿挟私仇、勿营小利、勿误人财、勿妒人技能、勿淫人妇女、勿唆人争讼、勿坏人名利、勿破人婚姻、勿倚权势而夺善良、勿恃富贵而欺穷困。"六不"即不准纳妾、不准虚妄、不准嫖妓、不准吸毒、不准赌博、不准酗酒。清代代县商人谢扬家训有："人之失礼于我，也是人之过也，非我之过，我不必生怒；我之失礼于人也，是我之过也，我安可不自责。"① 晋商各商号、票号均定有严格的号规。如大德通票号光绪十年（1884 年）号规："各码头总领务须各秉天良，尽心号事，不得懈怠偷安，恣意奢华……各码头凡诸物钱盘，买空卖空诸事，大干号禁，倘有犯者，立刻出号……勿论何路码头人位，吃食鸦片，本干号禁……各码头地方，难免有赌钱之风，坏品失节，乱规误事，皆由于此，不管平时过节，铺里铺外，老少人等，一概不准，犯者出铺。至于游戏猖局……严之禁之……各码头人位，不准向号中相与之家，浮挪暂借，及于面置买物，亦不许拖欠账期。"② 明代由山西临汾人开办的北京六必居酱园店，有不准进"三爷"的号规，即少爷、姑爷、舅爷不准入号，以免商号经营活动受干扰。

对商号的学徒，也有严格的培训制度。业务培训内容有珠算、书信、银两平码换算、商品知识，甚至包括蒙、维、俄语能力等。道德培训内容有"重信义、除虚伪、节情欲、敦品行、贵忠诚、鄙利己、奉博爱、薄嫉恨、幸辛苦、戒奢华"等，当学徒出班时，则实地考察其做事能力与道德品行，其做法是："远则易欺，远使以观其志；近则易狎，近使以观其敬；烦则难理，烦使以观其能；卒则难办，卒问以观其智；急则易爽，急期以观其信；财则易贪，委财以观其仁；危则易变，告危以观其节；久则易情，班期二年而观其则；杂处易淫，派往繁华以观其色。"③ 如测验其人确实可用，然后由总号分派各分号任事。

奖惩激励机制。晋商的经理负责制，使投资者与经营者两权分离，经理全权负责号事，调动了经理的积极性。人身顶股制，使员工以人力顶股得以分红，调动了员工的积极性。在惩处机制方面有，凡晋商商号员工被出号者，别的晋商商号就不再聘用，意味着失业，故员工在号中的工作绝不敢疏忽怠慢。晋商的标期制度也较完善，规定到期不能结算者为顶标，凡顶标者从此失信商家，此后将断业务往来，故各商号均不敢冒顶标之风险。

上述精神信仰、家规号规、奖惩制度，保障了晋商商业文明的实施。

总之，明清晋商在弘扬中华优秀传统文化的历程中，从理念、内容、机制等方面丰富和发展了商业文明的内涵，对中国商业文明的发展做出了贡献。

---

① 《晋商史料全览》忻州卷第 511 页，山西人民出版社，2006 年。
②③ 卫聚贤：《山西票号史》。

参考文献

［1］ 张正明：《晋商兴衰史》，山西古籍出版社，2001 年。

［2］《山西票号史料》编写组：《山西票号史料（增订本)》，山西经济出版社，2002 年。

儒商风骨，德信为本

——晋商文化中的正能量

刘海鸿　郭玉兰[*]

明清晋商创造了地处黄土高原而为海内最富的奇迹，也留下了为人称道的晋商文化。如果从"文化"这个角度来解读晋商的话，晋商的成功在于形成并恪守了一种优秀的文化规则，这种文化规则既是精神也是智慧，既是原则又是方法，被称为晋商开创事业的"利器"。那么，这个利器的精髓是什么呢？我们看到的晋商有"汇通天下"的票号理想，有登峰造极的深宅大院，有无以复加的弘阔与张扬，也有儒拙敦厚、深藏若虚甚或谦卑老实、摧眉折腰的商人形象，究竟哪一个是真实的晋商呢？应当说，所有这些都是真实的晋商，都是晋商的不同面，正是这些不同的面，构成了真实的立体的晋商，构成了丰富复杂的晋商文化。我们在此想要辨识出晋商文化中的正能量，并且粗浅地分析一下这种正能量的文化来源。

作为耕读文明的一个比较典型的代表，地处晋中的平遥、太谷、祁县等晋商聚集地，先天地秉承了汉民族文化的基因和血脉，即以儒为道统的正统文化。所以，中国传统文化中的那些正能量，在晋商文化中表现得非常集中。

一、晋商文化的仁义核心：立德为本与仁善无形

"仁"是儒家文化的基本概念，也是核心概念，本指人与人之间相互友善，《论语·雍也》中说："夫仁者，己欲立而立人，己欲达而达人。"孔子把"仁"作为最高的道德原则、道德标准和道德境界，"仁"成为中国古代一种含义极广的道德范畴，是协调和评判人与人之间关系的最高的最基本最根本的道德准则，后来这一概念内涵外延不断丰富，包含了宽人、慈爱、爱护、同情等感情，提倡人与人相互友爱、帮助，对人不要生坏心，待人宽厚而好施恩德。每个人要为人

---

　　* 刘海鸿，河北唐山人，山西财经大学旅游管理学院副教授；郭玉兰，辽宁辽中人，山西省委党校、山西行政学院省情与发展研究所教授、副所长。

忠诚老实，做有道德、人品高尚的人。"仁"是儒家理想的人与人之间的关系状态。

晋商是儒商，这就决定了晋商必然是德商和仁商、义商，秉承儒家精神的晋商把修身齐家立德树仁作为成事立业的前提，作为教育子弟培养后人的重要内容。"穷则独善其身，达则兼济天下。"晋商的儒商风骨在他们事业发达之前和之后虽然表现不同，侧重不同，但其精神实质是一样的。

1. 晋商文化中的立德为本

晋商的仁德不仅是自我修炼约束的规范，同时也是安身立命的准则，晋商关于做人的实质可以概括为以德立身，立德为本。

声名赫赫的乔致庸的家教中有著名的"三戒"、"五不准"：戒骄、戒贪、戒懒，不准吸鸦片、不准纳妾、不准赌博、不准冶游、不准酗酒。"戒"也好，"不准"也好，都是围绕"德"这一核心制定的规范，以德为核心，杜绝一切不良品性，杜绝一切奢侈享受，杜绝一切邪道妄为。乔家虽是豪门巨贾，但从未有过灯红酒绿、妻妾成群的景观，乔致庸本人因为寿命长一生娶过六个妻子，但无一妾。乔家以家业兴旺为重，有一个新的分号建立，乔家大院就添一盏红灯笼来无声地庆贺，取红利见增之意，表达方式沉默而吉祥，红灯笼在此的含义和作用并不是一些影片中诠释的那样。

在中国所有外出经商的商帮中，晋商是走得最远、漂泊时间最长的，他们中很多人从十几岁就离家去当伙计，学做生意，不论哪一家商号，伙计制度都有一条严苛的纪律，就是三年才允许回家探亲一次。如此计算下来，当一个山西商人60岁告老还乡时，他在外漂泊的时间大约是42年。如果说背井离乡、浪迹天涯还不够苦的话，晋商还有一条家族戒律就是外出经商不得携带家眷，更不得在外纳妾。乔家子孙不准纳妾的祖训是先祖乔贵发临终前留下的家规，乔贵发本人自我要求极为严苛，令人叹服，所以此规豪门大宅的乔家后人无一人破例，即使是乔家的媳妇不能为家族生养子嗣时也没有人以此为借口休妻纳妾。真正的晋商生活是这样严谨严格甚至于严苛严厉，远非我们今天所想象的，更不是某些小说作品和影视剧表现的那样。唯其如此，晋商才能够成就了纵横欧亚几千里、驰骋商界五百年的伟业。

2. 晋商文化中的仁善无形

德必然要求仁，德必然带来仁，德无仁则枯，以德为本的晋商必然把仁善作为德的具体实践，但晋商的行善不是大张旗鼓，更不是沽名钓誉，而是出于自身内在的真诚善意。

光绪三年（1877年），山西和周边省份遭受了三百年来最大的一场旱灾，而且一旱三年，当时山西有近三分之一的人口死于饥馑，茶路断绝，以茶为主业的常家也同样处处缩减以渡难关，令乡人费解的是他们却又在这个时候拿出三万两银子来在家族祠堂中修建戏台。传统的土木工程需要大量的劳动力，本村和邻村的乡亲们都来帮工，只要能来搬动一块砖一片瓦就管一顿饭，这样，穷困的乡亲们自尊地咽下了自己劳动换来的一粥一饭而免于饿死。大灾持续了三年，常家的工程也持续了三年，这个本以获利为生的常家为修戏台不知代价几何，但小心翼翼地避开了乐善好施的名声。

晋商的仁善体现在商业经营上就是合作互利，他们认为最好的发展格局是与别人共生共赢，所以晋商坚决反对和杜绝垄断。乔映霞用经典的"一团和气"来作自己客厅对联的横批，并把这种和气推己及人，推家及外。晋商大多是家族经营，家族成员的和谐自不必说，对于雇员的关系也有和谐之策，人身顶股制就是晋商在人事上首创的一种协调劳资关系、让利于员工的入股办法。晋商不仅家族经营，而且联号经营，他们广建会馆，用宗法社会的乡亲感情彼此团结在一起，用关公作为统一的商业宗教，互相帮靠。晋商家族祖训中都有一条戒律，就是不许做霸盘生意，认为做霸盘生意必然招致大难，一定要给别人留有余地。同行往往不同利，与顾客和气的商家不稀罕，而与同行和气的商家很难，晋商做到了。

二、晋商文化的商业伦理：诚信虔诚与信义宗教

立德的结果必然是立信，晋商以诚信闻天下，这种诚信的文化来源仍然是儒教的仁德与仁义。

"信"是儒家的伦理范畴，即诚实，讲信用，不作假。"信"是儒家"仁"道德修养的内容之一，又是实现这个道德原则的重要条件之一。《论语·学而》中说："吾日三省吾身，为人谋而不忠乎？与朋友交而不信乎？传不习乎？信近于义，言可复也。"孔子及其弟子提出"信"，是要求人们按照礼的规定互守信用，借以调整人与人之间的矛盾，儒家还把"信"作为立国、治国的根本。汉儒董仲舒把"信"列入"五常"之中，"仁"、"义"、"礼"、"智"、"信"并举。

1. 晋商文化的诚信虔诚

晋商是历史上全国乃至全世界都公认的最讲信用的商业群体，没有人能够超过晋商的诚信美誉。诚信为本，晋商对"信"字怀着一种诚惶诚恐的虔诚，一种雷打不动的信仰，认为一旦失信必招失败。乔致庸把经商之道归结为第一是守信，第二是讲义，第三才是取胜。晋商赚钱讲究薄利，要薄利必须克制欲望，晋商的很多商号将这种经营之道辈辈相传，财富竟然也愈积愈厚。正是因为有一颗诚心，晋商忠厚待人，宁亏自己不亏别人。晋商曾经经营过许多皮毛店，当时的

皮毛店是一种中介性的行业，从中收取一些佣金，一般为百分之二。这样的皮毛店好比是货栈，商家大量的货就在皮毛店存着，皮毛店有负责保管的义务，也担着货物损坏的风险。"广恒信"就是这样一家皮毛店，不幸在经营过程中发生了一场火灾，把店内代为保管的皮毛宝物都烧毁了。面对这样的灾难，"广恒信"按原来登记的清册逐项清算，全部赔偿。可以说"广恒信"对自己很刻薄，对不多的收益很知足，对巨大的损失不推脱，一般在商言利的商家很难达到这样的境界。于是民间就流传下来"广恒信宝店不漏针"的说法。这样守信的故事在晋商中比比皆是。

晋商的诚信不欺表现了晋商为人诚实忠厚，所以人们才喜欢与之交往。晋商认为诚信是取得长久胜利的基本因素，所以晋商把信誉看得高于一切，绝不允许自己的商号缺斤短两、以次充好。晋商认为商业赢利要靠商品的质量和服务来取得，赢利要受道义的制约，一旦丧失信誉，必然招致失败。他们讲究克制欲望，薄利多销。薄利多销有利于加快资金周转、扩大业务。薄利多销是靠勤快、辛苦挣钱，讲究的是赢取回头客，"生意没有回头客，东家伙计都挨饿。"不能一刀子把客人宰死，一锤子买卖。要薄利多销必须克制欲望，克服人性的贪婪本能，而这对于晋商来说已经成为习惯和传统。

2. 晋商文化的信义宗教

晋商重义，义，是中国传统文化中所讲的一种道德规范，也是禁约人们行为的准则，它的本质就是诚信。孟子说："义，人之正路也。"荀子说："夫义者，所以限禁人之为恶与奸者也。"晋商讲究见利思义，不发不义之财，讲究的是"仁中取利真君子，义内求财大丈夫"，义利相济相通。在义利相通观的影响下，先义后利，以义制利，这是晋商经营的道德基础，成为晋商精神价值观的核心。晋商的诚信是晋商仁义的最好表现，以义制利是以诚为本的前提和基础，正因为能够守义，所以才能够守诚。"义"不是简单的对人仗义，而更是一种对己的原则。

在义利相通观的影响下，诚信戒欺，重视商誉，成为晋商的商业道德观。义利思想最直接的表现就是"诚"与"不欺"，诚信不欺，以诚信重义作为晋商处世立业之道。晋商主张见利思义，"诚召天下客，义纳八方财"，可谓晋商精神价值观的集中体现。晋商诚信为本的经营理念和关公崇拜结合起来之后，信义基本上可以说上升为一种近乎于宗教的信仰和信条。

1900 年，八国联军攻占北京，豪门望族仓皇出逃，他们随身携带的只有山西票号的存折，一到山西纷纷跑到票号兑换银两，但山西票号在这次战乱中损失惨重，设在北京的分号不但银子被劫掠一空，甚至连账簿也付之一炬。没有账簿，晋商票号原本可以向储户言明自己的难处，等总号重新清理账目之后再作安排。但是日升昌没有这么做，他们只要储户拿出存银的折子，不管银两数目多大，一律立刻兑现。这样，日升昌票号在没有账簿只有存折的情况下也坚持兑换。晋商票号这样做，无疑是以不计后果的举措向世人昭示了信义在票号业中至高无上的地位。战乱过后，当他们在北京的分号重新开业时，人们纷纷将积蓄放心地存入票号，朝廷也将一些官银交给票号汇兑、收存。

明代蒲州著名商人王文显经商 40 余年，取得了巨大的成功，他总结经商经验时说："夫商与士，异术同心，故善商者，处财货之场，而修高明之行，是故虽利而不污。善士者引先王之经，而绝货利之途，是故必名而有成。故利以义制，名以清修，各守其业，天之鉴也。"①

三、晋商文化的儒教精髓：忠恕精神与中庸之道

如果简单地划分一下，晋商文化大致可以分为家族文化和经营文化两大部分，其中家族文化是经营文化的基础和底色，经营文化是家族文化的萃取和提炼。这两大部分之间并无截然的界限，混合交织。

"忠恕"是中国儒家伦理的重要范畴，是处理人与人之间关系的重要原则。晋商深得儒学精髓的重要表现即是体现在对于"忠恕"和"中庸"的充分领悟和身体力行上。

1. 晋商文化中的忠恕精神

"忠"即是尽力为人谋，中人之心，忠君之事，故为忠；"恕"即是推己及人，如人之心，"己所不欲，勿施于人"，也就是孔子在《雍也》篇里所说的"己欲立而立人，己欲达而达人"，故为恕。最早将"忠"与"恕"这两个概念联系起来相提并论的是春秋时代的曾子，曾子在解释孔子"吾道一以贯之"时说："夫子之道，忠恕而已矣。"所谓忠恕是孔子待人的基本原则，是一个问题的两个方面，后学们以忠恕作为贯通孔子学说的核心内容，是"仁"的具体运用，忠恕成为儒家处理人际关系的基本原则之一。

晋商文化对于忠恕传统的继承非常到位，这方面有两个突出表现。一是晋商始终表现出了强烈鲜明的忠君爱国思想，无论是起初的积极响应开中制为国出力，还是后来的筹集款项为国分忧，乃至于理想中的"汇通天下"，晋商都是把自身的创业发展和国家的战略需要结合起来，把国家的需要作为自己事业发展的机遇，把为国家做贡献作为自己事业的重要内容；二是晋商的合作原则是慎待相与。"相与"是指有来往业务的他人他商号，谨慎行事的晋商不随便和相与建立关系，一旦建立关系就努力做到善始善终。例如乔氏与其他商号交往时慎之又

---

① 张正明：《晋商兴衰史》，山西古籍出版社，2001 年。

慎，确认对方品行、实力可靠无不良记录才与之交往，否则就婉言谢绝，目的是避免卷入不必要的麻烦之中，但一旦建立相与合作关系就提携相助，多行方便，即使对方发生变故，也不轻易逼债，更不诉诸官司，而是竭力维持关系并汲取教训。

2. 晋商文化中的中庸之道

晋商豪门多是子承父业，孙承子业，持续旺盛一二百年不衰，基本上跳出了富不过三代的周期律，除了世代财富积累之外，显然和晋商底蕴深厚的家族文化有密切关系，而家族文化是晋商企业文化的基础和前提。事实上，晋商的家族文化和企业文化是很难剥离开来的。

在家族文化的浸染下，晋商的做人哲学与做人风格基本上可以用履中蹈和来概括，即中庸、低调、和谐，其中中庸与低调是他们自身做人的基本方法和法则，是他们讲究和追求的一个境界，和谐则是他们所看重的人与人之间的理想关系状态。在伦理本位的时代，中庸首先是一种德性，是人们处理人际关系时的一种行为价值取向。乔致庸的名字中带有一个庸字，其厅堂取名为"在中堂"，晋商后裔孔祥熙的字取为"庸之"。一辈一辈的晋商子弟是在中庸、低调与和谐的家族文化中渐长的，他们从小被教育或者熏陶与人交往时态度要温和、谦恭，发生不快时要忍让，处境艰难时要忍耐，事业成功时要低调。他们自幼就在家塾中熟读四书五经，并把这些典籍烂熟于心，融会贯通到自己成年后的点滴言行中。

对于晋商来说，中庸还是一种处世技巧，一种韬晦，影响到晋商做人行事的风格就是含蓄内敛，无迹可求。晋商票号的创始人日升昌大掌柜雷履泰几乎是一个传奇式的商界英雄，但我们今天看到平遥日升昌旧址雷履泰办公居所的陈设完全不像是一个呼风唤雨的商业巨子的办公室，而更像一间供人清修的小小静室。翻遍山西的史籍方志，竟然找不出多少记述雷履泰生平的文字，这些典籍里甚至连票号两个字都很少提到，这是因为晋商票号除了出于商业保密的需要尽量不留任何痕迹以外，还坚守着一贯的深藏若虚的作风。

四、晋商文化的极致风骨：执着自强与痴狂投入

晋商做人讲究中庸，以中庸为准则，但做事却往往喜欢做到极致。讲究中庸的晋商在事业中时时表现出一种拼命、痴狂和对于极致境界的追求，这是晋商取得事业成功的必然要求，极致的勤苦，极致的诚信，极致的忠义。这实际上是"天行健，君子以自强不息"精神的外在体现，是儒家文化的另一面，仍然是晋商儒商风骨的彰显，这样的晋商文化丰富而完备。

1. 晋商文化中的极致境界

晋商是中国历史上第一个把商人当作正经的社会职业来做的商人群体，他们

把商人这个角色做到极致了，为此基本上舍弃了读书人的仕途正道。自明代算起，全国科考中共产生过进士137名，山西只有9名。

晋商的勤苦是极致的。戒贪就要讲究薄利，讲究薄利就是靠勤苦多销赚钱。年三十的夜晚京城一片冷清，唯独晋商的小小烧麦馆仍然在营业，乾隆爷感慨之下赐虎头招牌"都一处"。

晋商的创新是极致的。创新是为天下先，其实也是一种极致，晋商的票号是创新，人身顶股制是创新，大撒把的经理负责制、苛刻的学徒制都是创新，也无一不极致。

晋商的诚信是极致的。晋商戒贪，挣钱创业更像是理想而不是欲望，他们为守诚信不惜亏本关张，为得不到诚信认可不惜剖腹自伤，将诚信看得比钱财重，比家业重，比性命重。

晋商的理想是极致的。晋商的极致理想集中体现在他们对货通天下、汇通天下目标的追逐上，要做就做最大，要做就做最好。晋商追逐这个梦想时有一种痴狂，一种惊人的投入和执着。

晋商大院是明清民居的一个极致，乔家大院占地8700平方米，包含了6个大院，19个小院，房屋313间，由六代人经过三次较大规模的修建才最终完成，而这远不是晋商大院中最大的，常家大院占地面积超过10万平方米，房屋1500余间，仅两层的砖木结构楼房就有40多座。晋商在其他生活方面消费都是很节俭的，唯独建屋不惜工本，他们大手笔大气魄，每一处大院都厚重地告诉来人晋商是最大最好最独到的。晋商之所以在修造宅屋时这样极致投入是和他们的极致人生相关的。纪晓岚《阅微草堂笔记》中说："山西人多商于外，十余岁辄从人学贸易，俟积蓄有资，始归纳妇。"① 从这寥寥数言中看得出晋商的漂泊一生，勤苦一生，我们从中读出了晋商极致的一生。

2. 晋商文化中的痴狂精神

不疯魔不成活，晋商文化中还有一种痴狂精神，晋商最初的创业比如走西口就是靠了拼命一搏。晋商最初走西口时并不知道发展的路在何方，他们常常在路口处停下来，不是做歧路之哭，而是把脚下的鞋脱下来抛向空中，鞋落下来时鞋尖朝向何方，何方就是要去的方向了。即使是发展到了旅蒙、旅俄的鼎盛时期，他们拉着骆驼走沙漠冒风雪遇匪盗，仍然是怀着几乎和玄奘一样不取真经绝不东还的信仰，冒着生命危险去行商。

最令人唏嘘的是汾阳崔氏的故事，这是一个为诚信而痴狂的人：

"崔崇（山千），汾阳人，以卖丝为业。往来于上谷、云中有年矣。一岁，

---

① 纪昀：《阅微草堂笔记》，转引自张正明：《晋商兴衰史》，山西古籍出版社，2001年。

折阅十余金，其曹偶有怨言。崇（山千）恚愤，以刃自剖其腹，肠出数寸，气垂绝。主人及其未死，急呼里前与其妻至，问：'有冤耶?' 曰：'吾拙于贸易，致亏主人资。我实自愧，故不欲生，与人无预也。其速移我返，毋以命案为人累。'"①

　　我们在为这些明清晋商所折服的同时又感到我们的解构工具远不够用。道可道，非常道，贫瘠的山西竟出晋商，晋商竟能为"海内最富"，这本身就非常道，我们又怎么能以常道解之? 晋商有时表现为中庸，有时又表现为极致。中庸和极致是矛盾的，中庸是尚中和谐的表现，极致是理想境界的追求，而这种矛盾在历史现实中又是奇妙地融合的。低调做人与高调做事无法完全分开，但这是中国传统文化背景下做人做事的理想境界，这个尺度很难拿捏，好比戴着镣铐舞蹈，好比平凡必须彰显高贵，晋商基本上做到了，这或许是他们很多情况下成功的秘诀吧。晋商存活五百多年，中国文化存活却有五千多年，复杂文化大背景下的晋商文化矛盾而又融合也就不足为奇了。本着信义为大忠恕为则的德行与修养，秉持追求卓越超越自我的天赋与品格，晋商不仅创造了历史，更实现了对梦想的追求。我们只有客观地、全面地、辩证地认识和分析晋商，才能从晋商的兴衰中取得经验汲取教训，才能更好地弘扬晋商精神，传承晋商文化的正能量。

参考文献

［1］张正明：《晋商兴衰史》，山西古籍出版社，2001 年。

［2］刘建生、刘鹏生：《晋商研究》，山西人民出版社，2002 年。

---

①　咸丰《汾阳县志》卷10，《杂识》。

晋商在茶路贸易中的秘密[*]

张亚兰 梁 杉 张 鸿[**]

中俄之间的茶路贸易自 17 世纪末到 20 世纪初，繁荣了两个多世纪。贸易本身是一个多赢的格局。横贯亚欧大陆，自福建下梅至俄罗斯圣彼得堡的 1.3 万多公里的万里茶路，不仅作为"世纪动脉"[①]强有力地推动了中俄的经济增长，而且还通过俄欧之间的贸易，使中国茶产区的茶叶到了欧洲。至今英国唐宁茶叶公司[②]还在销售当年广受欢迎的茶叶品牌——"俄罗斯骆驼商队茶"（Twinings Russian Caravan Tea），这些茶正是中国商人专为俄国市场定制的茶叶，并被俄商转销到英国。

但是，"多赢"并不代表贸易过程中的处处和谐。相反，竞争、斗智斗勇、无可奈何的艳羡、秘密调查、争取获得有利的贸易条件等，商人的智慧在茶叶贸易中也发挥得淋漓尽致。从史料记载来看，以晋商为主力的中国商人展现出了令对手艳羡的智慧，并凝聚成了一股无形的力量，成了茶路贸易中最大的"秘密武器"。除了对俄贸易中的智慧，晋商在茶产地选茶、包装、运输、成本控制等方面也显示出了惊人的智慧。这种智慧建立在脚踏实地经商、老老实实做商人、长期经验积累总结的基础上，因此，晋商的成功令人敬佩，也为当代商人树立了良好的典范。本文重点介绍晋商在对俄贸易及选茶方面的秘密。

一、令俄商艳羡的"合股制"

清末俄国驻中国领事馆官员尼·维·鲍戈亚夫连斯基说中国商人："特别喜

* 此文受山西省高等学校哲学社会科学研究项目"晋商茶路宝典——《行商遗要》（手抄本）开发研究"（项目编号：2011313）资助。

** 张亚兰，山西霍州人，山西财经大学财政金融学院教授、硕导、经济学博士，研究方向为晋商、金融史；梁杉，山西临县人，山西财经大学财政金融学院在读硕士；张鸿，山西清徐人，山西财经大学国际贸易学院本科二年级学生。梁杉同学在课题组工作中作出了贡献，张鸿同学在本文资料整理方面作出了贡献。

① 2013 年 3 月 23 日，习近平主席上任首访俄罗斯，并在莫斯科大学国际关系学院的演讲中提到 17 世纪的"万里茶道"是当时的"世纪动脉"，如同现在的中俄输油气管道一样。

② 唐宁茶业公司:Twinings. co. uk. 英国一家古老的茶业公司，以盛产红茶的福建武夷和安徽祁门命名，直译为"双城"。

好联合行事，特别喜欢各种形式的合股。……有些商行掌握了整省整省的贸易。"最初，我们认为这些文字仅仅是俄国人对中国商人行为的如实描述，但是当了解到俄商的情形时，我们便读出了文字背后的"艳羡"之情。

"俄国贸易中的混乱状况因为行业中缺乏任何的统一而变得更加不堪"，虽然早在 17 世纪末时，彼得一世就命令商人依照外国人的模式成立"合股公司"，但俄国人认为按旧俗行事比较好。"至于合股公司之事，以自行不了了之。俄国人不知如何着手、如何开始做如此复杂而困难的事"，"主要因为俄国商人缺乏团结、精明能干的素质"，"他们不知道谁服从谁"，"中国人很久以来就是以公司（商号）的形式做生意的"，"随着恰克图贸易的发展，这里广泛流行着整个大清帝国公司共同遵循的规则"。①

正是中国式的"合股制"聚集了巨额的资金、广泛的人力、物力，使中国商人在对俄贸易的大部分时间内占据了贸易优势。俄方的混乱、分散、贸易上的失利，与中方联合起来的巨大商业力量，形成了鲜明的对比，无可奈何的"艳羡"之情跃然纸上。

二、备受关注的中国行会制度

特鲁谢维奇的著作中，特意在附录 VIII 中描述了他所了解的中国商业行会制度。从文字上看，作者并不是很清楚这是一种什么样的制度，甚至说不出准确的名称，所以在第一句便说"中国商人独特的制度值得重视"。从文字中所描述的内容，我们推断出作者说的是中国的行会制度："商人分明显的等级"、"每个等级的商人单独有自己的'信托'钱庄，不仅监护自己的合股人，而且还救济那些失明、体弱、失去亲人的人，以及乞丐和 60 岁以上的流浪者"、"与其称其为'钱庄'，不如称其为商人和手工业者组成的城市管理局"，该机构的义务如此广泛，"监督着城市商人之间、手工业之间和服务于社会的男男女女公民之间的团结、和谐和共同的安定……"②

中国大小不同等级的行会，就像金字塔一样，层层凝聚在中国商人推崇的"义"字大旗下。关公是全体商人的精神领袖，各级、各帮商人选出的行会领袖，带领所有商人全面践行"义"字精神：制定商业准则，维护商业秩序，协调商人关系，体恤商情、民情，促进商人与政府、与社会的融洽相处。这种有明确的商业精神与伦理——"义"、有固定且庄重的聚会议事场所——会馆、有细致有效的商业规范——行规、有包容友善的商人情怀——强烈的社会责任感的商人行会制度，就像吸铁石一样，凝聚了所有商人的力量，并使之有序、协同，这

---

①② ［俄］特鲁谢维奇著：《19 世纪前的俄中外交及贸易关系》，徐东辉、谭萍译，陈开科审校，岳麓书社，2010 年。

种无形的群体力量让对手"不战而惧",唯有好奇地关注和羡慕。

三、探秘中国交易取胜的"商业机密"

中俄在恰克图的贸易主要是易货贸易。在这样的贸易方式下,哪一方都希望自己卖出的商品定价高一些,这样就能以少量的商品换到对方更多的货物。虽然双方都处于博弈状态,但令俄国商人奇怪的是,中国商人始终能在谈判中占据优势,享有有利的成交价格,而俄商无论怎么努力都会处于劣势,这令他们百思不得其解。为此,居于劣势的俄商一直在多方打探中国商人取胜的秘密。终于,1852年,虽然时间有点长(距恰克图开市124年),但中国商人之所以取胜的绝密文件——"清中央政府就买卖城——恰克图中国商人同俄商贸易办法给驻蒙古扎尔固齐的秘密训令"(以下简称"十六条"),还是被他们打探到了。俄方将这一秘密训令公布在1852年第22期的《莫斯科新闻》上,以显示中国商人在交易中使用了怎样"狡猾"的手段。限于篇幅,作者从16条训令中总结出了三大秘密[①]:

1. 知己知彼,百战百胜

为了全面了解中国商品在俄方的真实需求、数量和价格,以及我方需要的俄方商品的产地价格、数量、多长时间运来等决定如何进行易货贸易的重要信息。《训令》要求每一位商人无保留地报告自己搜集到的信息,这些信息在商人会商时进行汇总,并最终决定交易的商品、价格和比例。为提高中方商品在交易中的定价,我方会适当减少相应商品的比例,并控制运进买卖城(与恰克图相邻的中国商人所在地)的货物数量,以使我们的商品永远受到俄国人的喜爱。

2. 虚实相济,欲擒故纵

为了满足俄国商人的好奇,也便于我们从他们那里获得更多真实情况,有时可以根据贸易情形,似乎完全出于友谊提醒他们蚕丝、茶叶歉收,或棉布供应不足,或欧洲国家已将大量毛皮运进广东。这些话看似无意,其实是经过深思熟虑的;一些情形下,即使我们对俄国某种商品极端需求,也要在贸易中表现得很淡定;而另一些情形下,则要显出求购心情之切,要当着俄国人的面为所求购商品相互加价。加价的亏损内部约定在1000两白银以内,由全体商人共同承担。一旦下次俄国商人将我们求购的商品以更大的数量运来,我们便突然停止换进他们的商品,似乎这里已超过了需求,或其他国家的商人已经满足了我们的需要。这样这些商品就会像我们预料的那样受到冷落,并降价销售。

---

① 更丰富的细节描述见〔俄〕阿·科尔萨克:《俄中商贸关系史述》,社会科学文献出版社,2010年。

3. 奖惩分明，严守机密

训令规定，会商时隐瞒所获信息者，处 3 天禁闭；违背商情告示造成过失者，禁闭 6 天，禁止贸易半个月；擅自加大所运商品比例者，扣押这些货物；与俄商发生口角者，不问理由，禁闭 10 天；向俄商透露我商业机密者，第一次禁闭 6 天，禁止贸易一个月，第二次惩罚翻倍，第三次则被视为危害团体分子，永远逐出恰克图；泄露本训令和我方商情告示者，杖 50，并被逐出恰克图；泄露国家机密者，斩；违背团体利益，出大价钱求购俄国商品，并表现出过分贪欲者，罚其交易总额的 10 倍，禁止其再在此地交易；刚来恰克图的人，禁止以个人身份交易一年。而对那些友好对待俄商，以友好的方式交往，并了解了更多俄国事务，为推动贸易起了良好作用的人，则要加以奖励。

其实，俄商也有类似的共同章程和集体选出的"班头"，来决定贸易的细节和监督章程的执行。但是，商人们为了尽快销出自己的商品，以早一天换回中国的茶叶去抢占国内市场，总是会违背这些章程。因此，坚持、尊重，并极力维护这 16 条训令的中国商人总能靠团体的力量取胜。

四、晋商选茶的秘密

为了保证自己的商品在销售地的质量和降低成本，晋商建立了产供销一条龙的产业模式，与茶农、茶厂、运输商等构成了利益共同体。但是如同现在鱼龙混杂的茶叶市场一样，保证茶叶品质是问题的关键，为此晋商做了辛苦的商业功课，长期的经验积累，让他们总结出了一整套选茶秘诀，成为茶叶采购过程中的指南。

1. 晋商将安化茶推向国际市场

安化县地处湖南省中北部，雪峰山北麓，资水中游，约东经 111.1°，北纬 28.5°的位置。雪峰山上丰富的水源，富含多种矿物元素的丰沃土壤，穿县而过、奔腾不息的资水，常年亚热带季风湿润气候的熏蒸，使这里终岁云遮雾绕，造就了"山崖水畔，不种自生"的天然茶树生长环境。

安化先有茶，后置县（宋 1072 年置县）。史载唐宣宗十年（856 年），"其色如铁"的安化"渠江薄片"就畅销湖北和长安，明时期"渠江薄片"已成为全国 96 种名茶之一。安化黑茶在明时期不仅被朝廷定为"贡茶"，还成为北疆"茶马互市"中的官茶。于是便有山陕商人携"甘引"、"陕引"来安化采办黑茶。他们与安化茶人共同研制发明了"芽尖、白毛尖、天尖、贡尖、生尖、乡尖、捆尖"等高端茶叶品类，以及"百两茶"、"千两茶"等适合长途运输、满足牧民需求的大宗"边销茶"品类。

清时期，俄罗斯、英、美等国际茶叶市场大开，受国际市场追捧的武夷红茶供不应求，1854年战乱的影响加剧了这种供求的矛盾。于是晋商、粤商，甚至洋商，纷纷将目光投向了两湖一带的优良茶树。武夷红茶的制作方法在这里得到普遍推广，并形成"产、供、销一条龙"的产销模式，极大地带动了湖南茶叶的生产。

晋商在清时期几乎垄断了茶叶的北方销售市场，他们开辟的"万里茶路"成了当时中国经济的大动脉。晋商经销的茶，以品质高、分量足著称。他们经销的"三和茶"（黑茶千两茶）有百余年的历史；他们经销的安化红茶，初期还冒充武夷茶出售，销路出奇地好。原来是安化红茶清香味厚，并不亚于武夷红茶。于是公开以"安化"字号进入国际市场，畅销西洋，甚至享有"无安化字号不买"的美誉。

2. 晋商选茶标准

晋商经销的茶为什么会赢得消费者跨世纪的青睐，会赢得市场的美誉呢？除了精工细作之外，茶原料的品质是一切的根本。晋商是怎么选茶的呢？有幸晋商给我们留下了一本当年去安化办茶的手抄本——《行商遗要》，手抄本中详细记述了晋商选茶的标准和程序。这些标准不仅重现了晋商当年如何在茶叶质量上把关，而且已经成为当今湖南茶人品茶、评茶的经典标准。

《行商遗要》中有三处地方[1]提到了晋商办茶的标准，这三处分别从行商宗旨、最终标准及选茶细节等方面作出了全面、立体的阐述，晋商在办茶时用心之细密跃然纸上。

（1）行商宗旨。在开宗明义的第一部分"（一）行商遗要"中，第一句就指明晋茶商经商的宗旨——"为商贾，把天理，常存心上。不瞒老，不欺幼，义取四方。"即叮嘱办茶人，我们经商不能偏离的宗旨是"天理"，而不是失去底线地去追求所谓的"个人利益最大化"或"企业盈利最大化"；经商靠的是"义取四方"，不是"欺瞒哄骗"，做事要走正道。随后在这段中又针对性地嘱咐："候出乡，归买茶，取出真眼，勿惜价，贪便宜，岂有好货？你纵是，经练手[2]，不能哄他。"也就是告诫办茶人，一要眼观六路耳听八方，练就买真货的"真眼"；二要舍得本钱，别贪便宜买假货和次货。这样一步又一步的叮嘱，逐渐从心理上规范了办茶人的选择范围和抉择标准。

---

① 《行商遗要》（手抄本）原稿现存于祁县渠家大院，据考证为祁县渠家长裕川茶庄员工王载赓（1897～1969）用毛笔小楷在麻纸上誊写，共77页的一个蓝皮线装本。山西师范大学史若民教授，于2007年将其翻译成现代文，并标点、断句、解释，收录在《平祁太社会史料研究》中，为我们做晋茶商的相关研究提供了宝贵原始史料。提到办茶准则的三处地方是："（一）行商遗要；（二）祁县至安化水陆路程底；（三）进山安置物件买茶总论底。"《行商遗要》是晋茶商历年办茶的要点及工作流程详细总结，并有各年如有变化随时补充或更改的迹象。应该是所有去安化办茶的员工的工作手册。

② 经练手，即行家里手之意。

（2）选茶标准。具体选什么样的毛茶，才是符合标准要求的茶呢？下面就是进一步的清晰指导。

买黑茶要诀

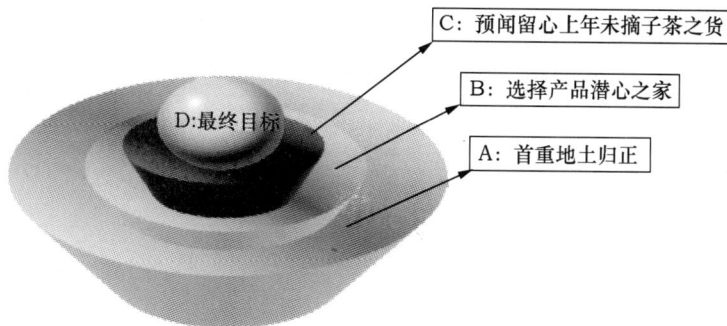

在"（二）祁县至安化水陆路程底"这段文字末，即详细介绍完祁县至安化的水陆路程怎么走后，专门有一段"遗嘱"："我号买黑茶首重地土归正，择选

产户潜心之家①，预闻留心上年未摘子茶②之货，必根条柔气，精力沉重，油水、色气、香味，种种俱佳，内外明亮，满碗俱清，此茶用心切买。思维前辈老板创业招牌艰难，历年已久，宜深审辨，勿惜价而弃也。戒之！戒之！"

我们将这段话用图示的方式显示，能看到晋茶商如何一层一层地缩小选择范围，一步一步地贴近选茶的最终目标，在这样的立体标准引导下，哪有选不到好茶的呢？

（3）操作细节。为了对以上标准作出更确切的说明，使办茶人能切实准确地操作，《行商遗要》中又有更详细文字：

1）首重地土归正，那么哪里产的茶质量最好呢？晋商明确指出："产茶地土佳者，名曰河南境内：马家溪、高家溪、蔡家山、横山、杂木界、白竹水、白溪水、马河板、黄子溪；河北境内：竹子溪、水天坪、小水溪、龙阳洞、董家坊、雷打洞、半边山。"最后还将安化各都所产之茶排了个序，便于办茶人选择。"安化一都、三都之茶甚佳，二都、五都次点，四都更次，四乡不佳，文墨③出于一都尔。"

安化为前四乡，后五都：计：长安乡、长丰乡、安乐乡、桂花乡

安化东邻益阳、西通新化、南至韶（邵）阳、北达桃源

都一、二、三、四、五。设立开行者，一都三都之境。

开行埠头：小淹、边江、江南、鸦雀坪，俱一都之界；

株溪口、硒州、黄沙坪、矼口、东坪，俱三都界；

产茶地土佳者，名曰河南（"河"指资水河）境内：

马家溪、高甲（家）溪、蔡家山、横山、杂木界、

白竹水、白溪水、马河板、黄子溪；河北境内：

竹子溪、水天坪、小水溪、龙阳洞、董家坊、

雷打洞、半边山。

安化一都、三都之茶甚佳，二都、五都次点，

四都更次，四乡不佳，文墨（文墨，安化所产

名茶之一种）出于一都尔。

本地图系根据彭先择《安化黑茶》附图"阴南省安化全县产茶地图"简制。黑色地名为原图地名，蓝色地名为作者根据史料添加。《行商遗要》中所涉其他地名，因未找到同名地名处，故未予标出，此图为民国初年地图。

①高甲（家）溪
②横山
③白竹水
④马家溪
⑤半边山

安化茶行及产茶区简图

桃源 三都 兴家 一都 二都 益阳 五都 桂花乡 长丰乡 新化 安乐乡 长安乡 邵阳

安化在湖南省图上的位置

---

① 产户潜心之家，指用心栽培好茶、采摘好茶、制作优质毛茶的产户。

② 子茶：为茶树上会在来年长成茶叶新枝的部分，不是茶叶或茶籽。可以想象新枝上长出的茶叶将是最好的茶叶，因为它们会吸收到茶树最优质的资源，是植物成长过程中的"新生代"。——课题组在安化边江村实地考察记录。

③ 史若民先生在《平、祁、太经济社会文献》一书中，认为"文墨"是安化的一种名茶，但是据我们考察文献和询问当地人，都不知道这种名茶，因此存疑。是否指别的产地的茶叶均冠一都、三都产茶之名，以求售得高价？此疑问尚未证实，有待进一步考证。

我们用图示的方式标出晋商所提到的地方，发现他们的提示清晰、明了，很好掌握。如今，晋商提到的这些产好茶的地方，仍是当地有口皆碑的安化优质茶产地。

2）选红茶和黑茶有没有区别呢？哪些细节应该重点注意呢？晋商给出了更为明确的指导：

我们用图示的方式将晋商提到的红茶、黑茶的选择要点明晰化，再以我们实拍到的毛茶图片作补充说明，读者很快就能掌握这些选茶技巧。

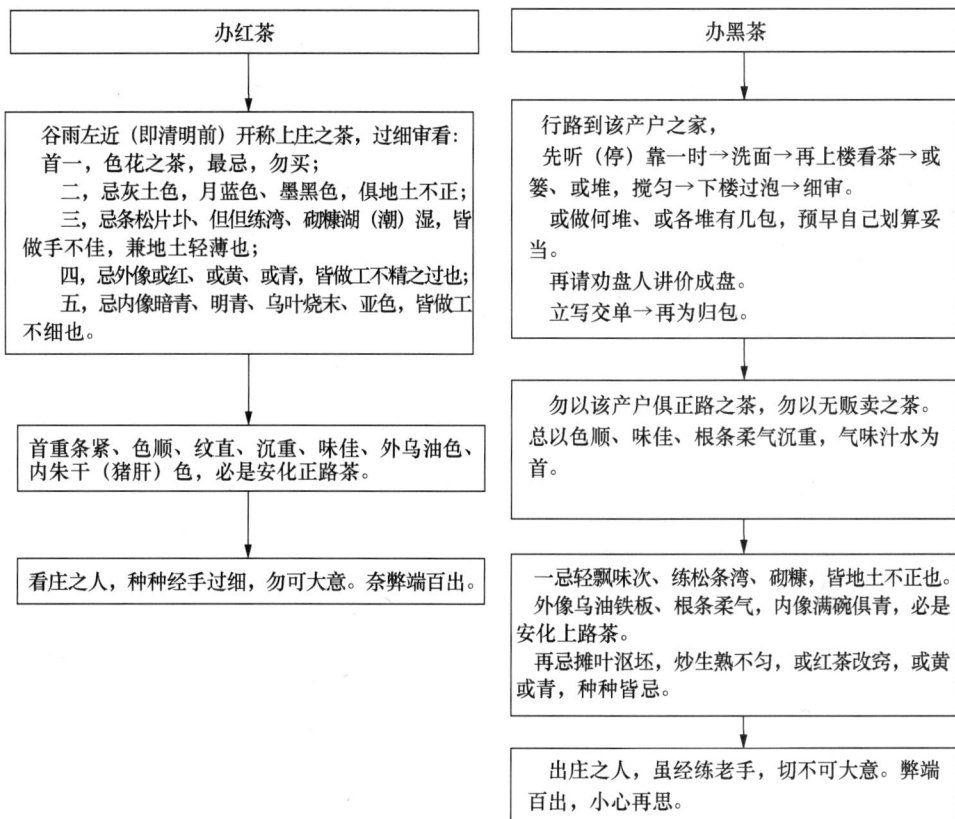

办红茶	办黑茶
谷雨左近（即清明前）开称上庄之茶，过细审看： 首一，色花之茶，最忌，勿买； 二，忌灰土色，月蓝色、墨黑色，俱地土不正； 三，忌条松片圻、但俱练湾、砌糠湖（潮）湿，皆做手不佳，兼地土轻薄也； 四，忌外像或红、或黄、或青，皆做工不精之过也； 五，忌内像暗青、明青、乌叶烧末、亚色，皆做工不细也。	行路到该产户之家， 先听（停）靠一时→洗面→再上楼看茶→或箅、或堆，搅匀→下楼过泡→细审。 或做何堆、或各堆有几包，预早自己划算妥当。 再请劝盘人讲价成盘。 立写交单→再为归包。
首重条紧、色顺、纹直、沉重、味佳、外乌油色、内朱干（猪肝）色，必是安化正路茶。	勿以该产户俱正路之茶，勿以无贩卖之茶。总以色顺、味佳、根条柔气沉重，气味汁水为首。
看庄之人，种种经手过细，勿可大意。奈弊端百出。	一忌轻飘味次，练松条湾、砌糠，皆地土不正也。外像乌油铁板、根条柔气，内像满碗俱青，必是安化上路茶。 再忌摊叶沤坯，炒生熟不匀，或红茶改窍，或黄或青，种种皆忌。
	出庄之人，虽经练老手，切不可大意。弊端百出，小心再思。

上表再次明确揭示了晋商选茶的立体标准。从时间、色、形、味、轻重、外像、内像、冲泡效果等都作了形象而详细的说明，并有好茶与次茶的细节对比。按照这种标准，即使我们这些根本不懂茶的人，也能选个八九不离十。

安化现在鲜有制作红茶的厂家，所以我们只能在茶厂看到黑茶的毛茶。

图A摄自一家正在给一著名茶厂拣毛茶的茶坊。图中茶的颜色有黑色、干黄枯萎色和绿黄色，是明显的杂色茶，说明采来的茶叶质量参差不齐；茶叶本身有条松、片块的现象，说明制作不精；有的茶叶一捏就碎，与根条柔气、精力沉重相差甚远，说明地土不正。

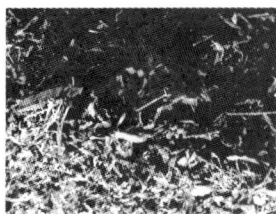

A：杂色茶，条松、片块，品质不好　　　　**B：高品质安化茶**

图 B 摄自《行商遗要》中提到的优质茶叶生产基地——马家溪与高家溪（现地名为高马二溪）。天然野生茶树在 800 米海拔的浓雾笼罩的山坡上自然生长，一家小型茶厂秉承着传统的制茶标准，维持着并不怎么振奋人心的企业经营。这个茶厂的毛茶，给我们展示了《行商遗要》中对优质黑茶的描述细节：茶色为统一的油黑色（乌油铁板），条索紧致、有韧性，放在手里掂量无轻浮感，符合"精力沉重"的特点。这种茶耐冲泡，四五泡后茶色仍不减，相比劣质黑茶自然受品茶人的喜爱。但是，市场上鱼龙混杂，商潮汹涌，我们不知道这个小茶厂对传统的坚守能持续多久，更不知道市场的"筛子"会如何抉择它的去留。

3. 对当代人的启示

解读晋商选茶秘诀并不是本文的最终目的，而是想由此管窥晋商成为清代跨国商团，成为十大商帮之首的秘诀。山西自古地瘠民贫，这些"走西口"的前辈们如何走出这么宽阔的商途呢？

在即将离开边江村时，一处高墙上美丽的"爬山虎"吸引了我，于是拍照留念。返程的路上，对"爬山虎"的种种思考，让我把它与晋商的成功秘诀画上了"等号"。

爬山虎很小的时候，是蜷缩在墙角阴影下的一株嫩草。想想它柔弱无依的样子，没人会相信它有一天能一鸣惊人；一个夏天过去了，无人注意的爬山虎在整面高墙上谱写了绚丽的生命篇章，每一片叶子都在阳光下熠熠生辉。人们远远就被这美景所吸引，无不发出由衷的赞叹；可是，当你掀开那美丽的叶片，静观爬山虎时，会更惊讶地看到它那细弱的藤蔓上，竟然长出了无数的小脚。它们像肩负着重要使命的战士一样，紧紧地抓住陡立的墙壁，即使枯萎也绝不松开；这个时候，我突然明白了为什么人们管这样柔弱的植物叫"爬山虎"。因为它有虎一样的雄心，以及蚂蚁一样的韧性与坚持。那面墙没有被它看成是成长的障碍，而是化成了它坚强的、脊柱般的支撑，它与墙一起谱写了这么美丽的篇章。

晋商选茶秘诀露出的就是晋商辉煌下面的那一只小小的、类似爬山虎一样的"小脚"，无数这样脚踏实地、地道经商的"小脚"，造就了晋商在商业史上的传奇。

五、中蒙俄齐心协力促万里茶路再度繁荣

尽管中国商人在茶路贸易中拥有更成熟的商业智慧，但是多赢的贸易格局不仅让饮茶者更崇尚优雅健康的生活方式，并且使该贸易"成为俄罗斯手工业的推动力：……开发了许多全新的工业部门，盘活了更多的资本"[①]。经过时间的沉淀，曾经的万里茶路如干茶遇水再度激发出别样的生命一样，现在以文化旅游线路的身份被世人追捧和关注。它的独特魅力吸引着沿线的人们，也将再度成为"世纪动脉"为人类造福。茶路文化丰富的精神养分滋养着人们，就像中国茶被世界广泛而愉快地接受一样，中蒙俄也在自豪地通过各种合作方式共同推动万里茶路文化的传播。"团结"、"合作"曾是中国商人在茶路贸易中取胜的秘密，也将是中蒙俄共同推动万里茶路再度繁荣的"秘密武器"。

---

① ［俄］阿·科尔萨克：《俄中商贸关系史述》，米镇波译，阎果栋审校，社会科学文献出版社，2010年。

参考文献

［1］特鲁谢维奇：《19 世纪前的俄中外交及贸易关系》，徐东峰、谭萍译，岳麓书社，2010 年。

［2］［俄］阿·科尔萨克：《俄中商贸关系史述》，米镇波译，社会科学文献出版社，2010 年。

论明清山陕商人跨区域经济联合的动力及其对区域经济一体化的借鉴[*]

王俊霞　李　刚^{**}

明清时期，除在北京、内蒙古、东北三地外，山西商人和陕西商人在跨越本省范围外的全国所有省份都存在着以联合为主的经济关系，被并称为"西商"或"山陕商人"。这种跨区域经济联合，不仅成就了两帮商人五百年的商业神话，同时，对推动山陕两省的区域经济一体化，也具有现实性的启发。本文拟从历史、经济、文化等方面，深入分析山陕商人跨区域经济联合的动力因素，以期通过山陕商人跨区域的经济联合史实，为上述区域实现经济一体化提供借鉴。

一、明清山陕商人联合的历史动力

1. 山陕两省的历史亲缘关系

历史上，从先秦至北宋再至明清，秦晋之间的地域人群关系已经上升至地域共同体的高度。山西从河曲保德直至蒲津1500里的地域，都与陕西接壤。以龙门山为分界点，秦晋交界地带可分为南（关中与河东）、北两段。其中，北段方面的山、陕中北部地区，长期以来一直是非汉民族聚居区，历史上，白狄、匈奴、党项等各个少数民族都在这一区域生活过，他们经过历代繁衍，逐渐与当地汉族融为一体。这样，山陕两省的中北部人口便从渊源上产生了亲缘关系，从而创造了秦晋北部共同的政治、文化地域圈。南段方面，秦晋交往的渊源比北段更为久远。因为在历史各朝代中，晋之河东与秦之关中常常属于共同的政治区域。地域的毗邻、政治区域的整合，使秦晋两地人员往来及人口迁徙也相当频繁。如特别值得一提的例证，即明代的山西移民。明初，政府为恢复生产并解决山西人

---

　*　本文为2014年山西财经大学青年科研基金项目"基于我省商帮资源开发的文化产业发展研究"（项目编号 QN – 2014008）和教育部2011年人文社会科学研究项目"推动文化产业成为国民经济支柱性产业的途径研究"（项目编号11YJA790063）的阶段性成果，并受山西省高等学校哲学社会科学研究项目"晋商茶路宝典——《行商遗要》（手抄本）开发研究"（项目编号：2011313）资助。

　**　王俊霞，山西山阴人，山西财经大学经济学院讲师、经济学博士；李刚，陕西蓝田人，西北大学哲学与社会科学学院教授、博士生导师。

地矛盾的突出问题，于洪武、永乐年间，多次组织从山西进行全国移民，其中多有山西移民入陕的记载。如洪武二十八年（1395 年），明政府迁移山西民众到塞北，即移至山西雁北、内蒙古、陕西等长城以北地区。① 而除正史以外，其他地方志中也多有山西移民入陕的记载。如山阳县新编《山阳县志》载："明洪武后期及永乐年间，先后有山西移民进入山阳。明成化年间，这些'大槐树人'，在县城东街修建'山西会馆'，主神位塑三国时山西解州人关羽像。以倡忠义互济，防范异乡欺凌。"上述山陕两省的移民中，走上经商之路的不在少数，如从洪洞大槐树下迁徙至陕西的山西人中，有许多因经商而成为陕西的著名商业家族。如陕西渭南孝义镇的赵家、严家，② 其原籍都是山西。与此相对应，明清时期，从陕西迁徙至晋的移民，也有许多通过经商而成为山西巨富。如创办中国历史上第一家票号的"日升昌"票号，其东家李氏，原籍为陕西汉中，其祖先李实元代的时候在山西做官，后来落户在平遥达蒲村，由官致富。③

以上分析说明，山陕商人之间存在着历史亲缘关系，较之其他商帮，山陕商人血脉相通，为两省商人能够联合经营提供了最原始的条件。

2. 明清山陕商人产生的共同历史原因——开中制

明清两代，北方边境战乱形势下产生的开中制，为山陕商帮的兴起提供了共同的商机。

明朝建立之初，为了对蒙古各部进行战略防御，洪武初年，明政府设九个边镇，即北部东起辽东，中经蓟镇、宣府、大同、山西（偏头关）、延绥、宁夏、固原，西至甘肃，号称九边。九边之中，蓟镇、宣府、大同、山西（偏头关）四镇邻近或属山西治。而延绥、宁夏、固原、甘肃四镇则归陕西布政司管辖。除九边外，其后明政府还把陕西防区扩大到"三边"，即"东自延绥黄甫川，西抵甘肃嘉峪关，西南抵洮岷，远接四川松茂，延长数千里，总计兵二十余万，马十余万匹"，并设"三边总督"驻节固原。④

九边东起辽东镇东海岸，西至甘肃镇嘉峪关，驻军很多。明永乐年间，对驻兵数有准确统计：九镇驻兵为 863135 名，配马 342000 匹。⑤ 大批兵马需要巨额粮饷供应。据《明会典》卷 28 载，明初永乐年间，九镇主、客兵岁支粮食（含屯粮、民运粮、漕粮）共需 469 万石，京运银 43 万余两，此外，还需要大量棉花、布匹等物资。因此，明政府所设的九边使山西和陕西北部形成一个庞大的军

① 《明太祖实录》卷 236。

② 李刚：《陕西商人研究》，陕西人民出版社，2005 年。

③ 张正明：《晋商兴衰史》，山西古籍出版社，2001 年。

④ 李刚：《陕西商人研究》，陕西人民出版社，2005 年。

⑤ 梁方仲：《中国历代户口、田地、田赋统计明代各镇军马额数》，上海人民出版社，1980 年。

事消费区。为了解决如此巨额的军事消费与供应问题，明王朝又特别实行了开中制。开中制客观上促成了晋商和陕商的兴起。

开中制，是明朝政府为解决九边的边饷而实行的重要盐政。开中也叫"中盐"，即商人按照官府规定，每一盐引纳粮若干（纳粮的多少因季节、盐场远近、盐的质量及粮食紧缺程度等因素的不同而不同），向边镇各仓输纳，输纳之后获得各仓发给的盐引，商人凭盐引到各指定盐场（如河东、长芦、淮浙）支盐，然后将盐运到指定地区销售，获得相应利润。这就是所谓"纳粮中盐"。通过这种办法，明政府便在历代食盐为国家专卖的基础上，把各朝实行官卖、不允许私商涉足的食盐开放于民间商人，故而称为"开中制"。开中实际上就是国家把食盐的专卖权向商人出让，以换取边镇所需的粮饷供给。

开中制的实行对山陕商人的兴盛产生了深远的影响。其一，如上文所述，就纳粮中盐的报中地点九边而言，蓟镇、宣府、大同、山西（偏头关）四镇邻近或属山西治，延绥、宁夏、固原、甘肃四镇又归陕西布政司管辖，所以，邻近九边的山陕商人近水楼台，捷足先登，最先取得了贩运盐的特权，而成为纳粮中盐边商中的主要商人，"其中秦、晋的富户逐渐垄断了报中特权，形成为明代最早兴起的地方商人"。[①] 而且，就明政府而言，用山陕商人输粮也比用其他较远省份商人输粮，成本更低，因此，明政府还多鼓励山陕商人纳粮中盐，如宣德四年（1429年），明政府"减宁夏粮盐例。凡陕西、山西所属客商，每引纳米麦四斗；宁夏卫所五斗五升。用御史傅吉之言也"。[②] 可见，在宁夏仓纳粮，陕西、山西商人比宁夏商人，每引少纳斗五升的粮，因而更具有优势。其二，盐业的贩运利润甚高，这就使明清山陕商人集粮商、盐商于一身，迅速积累起大量资本。如明人徐阶所言："夫防边莫要于足兵，足兵又莫先于足食，先年商人中盐利，于各边上纳本色，谓之飞挽，其利甚大"。[③] 其三，由于开中制规定，为各边提供的中盐必须来自指定盐场，如两淮盐场可以为辽东、宣府、大同、山西等七处提供中盐，这就使得山陕商人为在各边中盐而必须涉足于淮扬盐场所，而九边中之盐场又遍及全国主要盐区（如表1所示），再加上，山陕商人中盐后的行销区域也十分广阔，如河东盐，其行销区有11府20州，地域包括山西全部及陕西、河南两省，加上长芦盐和淮浙盐的行盐区，这样，开中制便使山陕商人以涉足全国各盐场为先，进一步将足迹遍及大江南北，从而为山陕商人"贸易四方"提供了重要基础。其四，值得说明的是，开中制除了中盐外，边镇军需的战马、草、棉、布等军饷也都充当过报中所纳的对象。即除纳粮外，还有纳棉、纳布、纳

---

① 薛宗正：《明代盐商的历史演变》，《中国史研究》1980年第2期。

② 《明宣宗实录》卷56，宣德四年（1429年）七月丁巳。

③ 《明宣宗实录》卷14，隆庆元年（1567年）十一。

马、纳铁中盐等方式，报中对象的增加促进了山陕商人向多行业经营的发展。其五，也是最重要的，开中制为山陕商人的联合创造了条件。因为中盐盐场除河东一地外，基本上分布全国各地，且都非山陕本地。如表1所示，在开中制中，中盐盐场除河东一地外，其他大部分为徽商势力较强的江南两淮地区，特别是明代的两淮盐场，是山陕商人联合而与徽商竞争十分激烈的场所，且除两淮盐场外，在中盐较多的山东，因靠近淮北，又有大运河之便，而从明代起就多有徽商经营盐业。此外，在山陕商人距离较近的长芦盐场，也存在着各地盐商之间的竞争。因此，明代实行的开中制在为山陕商人的兴起提供共同机会的同时，也为山陕商人的联合提供了首次尝试。从开中制起，山陕商人开始了明清时期持续几个世纪的长期联合。

表1 明代各边镇中盐盐场

边镇	盐场
辽东	淮浙、山东、长芦、福建、河东、广东
宣府	两淮、长芦、河东
大同	淮浙、长芦、河东、福建、山东、广东
山西	淮浙、山东、河东
宁夏	淮浙、河东、灵州、山东、福建
甘肃	淮浙
延绥	淮浙、河东、福建、山东
固原	淮浙、长芦、山东
蓟州	长芦

资料来源：张正明：《晋商兴衰史》，山西古籍出版社，1995年第15页。

除开中制外，明清时期，九边一带茶马交易以及民间互市的开放，也为山陕商人联合提供了新的机会。因为九边之地的生产力水平和以畜牧为主的经济结构决定了其对内地经济的极大依赖性，全国各地的布匹、绸缎、盐茶、铁器以及其他日用产品都是九边互市所需产品。而这些产品单靠山陕本省无法完全满足，以陕西为例，其延安、榆林两府到清代仍不产布，即使在产布的关中地区，也多有缺布的州县，如兴平县"木棉麻纻，狭益既少，匪秦地所宜"①，因此，九边所需的大部分产品必须由山陕商人远涉异地加以购买。与此同时，明清山陕商人活跃的各地市场却普遍存在着各地商人的激烈竞争。如明代山陕商人共同的棉布贩

---

① （乾隆）《兴平县志》，《物产》。

运场所，就是另一著名商帮徽商的发迹地，而置身于异地的"秦晋商有来贾淮扬者苦于朋比无多"①，因此，山陕商人必须通过联合才能在竞争中获得一定的地位。

二、明清山陕商人联合的经济动力

明清及至以前，山陕两省之间的贸易以两省之间的交通为基础。而秦晋地域接壤，两省陆路、水路密集，交通十分发达，两省往来自古就十分密切。作为陕西商帮和陕西商业核心的同州府，与山西商帮核心的蒲州府②更是隔河相望。黄河虽然将两省隔开，但也为两省之间进行经济往来提供了共同的营养来源，从而奠定了两省之间经济往来的基础。明清时期，山陕两省经济联系，以其两者之间的商路网络为基础，以粮食、棉花、盐、铁、煤炭等为主要内容。

1. 明清山陕两省之间的商路

（1）明清山陕两省之间的陆路。明清时期，由国家以及各级地方政府负责进行修筑、管理和维修的道路，称为驿路或官路；而由商人、民间士绅、团体或当地官员自行捐资筹款的运道，称之为民路。官路和民路共同构成全国的交通网络。③

明代山陕之间的主要官路是由西安或泾阳、三原走渭北，然后经同州（今大荔县），至山西河中府（今永济县）的蒲津路，这也是山陕之间商贸交流最古老、最重要的道路。

明清时期，山陕之间除传统的官路外，其他商路也大大增加。清代由山西进入陕西，同样走西、南两个方向。向南而行，一般走京西官道。如清代安颐所修的《晋政辑要》记载了京西官道山陕段的具体行程：从阳曲县开始，途经徐沟、祁县、平遥、介休、灵石、霍州、洪洞、临汾、曲沃、侯马、闻喜、永济到达陕西潼关，"共计程一千一百里"。④ 从这一路线途经之地可以看出，这条路的南段与今天同蒲铁路所经路线大致相同。除京西官道外，由山西太原一直向南，经平遥县、平阳府（今临汾市）、曲沃、绛县后，也可以向西渡黄河折入陕西韩城。除向南而行的山陕商路外，清代由山西西部进入陕西时，又有两条道路：一路可由太原出发，直接往西，经汾州府（汾阳）、永宁州（离石）到达陕西绥德州。另一路则由太原北上，进入晋西北地区，到达静乐后，或折西经岢岚、保德进入

① （万历）《歙志》，《货殖》。

② 明清时期，山陕商帮首先起源于山西南部。特别是在明代，居于晋商之首的先是平阳府（包括蒲州）商人，其次是泽、潞（泽州府、潞安府）商人。清代前中期，晋中商人成为晋商之首，这种状况一直延续到民国时期。

③ 邓亦兵：《清代前期商品流通的运道》，《历史档案》2000 年第 1 期。

④ （清）安颐：《晋政辑要》卷31，《兵制、邮政》，光绪十三年（1887 年）刻本。

陕西府谷，或继续往西北行进，然后经宁武、五寨，从偏关进入陕西北部地区。① 清代上述商路，可以支撑山陕经济交流在晋秦南部、北部及中部各地进一步深入展开：南部远及山陕交界最南的潼关一带，北部远及山陕交界的偏头关一带，中间地区经过西路山陕交流及南北辐射，无疑也能够加入其中的经济交往。

除官路外，山陕之间另有许多民路，可以充作官路的补充和延伸，而为山陕经济往来服务。如陕甘达京师山西路段：自陕西府谷县过黄河经保德、五寨、神池、朔州、山阴、怀仁、大同、阳高、天镇达直隶，由直隶通往京师。② 又如，在山陕沿黄各县之间也存在较多的民路，使山陕交流更为便利。以陕北的宜川县为例，宜川县东、西皆有陆路通往山西，县东可经秋林镇、圪针滩越黄河与山西往来，县西英王镇也有民路通往山西，从而使山陕之间的经济往来随处可以发生。

（2）明清山陕两省之间的水路。明清山陕两省之间的水路首先是黄河水运。黄河由北而南，贯穿山西西部和陕西东部的大部分地区。黄河把陕西与山西隔开，为两省人民往来带来不便。但是，山陕两省人民却能够利用黄河，通过黄河泛舟，在黄河上设置渡口进行长期的贸易。明朝时，陕西北部的"清涧、绥德、葭州与晋之临县、兴县、永宁诸处"，在黄河上"皆有渡口，商民互相易买，出来已久"③。到了清代，山陕两岸之间因各自所设渡口的存在，贸易往来更加频繁，两省之间的联系甚至超过其与本省的来往。成书于民国年间的《陕西实业考察》对此多有反映："陕北陆路交通之困难……然对邻省山西之交通，则又较为便利。陕北东部，滨邻黄河东岸，与山西为邻。因有渡口之便，乃以此为陕北交通唯一之捷径。同时全部金融，亦多为晋商所掌握，南北往来之行旅，均以渡河取道山西为便。其在绥德方面，则由吴堡过河至军渡（今柳林县内），可直通汾阳。在延长一带，则有屹镇渡口。在韩城、朝邑各县，则有芝川镇、大庆关等渡口。故陕北对于本省，除政治上有相当联络外，其他则因交通之梗阻，反不若与山西关系之密切。盖自古秦晋往来频繁，通商不绝，实由地理使之然也"④。

除黄河水运外，明清时期，山陕两省也多利用山西境内的汾河与陕西境内的渭水，再经黄河相连，发展秦晋贸易。在这条水路上兴起了著名市镇如陕西的咸阳、山西河津及绛州等。

2. 明清山陕两省之间的商业往来

晋陕两省地域相连，明清时期，京西官道和黄河水运是山陕人民进行贸易的

---

① （清）安颐：《晋政辑要》卷31，《兵制、邮政》，光绪十三年（1887年）刻本。

② 冀福俊：《浅析清代山西的商路交通》，《山西财经大学学报》2008年第4期。

③ 《崇祯长编》卷47，崇祯四年（1631年）六月戊子。

④ 陇海铁路管理局：《陕西实业考察·交通·二·陕北交通之考察》，上海汉文正楷印书局，民国二十二年（1933年）10月版。转引自张萍：《陕西商业地理研究》，陕西师范大学出版社，2006年。

主要通道。山西出产的盐铁和煤炭,为陕西人民生活、生产所需,陕西出产的粮食、油料和木材、皮毛等特产又多为山西人所需。物产上的互补使山陕河东及关中地区,甚至晋西和陕北沿黄河两岸各县在明清时期保持着频繁的贸易往来,形成稳定的贸易经济圈。在这一贸易圈中,两省商人相互渗透,为明清山陕商人联姻提供了更现实的经济基础。

明清时期,许多山西商人都到陕西经商。在陕西经商的山西商人主要分布在西安、三原、泾阳及陕北各地。西安的山西商人主要是经营盐业、布匹和典当业。经营盐业的山西商人主要集中在西安西大街盐店街,经营布匹和典当的山西商人,主要居住在东关一带。而三原的山西商人主要以经营棉布业为主。明清时期,陕西商业主要以泾阳、三原为中心,三原是棉布中心,泾阳是皮毛加工中心。同时,三原还承担着山陕商人西北贸易的茶叶、药材中转职能。因此,山西商人多有在三原和泾阳经商的。山西商人在三原经商之多,"多晋绅髦士家",① 其西关甚至还有专门的"山西街"。除西安、三原外,陕西西部的凤翔,作为关中货物集散转输之地,也多吸引山西商人经商贸易,"商贾中客民亦多,同光前唯晋商为最,同州人次之"。② 山西商人在凤翔以经营运输业为最。

明清时期,陕北民风朴实,商风未开,从事商业经营的多为山西人。山西商人在陕北主要经营牛羊、皮毛及粮食等。如清涧县"清初率多晋商",③ 宜川"城内市廛以及各乡镇集场均系隔河晋民暨邻邑韩城之处商贾盘踞渔猎,坐致并赢",④ 延长县"城镇有贸,尽山西及韩城人为之,县人入伙开张者十不过。又客民肩货至乡易粮,春放秋收,子或敌母,村民甘与之,毋色悔语。多畜猪羊,间有贩牵赴鬻山西者"。⑤

明清时期,陕西南部因南接巴蜀及湖北,而在山西商人所从事的中西部贸易中地位极其重要,因此,在陕南经商的山西人也很多。如丹凤龙驹寨,在丹江水运开通后,成为连接西部和江南贸易的入陕咽喉,故山西商人多在此经商,"清乾隆后渐次恢复,至同光益臻繁盛,厘金岁入为全省之冠……商号有黄帮、关帮、西帮(山陕帮)、河南帮、本地帮等"。⑥ 此外,明清时期,在陕南的石泉、紫阳、汉阴、山阳漫川关、西乡、城固、商州竹林关、汉阴县、旬阳蜀河镇等地,都有山西商人的足迹。

当然,明清时期,陕西商人也多在山西经商。如清末时,山西阳城的煤铁生

---

① (嘉庆)《重修三原县志》卷1,《镇市》。

② 杨虎城、邵力子:《续修陕西通志稿》卷195。

③ 杨虎城、邵力子:《续修陕西通志稿》卷166。

④ (道光)《宜川乡土志》卷2,《风俗》。

⑤ (嘉庆)《延安府志》卷39,《习俗》。

⑥ (民国)《续修商志稿》卷8,《交通》。

意中，很多就是由附近的陕西商人所经营，"火石：出近城山中，石如漆黑，火芒甚钜，陕豫商人多贩之"。① 总体而言，明清时期，在陕西经商的山西人数量上要比在山西经商的陕西人更多。

明清时期，山陕两省的经济往来使秦晋之间以沿黄地区为基础，形成了极强的贸易互补性。而这种贸易互补性使山陕两省的经济联系进一步加强，从而为山陕商人的联合提供了经济基础。

三、明清山陕商人联合的文化动力

明清时期，晋商最先起源于晋南河东，② 陕商则以关中为中心。③ 而河东与关中之间从历史渊源上存在难以分割的密切关系。地域的毗邻与政治区域的整合，使河东与关中两地的文化，具有极强的相似性。以文化现象的生动符号语言为例，秦晋常被学术界归为同一方言区。④ 而就文化的另一符号民风而言，秦晋民风也被视为一致。如苏辙在《蜀论》⑤ 一文中，对比秦晋之民风与蜀地之民风时，就把秦晋两地的民风视为一致，即秦晋之民都具备尚气概、先勇力、厚重质直、刚毅果敢、忘死轻生的民间文化。

而秦晋两地拥有共同的尚气概、先勇力、厚重质直、刚毅果敢、忘死轻生等民风也集中于秦晋的乡人关公一身。山陕与关公有地域亲情关系。关羽祖籍山西解县（今临猗），出生地为河东郡解县常平里，即今山西省运城市常平乡常平村。相传关公本不姓关，在家乡抱打不平，为官府所求。出逃入陕潼关时，恰遇守卫查问姓名，关公情急之中指向潼关二字中的"关"字，由此，陕西成为关公改姓之地。历史上，关公经历代统治者供奉、神化并经民间流传，已成为忠心不二、仁义果敢、公正光明、诚实守信的代表。而秦晋两省共同的地域文化，或是受关公人格魅力的熏陶，即非如此，也是与关公特征十分相符。因此，完全可以说，山陕两地之间，由于地域的毗邻、政治区域的整合、历史的熏陶而具有趋同的文化，即关公文化。

明清时期，当"关公文化"与商品经济相遇后，便使得受其孕育的山陕商人，在全国的经营活动中，因文化心理相通而容易走向共同的联合。明清时期，山陕两省商人出于共同的乡土情谊和文化熏陶而凝聚在一起，是再自然不过了。因为山陕商人之间存在结盟时最好的精神纽带和最有力的思想文化基础，即关公

---

① （同治）《阳城县志》卷5。
② 侯文正：《晋中商帮兴衰史略》，《文史月刊》2006年第1期。
③ 钞晓鸿：《陕商主体关中说》，《中国社会经济史研究》1996年第2期。
④ 李恕豪：《扬雄〈方言〉中的秦晋方言》，《四川师范大学学报》（社会科学版）1992年第1期。
⑤ （宋）苏辙：《栾城应诏集》卷5，四部丛刊（初编）本。

文化。对于这种认识,各地山陕会馆多有说明。如《汉口山陕会馆志》就确切地描述了山陕商人结盟的文化基础:"夫子读麟经深明大义。故身虽陷敌,志百折而不回,以刘豫州分固君臣而恩,则如手足,千古君臣相得无有逾君……今秦晋商人体夫子之心,以事君则忠君也,以事孝则孝子也,以敬先则悌弟也,以交友则良朋也,忠心忠行,行心笃敬。"①可见,山陕商人同在关公文化下生长,知恩忠君,进而以这种方式在家孝亲敬弟,在外爱朋护友,当面临共同的经商环境而身负压力时,山陕商人自然会因其共享的关公文化而走向共同的联合。

当然,明清时期,山陕商人以关公文化为精神纽带进行联合,还因为在新的经济条件下,山陕商人可以从关公文化中,获得新的寄托。

其一,经过历代统治阶级的褒扬,到明清时,关公已成为全国范围内影响最大的、统治阶级推崇的国家正神和商人经商信奉的保护神。所以,明清时期,山陕商人们都以关公为慰藉,寄托他们异地经商时,对市场风险恐惧心理的释放需求和对经商成功及财富的渴望。对此,各地对山陕会馆的记载多有说明,如赊旗山陕会馆《铁旗杆记》所记,山陕商人之所以祀拜关公,就因为关公是他们的乡土神,"帝君亦蒲东产,故专庙貌而祀加虔"。信仰关公满足山陕商人经商获利的渴望,这是山陕商人的真实表达。而河南沁阳山陕会馆《重修关帝庙碑记》则透彻地表达了山陕商人祀祈关公以消灾免祸的心愿:"秦晋人商贾于中州甚多,凡通都大邑巨镇皆曾建关帝庙……抑去父母之邦,营利千里之外,身与家相睽,财与命相关,祈灾患之消除,惟仰赖神灵之福佑,故竭力崇奉。"②

其二,最主要的是,关公文化与商品经济条件下新的社会准则是一致的。因为关公以"忠义"著称于世,"义"是关公一生中身体力行的原则,而这种"义"正好与山陕商人所需要的诚信及公正等商业道德相符合。山陕商人把关公作为他们最尊奉的神明,还可以通过关公的"诚信仁义",来规范同行内部的经商行为,并借助于神祇的精神威慑力量,强化山陕商人在神祇监督下的自我约束能力,树立诚信公正的经商氛围。如山西平遥《重修市楼碑记》所载:"天中午者,而日中为市,市之时,而有以见帝君之心,忠义所激,庶有感而兴者乎?"③可见,通过关公推行其诚信守义的经商文化,才是山陕商人修建山陕会馆的真实原因。而明清时期,对关公文化的信奉和推崇,使得许多山陕商人已将诚信精神上升为企业文化的高度。

明清时期,山陕商人以关公为文化纽带,表现为山陕商人共同兴建的山陕会馆中,莫不祀拜关公,而山陕会馆亦多被称为"关帝庙"。如乾隆时期北京的关

---

① 《汉口山陕会馆志》,光绪二十二年(1896年)汉口景庆义堂刻本。
② (道光)《沁阳县志》卷10,《艺文志》。
③ 宋伦:《明清时期山陕会馆研究》,西北大学出版社,2008年。

中会馆《重修会馆碑记》所记载，"秦晋口富商大贾，无不崇祀关壮缪者，亦谋利而不忘……自有明以来……久矣"。① 除在山陕会馆内祀关公外，许多山陕会馆还因崇祭关羽，而被民间俗称为"关帝庙"或"三义宫"。如河南周口山陕会馆，也称关帝庙，每年农历五月十三日关羽诞辰或其他祭祀日，会馆还常常举办庙会。又如湖北郧西山陕会馆因雍正九年（1731年）郧西知县建三公祠于关帝庙后，而改"三公祠"为"关帝庙"。② 明清时期，各地山陕会馆中，祭关公的比比皆是。山陕会馆以祭祀关公为主说明，山陕商人背后存在着趋同的地域文化，从而使山陕商人联合具备共同的思想文化基础。

四、明清山陕商人联合的现实动力

明代后期，随着棉花、茶叶、丝绸等各种商品生产的发展及商运线路和范围的扩大，商品流通在全国范围内展开，地域性商帮也在全国各地崛起。除晋商与陕商外，全国还兴起了徽商、浙商、苏商、赣商、鲁商、闽商、粤商等十大著名商帮。中国各地商帮的兴起及各地激烈的商业竞争环境，是促进山陕商人联合的最为现实的原因。

首先，明清时期，随着国内商品经济的发展，山陕商人商业经营的所到之处，都存在着各地商人之间的激烈竞争。

在山东，山陕商人主要面临徽商的强大竞争。明清时期，徽商在山东的经济实力有很强的基础。徽州位于山东和杭州之间，距离南京、镇江、扬州等地很近，通过大运河，徽商可以实现南北货物的转运，因此，早在明代时，徽商就在山东运河区域站稳了位置。如明代临清、济宁、张秋等地都是徽商经常涉足的地方。以临清为例，明代时，徽商在临清的势力就相当大，如万历年间谢肇淛在《五杂俎》中就曾讲道："山东临清，十九皆徽商占籍。"在济宁，大约明朝中期，徽商就修建了济宁最早的会馆。在以后济宁相继修建的十多所各省会馆中，安徽会馆始终是规模最大的一处。在位于临清和济宁之间的张秋镇，嘉靖年间，徽商在镇中心大街开设了多家绸缎铺，据载："盛时江宁、凤阳、徽州诸缎铺比屋居焉，其地百货亦往往辐辏，乃镇之最繁华处。"③ 从经营行业上讲，明清徽商与山陕商人一样，也在山东以棉布业、盐业、典当业等业为主，而且在所营各业中，徽商的实力都不小。如以典当业为例，明代后期时，山东的典当业就是徽商的天地，据地方志记载，光地临运河的临清一地，明末时就有徽商开设的当铺

---

① 李华：《明清以来北京工商会馆碑刻选编》，文物出版社，1980年。
② （民国）《郧西县志》卷2。
③ （康熙）《张秋志》卷2，《街市》。

百余家。① 直到清代中后期，山西商人在山东的典当业才开始获得优势，改变典当业在山东的从属地位，而这种状况的改变需要山陕商人付出相当的努力，其中的竞争程度可想而知。

在湖北，特殊的区域位置和资源条件同样吸引了全国各地的有名商帮。明清时期，徽商、陕商、晋商、江西商人、洞庭商帮等各地商人，都以湖北地区为主要活动区。因此，山陕商人在湖北开展布、茶等主要业务经营时，自然面临很大的阻力。以布业为例，山陕商人在湖北所热购的土布同时也多为其他各地商人所求，如枝江、沔阳、江陵等县所产布匹有很多被四川商人收买，而湖北咸宁所产的棉布却多为粤商所购。就山陕商人在湖北的另一大宗业务茶叶而言，也面临着其他商人的竞争。其中与山陕商人竞争最强的是广东商人，如在蒲圻茶叶产区，山西商人的最大竞争对手就是广东商人。与此同时，两湖本地商帮也日益崛起，例如湖北的咸宁帮、黄州帮、荆襄帮、武昌帮等商帮在两湖地区非常活跃，他们成为山陕商人在湖北的又一竞争力量。在湖北汉口镇，竞争程度更为激烈，"楚北汉口一镇，尤通省市价之所视为消长，而人心之所因为动静者也。户口二十余万，五方杂处，百艺俱全，人类不一，日销米谷不下数千。所幸地当孔道，云贵川陕粤西湖南，处处相通，本省湖河，帆樯相属。……查该镇盐、当、米、木、花布、药材六行最大，各省会馆亦多，商有商总，客有客长，皆能经理各行各省之事"②。其中，特别是盐、典、米、木、布、药材六大行业皆由徽商所控制。徽商还在汉口江边开辟了"新安码头"，专供徽商停货使用，而且，徽商还在汉口修建了豪华的新安会馆。在襄樊，向南可达江汉，西部以川陕为屏，优越的地理位置，加上发达的汉江水运，吸引了全国各地的商人。明清以来，晋、皖、湘、苏、鄂、川、豫、赣、陕、浙、闽 11 省的商人都云集于此，从中足见其竞争之激烈程度。

在山陕商人的重点经营省份河南，情况也大致相同。明清时期，河南地域广阔、交通方便，相继吸引了十多个省份商人的到来，特别是徽商，在明清时期足迹同样遍布河南各地。各地商人在河南各个行业和各个地区都存在着激烈的竞争。以典当业为例，明代河南的典当业中以徽商势力最强，如河南巡抚沈季文奏称，万历年间"徽商开当遍于江北……见在河南者，计汪充等二百十三家"。③但是到清代时，徽商在河南典当业中的垄断地位却为山陕商人所取代。这其中必然存在激烈的角逐。行业之外，在河南各区域内，竞争同样激烈，以周口为例，康熙年间起，作为河南东部与江南商品流通的枢纽，周口吸引着山陕、安徽、湖

① 王云：《明清时期山东运河区域的徽商》，《安徽史学》2004 年第 3 期。
② 晏斯盛：《请设商社疏》，《皇朝经世文编》卷 40，《户政》。
③ 邓亦兵：《清代前期的民商》，《中国经济史研究》1997 年第 4 期。

广、江西、福建等各地的商人，道光年间，周口年营业额在五六百万两之间，商人商号可达 1500～2000 家，其中，据估计仅安徽商人的商号就有 200 余家。① 各地商人在周口分割着共同的市场，竞争激烈程度不可小觑。

在江南地区，竞争同样激烈。如在地近运河与淮河交汇处的苏北淮安，"布帛盐醯诸利薮，则晋徽侨寓者负之而趋矣"。再以江苏著名的丝绸集散地盛泽镇为例，道光年间，盛泽镇至少聚集了安徽、宁波、山陕、山东四个地方的商人，他们都在盛泽镇经营丝绸业，各地商人建有徽宁会馆、宁绍会馆、东齐会馆等。可以想见，同一时期、同一地点经营同一行业的各地商人，在盛泽镇竞争时的激烈程度。② 在安徽，明清时期，六安茶区的茶叶主要销往华北及华中地区，而聚集于六安及附近霍山的商人中，既有山西茶商，又有徽州茶商。嘉庆《霍山县志》载："土人素不辨茶味，惟晋、赵、豫、楚需此日用，每隔岁，经千里，夹资裹粮。投牙预质。"③ 在各地盐商的重要活动场所两淮盐场，同样存在着山陕商人与徽商之间的竞争。成化中期前，山陕商人的实力一直在徽商之上，到成化十年（1474 年），徽商在两淮盐场上已与山陕商人实力相当了。据史料所载，该年山陕商人的子弟中进士举人者 17 人，徽商子弟中进士举人者 18 人。④ 而到明代后期时，山陕盐商在两淮的主体地位已被徽商取而代之。

在江西河口镇各地商人竞争也很激烈。明清时期，河口镇交通非常发达，各地商人可由河口向北顺信江可达九江，向南越过大庾岭可抵广州，向西可达江浙等地。便利的交通使河口镇的发展规模和繁荣程度甚至超过其所属的铅山县城。因此，清代福建、山陕、浙江、安徽、河南等省以及江西各府商人纷纷驻足河口镇，经营茶叶、丝棉、纸张、杂货、粮食等业。为便于竞争，各地商人在河口纷纷修建会馆，如徽州会馆、南昌会馆、吉安会馆、临清会馆等。众多的会馆为我们提供了当年各地商人竞争的佐证。

综上，明清时期，各地商业繁荣，商人云集，山西商人和陕西商人于异地经商，自然会削减经商之所土著商人的市场份额和利润所得。再加上面临其他商帮的激烈竞争，缺少社会资源的保护和能够强化自身力量的帮手，因此，山陕商人身处异地，自然面临孤掌难鸣的困难。对于这种困境，山陕商人的竞争对手之一，徽商的记载多有反映。如万历《歙志》所载："《传》之所谓大贾者……皆齐燕秦晋之人。而今之所谓大贾者，其有甚于吾邑。虽秦晋间有来贾维扬者，亦

---

① 许檀：《清代河南的商业重镇周口——明清时期河南商业城镇的个案考察》，《中国史研究》2003 年第 1 期。

② 范金民：《明清时期活跃于苏州的外地商人》，《中国社会经济史研究》1989 年第 4 期。

③ （顺治）《霍山县志》卷 2，《土产》。

④ 范金民：《明代地域商帮的兴起》，《中国经济史研究》2006 年第 3 期。

苦朋比而无多。"①"苦朋比而无多"正反映了明清时期山陕商人的实际。

其次，明清时期，山陕商人在经营的所到之处，还面临着与当地土著商人之间的竞争。

明清时期，山陕商人涉远经商，在他乡开展经营时因人地生疏，常常离不开当地土著商人介入。土著商人较之客商更有本土优势是山陕商人在异地经商时面临的又一竞争劣势。如明清时期，各地一般设有牙行，牙行的职能是"同度量，而评物价，懋迁有无"，"并代官府征税，以此来获取利润。贩运商只有得到牙商的配合，才有可能及时地从分散的小生产者手中贩得大批价廉物美的商品，并在销售地点以较为有利的价格及时地把商品抛售出去。同时，贩运商人也只有得到运输业牙商的配合，才有可能雇得合适的车船脚力安全迅速地组织货运"。②而明代山陕商人到江南贩布，一般采用假手牙人或牙行代购的方式，即"往时各省布商，先发银于庄而等收其布"，③这种假手牙人或牙行代购的方式可以帮助山陕商人实现与棉布生产者之间的买卖关系，但也常常使山陕商人面临牙人把持垄断、主大欺客的现象。如江南布市的牙行就有利用本土优势欺压客商的记录。他们或"高低物价，擅取佣钱"，或隔断买卖，"横主价值"，或对买卖双方同时克扣，以致"市中贸易，必经牙行，非是，市不得鬻，人不得售"，④更有甚者，还有侵吞客商资本，致使客商本利皆空的现象。

除面临牙行、牙人的摩擦外，明清山陕商人在异乡并非再无其他困难。如他们还面临着与当地脚行、脚夫的矛盾。因为明清山陕商人常常涉远经商，解决货物运输问题时，一般都离不开当地的脚夫和脚行。而当地脚行、脚夫把持地界、昂取运价的情况也时有发生，如松江法华镇"镇有脚行其间强而黠者为脚头，凡运商货，脚头争昂其值，而腹其余"。⑤

由上可知，在日益突出的压力下，山西商人和陕西商人必须于异地寻求自己的团结力量，当省内力量无法满足其合力抱团的需要时，他们自然要将目光转向与自己有着历史渊源和深厚经济往来的家乡邻居，这样，山陕商人为组成利益共同体，捍卫自己在异地的经济利益而最终走向联合。因此，与其他各地商人之间的竞争构成山陕商人之间联合的现实原因。

---

① （万历）《歙志》卷1。

② 陈炜、史志刚：《地域会馆与商帮建构》，《乐山师范学院学报》2003年第2期。

③ 李刚：《陕西商帮史》，西北大学出版社，1997年。

④ （嘉庆）《安亭志》卷2，《风俗》。

⑤ 《法华镇志》卷2，转引自李刚：《陕西商帮史》，西北大学出版社，1997年。

五、明清山陕商人跨区域经济联合对山陕区域经济一体化的借鉴

第一，可以通过山陕两省的合作，加快秦晋沿黄两岸物流大体系的形成。

明清时期，山陕商人在各区域进行经济联合时的行业和交通网络特征，对现今区域物流体系建设具有借鉴意义。因为物流业具有典型的行业和网络特征。从行业上讲，基于历史上的经济交流，山陕两省成为典型的粮食等农产品生产加工基地、能源和原材料基地以及新型的制造业重点地区。农产品、煤炭、电力、钢铁、有色金属的交易量和流通量都很大，这些使山陕两省建设大物流体系具备强大的产业主体基础。这样，两省发展建设"大市场，大物流"时，交通网络的建设就成为又一环重要内容。而交通网络的建设需要发展完善的物流基础设施、多品种的物流基地和商品交易市场，其中特别要加强对中心城市、交通枢纽、物资集散口岸等大型物流基础设施的规划建设，解决好物流基地相对位置、布局及其与各级市场体系的合理衔接。这就要求山陕两省必须从区域共同发展的高度进行统筹安排，以区域性中心城市为节点，以中心集镇为网点进行交通网络建设，打破条块分割，避免各自为政所造成的投资分散、重复建设和资源浪费问题。

而在中心城市、交通枢纽、物资集散口岸的建设中，明清山陕经济交流中所形成的商路、重点市镇等对目前山陕沿黄两岸物流体系建设意义重大。因为中心城市、中心集镇的布局很大程度上离不开各地历史的经济基础。但由上文可知，明清时期，山陕商人联合经济交流的贸易往来中，已使黄河两岸该区域中，形成了较多的商路和市场集镇，这些商路及市镇可以有选择、有论证地发展成为现今物流一体化的结节点。比如，山陕商人以上述商路为依托的经济往来所带动的黄河两岸从南到北的石楼县、临县、兴县永和关、三交镇、军渡、孟门、碛口镇、丛罗峪、罗峪口、黑峪口及忻州的河曲等地。陕北黄河沿线从北至南有府谷、延水关等农贸市场大集镇。此外，还有绥德、吴堡、柳林、碛口、吴城、汾阳等重要商埠，都可以为山陕两省今天联合发展区域物流业，建设中心城市、交通枢纽、物资集散口岸提供论证基础。

第二，可以为各经济联合区域的产业一体化提供借鉴。如上文提到的山陕商人经济联合最为密集的山西河东与陕西关中两地，与今天的晋陕豫黄河金三角地区基本吻合。两地在历史交往中的产业基础与现今晋陕豫黄河金三角地区承担产业转移时的产业基础也基本是一致的。如黄河金三角山西地区的运城是山西省新兴的工业基地，拥有铝电、钢铁和镁业等冶金产业群以及相应的机械及精密铸造产业群。同时，山西临汾拥有煤炭、炼焦、黑色金属冶炼、有色金属冶炼及加工、化学制品制造等行业。而且这两个地区都是传统的农业大区，其农副产品加

工产业群基础已经形成。陕西省相应区域的产业基础也大致相当。陕西渭南自然资源和矿产资源十分丰富，且素以农业著称，粮食、棉花、油料总产量位居全省前列。因而从产业基础的角度，包括山西省运城市、临汾市和陕西省渭南市的金三角区域依托能源、矿产、特色农业和文化旅游资源，走晋陕两省区域合作的道路，非常具有现实意义。加之该区域在承接中西部经济联系中的特殊区域优势，从而也决定了山陕两省在黄河金三角的区域产业协作前景远大。如2012年5月14日，山陕两省联合河南，从国家战略层面实现区域经济合作的晋陕豫黄河金三角承接产业转移示范区，获得国家发改委正式批复建设。这是全国唯一的承接产业转移跨省示范区，标志着晋陕豫黄河金三角区域合作发展取得重大突破，也是明清山陕商人联合在今天促进区域经济一体化方面的具体实践。

第三，可以建立长效合作机制，共同打造跨区域的商帮文化旅游区，促进山陕各区域旅游经济一体化的实现。如山陕商人的跨区域经济联合留下了连片带面的物质资源（包括与商帮相关的古都名城、民居古建、商路关隘、庙宇奉祀、私家园林、会馆、遗址碑刻、所营商品等）和商帮非物质资源（包括商帮的性格特征、价值取向、商业道德、营销策略、组织制度、商业技术、经营艺术、商业教育、社会习俗，以及商帮在经营实践中形成的地区文化和商业文化等内容）。而上述资源，由于山陕商人的跨区域联合发展，经常表现出各省连续拥有的特色。如伴随商人运茶路线而传播的茶酒文化，伴随商人流动而流传的风俗建筑等。对于这些绵延于一定区域的商帮资源，最好能在区域范围内将上述资源的这种两省间存在的连续性利用起来，走联合开发的道路，形成合作开发的模式。这方面最好的思路就是循商帮的商业活动而开发出的文化旅游产业，可借鉴目前西北五省旅游协作区共同打造丝绸之路大旅游，发展跨省联合开发商帮资源的实践。

六、结论

历史上，从先秦至北宋至明清，秦晋之间的地域人群关系和人口迁移，使山陕两地从渊源上具有亲缘关系。山陕商人血脉相通，身处异地涉远经商时，能够天然地走到一起。而开中制等明代山陕商人共同的兴起契机，为山陕商人的联合提供了开端和尝试。从经济上讲，秦晋接壤，两省之间深厚的经济往来使山陕沿黄区域形成了较强的经济互补性。特别是互为表里的关中地区与河东地区之间的经济交往，更为日后以同州府为发源地的陕西商帮和以蒲州府为发源地的山西商帮之间开展联合提供了经济基础。从文化上讲，山陕两省之间趋同的关公文化使两省商人之间不存在信仰上的冲突，并且还多因为一致的精神纽带而易于相互接受。综合上述三个方面，明清时期，山陕商人之间具有历史、经济、文化各方面联合的天然优势，因而，当两省商人将足迹踏入全国各地的主要经商场所时，在各地商人的激烈竞争中，在与各地土著产生摩擦和冲突的直接推动下，便自然要携手走来，通过联合壮大实力，增强整体力量。明清山陕商人的跨越本省的经济联合，对现今山陕两省在一体化的区域物流体系建设、一体化的产业发展，特别是一体化的商帮文化旅游产品设计等方面，具有现实的借鉴。

参考文献

［1］李刚：《陕西商帮史》，西北大学出版社，1997年。

［2］张正明：《晋商兴衰史》，山西古籍出版社，2001年。

［3］李刚：《陕西商人研究》，陕西人民出版社，2005年。

［4］梁方仲：《中国历代户口、田地、田赋统计明代各镇军马额数》，上海人民出版社，1980年。

［5］张萍：《陕西商业地理研究》，陕西师范大学，2006年。

［6］冀福俊：《浅析清代山西的商路交通》，《山西财经大学学报》2008年第4期。

［7］钞晓鸿：《陕商主体关中说》，《中国社会经济史研究》1996年第2期。

［8］李恕豪：《扬雄〈方言〉中的秦晋方言》，《四川师范大学学报》（社会科学版）1992年。

［9］宋伦：《明清时期山陕会馆研究》，西北大学，2008年。

［10］王云：《明清时期山东运河区域的徽商》，《安徽史学》2004年第3期。

［11］许檀：《清代河南的商业重镇周口——明清时期河南商业城镇的个案考察》，《中国史研究》2003年第1期。

［12］王俊霞：《明清时期山陕商人相互关系研究》，中国财政经济出版社，2013年。

［13］王俊霞：《论商帮资源型文化产业及其在我国的实践》，《东南学术》2014年第4期。

东西方纸币制度比较研究[*]

周旭峰[**]

一、引言

一部货币发展史就是一部人们寻找最优币材的历史，是币材由必需品充当向非必需品充当迈进的历史，是货币由足值向不足值蜕变的历史。货币最初由耐用商品充当，如牲畜、石斧，后来发展为贝壳、珍珠等装饰品，进而发展为由铜、银、金等金属充当。再后来由于科技进步、贸易发展，以及国家职能的转变，等价物开始垂青于纸币了。这正符合了马克思主义哲学中的"否定之否定"规律：币材经历了贱—贵—贱（纸币）的过程。纸币从中国和欧洲两个不同的经济区域各自独立地产生发展而来，都起源于对金属货币的替代，但在发展的过程中又打上了不同的烙印，产生较早的中国政府纸币统治中国宋代以后的货币历史舞台长达五个多世纪，而西方银行券却成为现代信用货币的基础。

二、东西方纸币发展简述

1. 中国政府纸币的起源与发展

《周礼》上有"听买卖以质剂"的话，汉代有皮币，唐代有飞钱，但有确切记载的中国纸币起源于北宋初年四川的交子。四川惯用铁钱，随着北宋商品经济的发展，铁钱显得质重而值轻，流通不便，交子就应运而生了。起初交子为民间商户发行，可以兑现，具有银行券性质，相当于明清时期的银票；后来为了"防止奸弊"，改由16家富商连环作保。后又因发行准备金被富商挪用购买田宅，以致无法兑现，被当局查禁，恢复铁钱流通，"民皆不便"。朝廷遂命益州太守薛田和转运使张若谷重议交子问题，决定官办交子，于公元1024年开始发行[①]。从此，交子便打上了政府纸币的烙印。中国的政府纸币历经北宋、南宋、金、

---

[*] 本文曾获山西省第七届"兴晋挑战杯"学术科技作品竞赛二等奖。

[**] 周旭峰，山西定襄人，山西财经大学教师、金融学博士，研究方向为金融理论与金融史。

① 洪葭管：《中国金融史》，西南财经大学出版社，1993年。

元、明等朝，持续500余年，名目有交子、钱引、小钞、关子、会子、交钞、宝钞之别。明代中叶以后，中国的政府纸币逐步退出了金融历史舞台，恢复了金属货币制度。明清以来，随着商品贸易的发展，钱庄、银号等开始兴起，发行钱票和银票。特别是清道光三年（1823年），票号诞生，产生了异地交易媒介——汇票。在此期间，各种钱铺、当铺、账局、印局，甚至普通商号，只要规模大一些、信誉好一点，就可以发行钱帖子，纸币又实现了中兴。但这时的纸币已不再是政府纸币，而近似于西方的银行券了。

2. 西方银行券纸币的起源与发展

西方使用纸币的最早记录是《A Schines》中关于古迦太基人使用"皮币"的描述，① 这种流通是依靠神权来约束的，具有政府纸币的一些特征。在元代，蒙古贵族曾一度把政府纸币和通货膨胀带到欧洲。13世纪意大利人发明的汇票也可以算作纸币的雏形。瑞典人则认为纸币是他们于1658年发明的。但人们公认的西欧纸币是银行券，它由英国金匠保管凭条演变而来。1694年7月27日，英国政府授予英格兰银行发行纸币的特许权，具有划时代意义的银行券制度诞生了。随着经济的发展、贸易的扩大，银行券的数量、种类和使用范围不断扩大。② 第一次世界大战和1929～1933年大危机彻底摧毁了金本位制度，凯恩斯主义的诞生和罗斯福新政导致西方资本主义国家政府职能发生重大转变，银行券逐步与政府纸币合流，形成当今占统治地位的管理通货本位，即现代纸币制度。

三、东西方纸币制度比较

中国古代的政府纸币与西方的银行券都是纸币，有着纸币共有的特征，例如：它们都是金属货币的符号，都没有内在价值，都以金属货币的计量单位为单位，都与通货膨胀为伍，都是商品经济发展的产物，等等。限于篇幅，下面着重比较一下它们的不同。

1. 发生的历史背景不同

无论在中国还是在西欧，纸币都是在封建制度下产生的。但中国的封建制度与西欧的迥然不同：中国是高度集中的中央集权制，皇权至上；西欧是分封割据，权力分散，帝国实际是由若干个王国拼凑而成的，王国的土地又由公、侯、伯、子、男等贵族层层领有，他们的领地上又豢养着骑士阶层，以及教堂、自由市，它们都是相对独立的单位，整个帝国七零八散，朝合夕裂，没有一个稳定的

---

① 洛德·埃夫伯里：《世界钱币简史》，中国金融出版社，1991年。
② 西方近代也有过政府纸币，如美国的"绿背钞"，但不是西方纸币的主流。

经济权力中心。例如，1818 年以前，从柏林到瑞士就要支付 10 次通行税。[①] 这种地缘差异就导致了中国的政府主导型经济和西欧的市场主导型经济，纸币也就有中国的政府纸币和西欧的银行券之别了。

2. 发展的原因不同

东西方纸币产生的根本原因都在于生产力发展，但直接原因有所不同。交子诞生的直接原因是铁钱流通不便与商品经济发展的矛盾，但那只是地区性纸币。中国全国性纸币产生和发展的直接原因主要还有以下两条：

（1）战争。北宋由于同金和西夏作战，于公元 1069 年和 1071 年分别在潞州（今长治）、陕西发行过交子，以充军饷，公元 1104 年又于京西北路（今洛阳）发行。随着政权的飘摇，于北宋末年又发行了流通范围更广的"小钞"。至于南宋的关子，更是由于屯兵婺州（今金华），水路不通，运钱不便，才在婺州发行关子；由于两淮是宋、金拉锯地带，所以南宋政府规定铜钱不准过江，在两淮发行交子、会子。[②]

（2）钱荒。由于岁币和海外贸易的兴盛，铜钱外流，南宋时期发生了严重的钱荒，[③] 纸币成为弥补交易媒介不足的手段，因此，钱荒促进了纸币制度的极大发展（事实上，民国时期的法币改革也是由"银荒"促成的）。

上述原因对西方银行券的影响不很明显，新大陆金银矿的发现有效地防止了西欧"钱荒"的发生。银行券发展的主要原因是资本主义生产方式的大力发展，银行券产生不久便遇上了工业革命。作为资本的货币是资本循环公式的开端，资本家取得一笔货币，马上就去购买生产资料和劳动力，不会在手中滞留，因此不如把金属货币存放在银行，借助银行券来完成。随着资本主义制度在全球范围的确立，银行券制度也扩张到了全球。

3. 信用基础不同

政府纸币的发行主体是政衬府，体现国家信用；银行券的发行主体是银行，体现银行信用。中国由于高度集权的政治体制和自给自足的经济体制，因此在全国范围内国家信用强于民间信用。前述之私交子被官交子取代就是一个很好的例子。而西欧恰好相反，是分散的领主制和发达的商品经济，国家信用远不及私人信用。1640 年，查理一世没收了人们存放在伦敦塔里委托政府保管的黄金和金银器皿，1672 年，查理二世又宣告不支付到期债务，这使国家信用扫地。[④] 商品经济和海外贸易的发展却使得银行信用广著和远播。

---

① 夏炎德：《欧美经济史》，三联书店，1991 年。
② 洪葭管：《中国金融史》，西南财经大学出版社，1993 年。
③ 萧清：《中国古代货币思想史》，人民出版社，1987 年。
④ Kindleberger C P，A Financial History of Western Europe，Published by Oxford University Press，1993.

4. 维持币值稳定的机制不同

西方银行券币值的稳定是由自由兑换与完全准备（包括现金、公债和票据）来维持的；而中国政府纸币的币值稳定大多是由非经济手段来保证的：①规定钱钞比例，或干脆禁止金属货币流通。南宋淳熙九年（1182 年），征税、官俸都钱会各半；金泰和七年（1207 年）规定，民间交易，一贯以上用钞，不许用钱，随身携钱不得超过十贯；元代多数时间禁止用钱；明初规定缴纳商税，三分用钱，七分用钞，后来干脆禁止了用钱，也实行纯粹的纸币流通。②严厉的刑罚。金朝官员以推行钞法的成败为赏罚，明代规定阻挠钞法的要"坐以大辟"，家属"罚钞徒边"。③大力回笼纸币的政策。宋孝宗时多次用金银收兑会子，并规定每届最高发行额；明朝则是通过户口食盐法和严厉的罚钞制度来回笼纸币的。

5. 通货膨胀的性质和程度不同

银行券的币值由经济手段维持，因此其通货膨胀随经济的繁荣或萧条而涨落，是经济的内生变量，且通胀幅度不大；政府纸币币值由行政手段来维持，因此其通货膨胀大都随政局的动荡与稳定而起伏，是经济的外生变量，通胀幅度可以很大，宋、金、元各朝末期都发生了惊人的通货膨胀，甚至到了"人吃人，钞买钞"的地步。

6. 归宿不同

中国的政府纸币是战争和钱荒的产物，明朝中叶以后政局稳定、财政平衡，加之"禁海"抑制了铜钱的外流，因此政府就不着意维持纸币流通了，纸币自此蜕变成了人们闲暇娱乐的玩意儿——麻将①和纸牌，据说扑克也是中国纸币游戏形式传入西方演变而成的。② 另外，明清以来巨额白银流入（总共约 6 万吨③）和大量铜斤输入④使中国金属货币供应充足，极大地抑制了政府纸币的发展。西方银行券是贸易扩张和商品经济发展的产物，因此随资本主义经济的发展而发展，适用范围不断扩大，地域不断拓展，以致成为当今世界纸币制度的前身。

通过以上比较，我们基本可以得到这样一个共识：银行券内生于经济系统，政府纸币外生于经济系统。因此，银行券与政府纸币的合流产物——管理通货制度内外共生于经济系统。

---

① 据（明）冯梦龙《马吊牌经》载，麻将牌产生于明朝中叶，花色为：文钱、索子、万贯，牌质为纸制。

② 苏朴逊、阮邝：《桥牌速成入门》，北京理工大学出版社，1990 年。

③ 孔祥毅：《山西商人对中国商业革命的贡献》，经济思想史学会第十届年会演讲稿，2002 年。

④ 孔祥毅：《金融贸易史论》，中国金融出版社，1998 年。

四、从东西方纸币制度比较引发的思考

1. 现代纸币制度是政府纸币与银行券的结合

现代纸币制度是由银行券发展而来的，第一次世界大战期间，西方主要国家纷纷宣布本国银行券暂时停止兑现，发生了严重的通货膨胀，此时的银行券就带有明显的政府纸币色彩了。虽然战后大部分国家又重新恢复了兑现，但在大萧条和"二战"的打击下，银行券的兑现昙花一现，一去不复返了。随着罗斯福新政和凯恩斯主义盛行，政府不再甘愿充当"守夜人"角色，攫取了经济调控职能。当代世界各国的纸币都由中央银行发行，体现银行信用，而中央银行是政府的银行，又体现国家信用，它发行的纸币已不再兑现，同时许多国家不规定发行准备或准备形同虚设，因此现代纸币是政府纸币与银行券的结合。

2. 纸币本位的确立是货币制度发展的必然结果

中国和西欧都有纸币的诞生与发展，现代世界主要国家都选择不兑现的纸币制度。这绝不是偶然的巧合，而是有着深刻的必然性。

（1）格雷欣法则的结果。纸币虽然是金属货币的符号，但它自从诞生以来就有了自身特有的规律：经济高涨时货币需求增加，纸币发行量增大；经济萎缩时货币需求减小，人们会尽量把纸币花出去。战争时期往往限制纸币兑现，这就使得纸币所代表的价值有时低于金属货币的价值，但纸币所代表的价值从来不会高于金属货币本身的价值。根据格雷欣"劣币驱逐一良币"法则，自然是纸币充斥市场。

（2）纸币有着自身的优越性。与金属货币相比，纸币更易于保存、易于携带、易于鉴别，也易于分割（零币、整币自由兑换，几乎没有兑换成本），由于纸币的后盾是金属货币或国家信用，因此一般情况下纸币的价值在人们心目中还是稳定的。

（3）金属货币不能很好地执行货币职能。金属货币受其劳动生产率和产量的制约，不能很好地执行货币的职能。生产金属货币的劳动生产率与生产其他商品的劳动生产率经常不一致，使其难以充分发挥价值尺度的职能；金属币材作为不可再生资源，随着经济的发展，其开采量的限制又使其不能很好地发挥流通手段的职能。

（4）政府的经济职能增强。纸币的数量具有伸缩性、可控性，政府可以通过发行和回笼纸币来调节经济，因此在资本主义社会发展到国家垄断资本主义时期，随着政府经济职能的增强，政府就成了纸币制度最大的维护者。

3. 货币本质的重新表述

纸币，无论是政府纸币还是银行券，都体现了信用（国家信用或银行信

用）。下面，推而广之，探讨一下货币的本质。马克思主义认为，货币在本质上是固定地充当一般等价物的特殊商品，[1] 然而这个定义也只是对货币现象的精确总结而已。笔者认为，货币的本质应当是在"特殊商品"这个"物"的外壳掩盖下的人与人之间的关系——信用。为什么呢？首先看一下实物货币，当人们用羊作为货币，拿羊换取其他物品时，是把羊暂时让渡给了对方，或者说"当"给了对方，将来可能赎回（卖出其他商品）；对对方来讲，之所以接受羊作交换，不仅因为羊有使用价值，可以充饥，而且因为他相信别人也会接受羊，易于转手。这本身就体现了一种信用。其次，再看一下贝壳货币和金属货币，贝壳和贵金属饥不能食，寒不能衣，人们追逐这种东西，同样是因为信用。记得小时候，外婆给我讲述了她这样一个经历：解放前，她们村发大水，一个财主和一个佃户同时爬上一个房顶避难，财主抱了一箱金元宝，佃户抱了一箱大南瓜。在屋顶上，财主要拿元宝去换佃户的南瓜，佃户坚决不换，结果财主就饿死了。大水退后，佃户取而代之，成了新的财主——可怜的老财主只记得把货币带上了屋顶，却忘了把下面的信用关系也带上去。

4. 纸币制度对现代社会的贡献

（1）节约了交易成本，增进了社会福利。纸币的使用，减少了鉴定与称量的专业性要求，降低了携带和运输的风险，又能够不断适应经济的增长而增加发行量，加速了流通，扩大了贸易，增进了社会福利。下面借用西方经济学中关于市场均衡与社会福利的模型[2]加以解释，如图1所示。

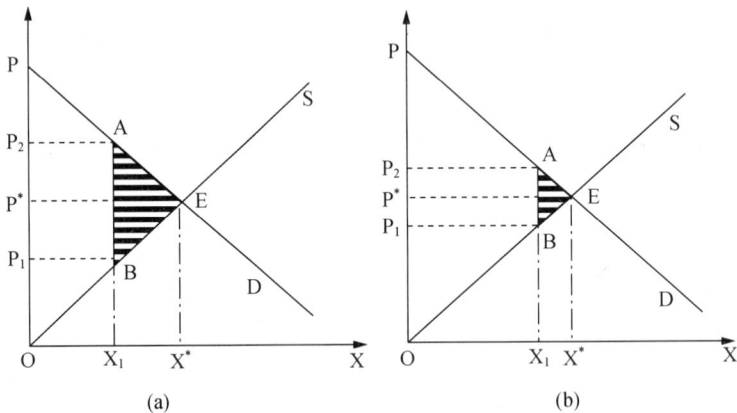

图1 市场均衡与社会福利状况

---

① 周升业、孔祥毅：《中国社会主义金融理论》，中国金融出版社，1993年。
② 吴易风等：《西方经济学》，中国人民大学出版社，1999年。

图1中，图（a）表示金属货币制度下的市场均衡与社会福利状况，图（b）表示纸币制度下的市场均衡与社会福利状况。图中，D 为商品消费者的需求曲线，S 为商品生产者的供给曲线，E 为供求均衡点，P* 为商品的实际价值，P₁ 为生产者最初投放市场的价格，P₂ 为消费者最终花费的价格，X* 为交易费用为零时的交易量（市场出清），X₁ 为存在交易费用时的实际交易量。由于存在交易费用，商品生产者不能以 P* 出让商品，而要以较低的 P₁ 出让；同样，消费者也不能以 P* 取得商品，而要以较高的 P₂ 取得，此时交易量不是均衡产量 X*，而是较小的 X₁。这样，P₁BO 所围区域称为生产者剩余，PAP₂ 所围区域是消费者剩余，P₂AEBP₁ 所围区域便是市场交易成本，其中矩形 P₂ABP₁ 是市场中介者获得的收入，包括各级批发商、零售商的利润，货币经营商、信息咨询机构的服务收入，以及各种税收、政府规费等；三角形 ABE 是社会福利净损失（图中阴影部分）。生产者剩余、消费者剩余、中介者收入三者之和便是社会福利（即梯形PABO 区域）。

金属货币制度下，存在货币鉴定、称量、兑换、运输、保管、铸造等各种费用，交易成本较大，相应地社会福利净损失（三角形 ABE 面积）也较大（见图1（a））；而纸币制度节省了上述费用，P₁P₂ 距离缩短了，AB 向 E 点移动，相应地三角形 ABE 的面积也就缩小了，从而增进了社会福利（见图1（b））。

（2）扩展了货币的职能。人们知道，金属货币具有四大职能：价值尺度、流通手段、支付手段和贮藏手段。纸币不仅拥有以上所有职能，而且又多了一项职能：社会产品再分配职能。一国当局可以利用纸币的发行与回笼进行社会产品再分配，调节社会生产。

（3）货币成为国家主权的一部分。在两次世界大战和20 世纪30 年代经济大萧条的冲击下，世界各国纷纷放弃金属本位，实行不兑现的纸币制度，铸币平价不复存在，货币数量由政府控制，货币发行成为国家调控经济的重要手段。特别是战后新兴的第三世界国家，它们利用纸币制度构筑了一道货币防线，最大限度地抵御了帝国主义的经济殖民侵略。纸币制度使各国货币政策的独立性明显增强，从而有了著名的"三元悖论"，即本国货币政策的独立性、汇率的稳定性和资本的完全流动性不能同时实现，最多只能三选其二。

（4）促进了经济理论与实践的发展。纸币制度是实行浮动汇率的基础。在金本位制下，汇率是天然固定的，其波动幅度不可能超过两国之间运送黄金的成本，即"黄金输送点"。不兑现的纸币制度确立以来，固定汇率就难以维持，布雷顿森林体系的崩溃就是最典型的例子。因此，纸币制度的确立推动了汇率理论、国际收支理论和国际贸易理论的巨大发展。在实践中，许多国家通过本币低估、汇率贬值来刺激出口，发展经济，成功者不乏其例。

（5）维护了世界和平。"二战"后，资本主义国家似乎温柔了许多，不但允许大量殖民地独立，而且也不经常发动侵略战争了。为什么呢？是他们良心发现？是他们学会忍让？还是他们懂得了羞耻？都不是，只是因为他们找到了新的剥削形式。由于现代纸币制度的确立，世界各资本主义工业国可以通过增加货币发行，提供经济增长的额外资本，可以通过"量化宽松"对其他国家进行国际经济剥削，就不需要冒着生命危险，明火执仗地去掠夺殖民地了。纸币的发明具有划时代的意义，是区分传统金融与现代金融的标杆，也是金融资源开始为政府掌控的起点。金属货币制度下，货币基本是中性的；管理通货制度下，货币具有了非中性特征。

5. 区分两类不同性质的通货膨胀

现代纸币具有银行券和政府纸币的双重特征，其通货膨胀也就有了两种类型：经济过热引起的通货膨胀和财政透支引起的通货膨胀。前者是经济的内生变量，后者是经济的外生变量。因此，如果发生了通货膨胀，首先必须判断它是哪种类型的通货膨胀，然后对症下药。针对经济过热引起的通胀，应当运用各种紧缩性经济政策，如紧缩信贷、抽紧银根、限制基本建设规模、控制固定资产投资等，通过货币政策和财政政策的配合来抑制通胀。针对财政透支引起的通胀，各国都以法律的形式规定不允许财政直接向中央银行借款或透支。但政治、经济、军事等各方面的动荡都会导致财政向中央银行透支的压力，财政和中央银行的"连裆裤"不是轻易能分开的，尤其是在非常时期，例如战争。战争需要集中全国上下的人力、物力、财力与敌人相拼，纸币的发明给了政府集中财力的最好武器——通货膨胀。战时集中财力有多种办法：税收、募捐、强行征调等，但这些办法都不可能绝对平均地从各阶层手中征集物资。而采取通货膨胀，任何使用货币的人都得为战争出力，因此通货膨胀成为非常时期相对公平、最能让所有社会成员接受的办法。比如，我国法币从1937年到1945年虽然发生了惊人的通货膨胀，但百姓抗日激情不减；刚解放时，人民币的恶性通货膨胀也没有磨灭人民重建家园的热情。若此时教条地禁止财政透支，无异于自毁长城。对于财政透支型通胀，应不遗余力地消除导致透支的根源。实践证明，就和平时期而言，在法制健全的社会，还是基本可以堵住这个漏洞的。

6. 现代货币制度的内在矛盾及其发展趋势

自从现代纸币制度确立以来，货币就成了国家主权的一部分，货币主权的优点和历史必然性前已述及，此处不再赘述；然而随着国际交往日益加深，货币主权的局限性越来越凸显了。在金本位制度下，商品交易服从"一价定律"，国际贸易顺利进行；纸币制度把"一价定律"打破了，国际贸易有了汇率风险，阻碍了国际间套购、套利行为，也就阻碍了世界单一价格的形成。同时，有了货币主权，各国政府如获至宝，宁可放弃固定汇率，放弃资本流动，也不肯放弃货币主权；它们进行贸易战、汇率战，在"棘轮效应"的作用下，对内通货膨胀和对外汇率贬值交替升级，恶性循环——形成国际间的道德风险和逆向选择。然而，聪明的人们逐步意识到这样的对抗只能是两败俱伤，各国都有了以合作求发展的愿望，国际间合作组织蓬勃发展起来。此外，随着后工业经济的到来、跨国公司的崛起、信息技术的运用，使得世界市场的联系越来越紧密，任何一个国家都不能不受世界市场的影响，世界经济趋向一体化了。一体化经济内部的协调问题首先是货币的协调，这就与货币主权产生了尖锐的冲突。欧元的诞生打响了向货币主权挑战的第一枪，当然这是一个阵痛的过程，前进中会有曲折。再大胆一点，试想将来各经济区域相互碰撞、相互融合，自由贸易区不断扩大、合并，最终实现全球经济一体化。到那时，世界将拥有一个共同的中央银行，发行同一种货币。

区域货币和未来的世界货币没有维持固定汇率的成本，没有听任汇率浮动的风险损失，也就降低了交易成本，增进了社会福利。货币的统一将会消灭各国货币当局间的道德风险和逆向选择，提升信用，为国际贸易扫清障碍。到那时，三元悖论将以此种方式得到解决：各国放弃货币主权，汇率不复存在，资本自由流动。

最后，还必须提一句，纸币并非是货币的终极形式，新的货币形式只要能够降低交易成本、增进社会福利和提升信用，就会毫不留情地取代纸币。总之，降低交易成本、增进社会福利和提升信用是整个货币发展史的主线，是纸币制度产生、发展和将来消亡的内在原因，也是世界货币趋于统一的天然动力。

参考文献

[1] 孔祥毅：《金融贸易史论》，中国金融出版社，1998 年。

[2] 孔祥毅：《山西商人对中国商业革命的贡献》，经济思想史学会第十届年会演讲稿，2002 年。

[3] 周升业、孔祥毅：《中国社会主义金融理论》，中国金融出版社，1997 年。

[4] 洪葭管：《中国金融史》，西南财经大学出版社，1993 年。

[5] 夏炎德：《欧美经济史》，三联书店，1991 年。

[6] 萧清：《中国古代货币思想史》，人民出版社，1987 年。

[7] 吴易风等：《西方经济学》，中国人民大学出版社，1999 年。

[8] 苏朴逊、阮祁：《桥牌速成入门》，北京理工大学出版社，1990 年。

[9]（明）冯梦龙：《马吊牌经》。

［10］洛德·埃夫伯里：《世界钱币简史》，刘森译，中国金融出版社，1991 年。

［11］Kindleberger C P. A Financial History of Western Europe［M］. London：Oxford University Press，1993.

明清时期的金融信用大发展

李勇五[*]

关于信用，董辅礽先生指出："在经济活动中，在市场交易中，人们也要奉行诚信这个道德规范，但信用还有更多的含义。在市场交易中，最初是物物交易，以后发展为以货币为媒介的交易，进而又发展出信用交易。"[①]总之，金融信用是金融发展的核心内容之一，金融发展史上只有在金融信用发展的基础上，金融更加外化和形式的东西诸如机构、业务才会有新的发展。明清时期，是我国金融信用蓬勃发展的一段佳期，而且明清时期金融信用的发展与金融业务、金融机构的蓬勃振兴是表里一致的。明清时期金融信用形式的发展是明清金融发展的重要动因。

分析金融信用一般从分析同时代的信用工具入手，信用工具既可以是纸币、贵金属等货币形式，也可以是代金券、债券、活期存款等货币的衍生物，信用工具的发展代表了金融信用的发展情况。中国明清时期的金融机构所通行的信用工具，主要是指当时典当铺、钱庄、票号所使用的各类票据，包括券、票、帖、引、钞等。

一、明清金融信用取得发展的原因及背景

1. 明代以前金融信用发展的总体情况

明代以前虽然典当、质铺等金融机构已经出现，但金融信用工具相比金融机构来说更具有连续性和可描述性，更能体现金融的演进轨迹。唐代由于商品经济繁荣，借贷行为逐渐增多，放贷者除了朝廷以外还有地方的富豪地主，接受放贷的人一般为商人和平民，他们之间一般依靠信用，也有的书写凭据。唐代信用工具最主要的发展方面是在商品流通领域出现了飞钱，俗称"便换"。飞钱的使用比较特别，讲究"合券"，实质上代表取钱的凭证，是一种早期的信用形式，飞

---

　　* 李勇五，山西安泽人，经济学博士，助理研究员，供职于中国人民银行太原中心支行，为山西财经大学晋商研究院特聘研究人员。

　　① 董辅礽：《关于信用和信用体系》，《中南大学学报》2003 年第 9 卷第 2 期。

钱满足了经济发展对于资金调拨的需求。飞钱之后，一度出现了"帖"、"书帖"，帖是临时书写的便条，供取款之用，反映了当时商品经济交易的频繁程度。

北宋时期，盐、茶等关系民生的重要物资全部被朝廷垄断，因此官方与商人之间需要通过某种合法、顺畅的途径进行交易，"交引"便充当着政府与民间赊买赊卖的中介和凭证。宋代的交引是茶引、盐钞、矾引、见钱交引等票据的统称，名目繁多，发挥着中介凭证和提货凭证的作用。① 也有的研究者将宋代出现的茶引、盐引等票据归结为期票类或汇票类凭证，总之汇票的性质已经十分显著。宋代的信用工具，继承了唐代飞钱的汇兑功能，并得到了沿袭和完善。朝廷曾专门设立"便钱务"的机构来管理入钱兑换事宜。宋代出现的交子可以说是信用工具历史发展的一种必然，南宋初年的关子是官营汇票，交子则更加具有货币性质。

金元时期，金代出现了官营质库——流泉务，质库就是放款的一类机构，官营质库的目的是为了降低民间质典的利息，金世宗时，有司在中都、南京、东平、真定等商业发达的城市开设了流泉务，利息由民间的5~7分设定为1分。② 金元时期，纸币大行其道，可以看作是对唐代以来金融信用工具的继承和总结，金代交钞具有与铜钱、白银三分天下的地位，钞及钞法对社会生活影响益大，朝廷讨论钞法常月余不决。③ 元代则发行著名的中统钞、至元钞。但金元两代都未能逃脱恶性通胀引起的货币体系崩溃的命运。

2. 明清金融信用取得发展的原因

唐代以后至明代以前可以看到普通信用凭据到货币汇兑凭据、民间纸钞到政府纸钞的发展轨迹。唐代的飞钱尚属于取钱、取物的信用凭据，但已经具备了一定的汇兑性质，因为飞钱既用于取钱也用于取物，而且比起"帖"和"书帖"来支取货物的情况为多。宋代的关子、会子、交子则介于汇票和纸币之间，交子甚至被看作是中国最早的纸币。宋代在发行交子、关子时还设立了专门兑现的机构，叫"榷货务"。早期的信用凭证一般都是民间自发的产物，虽然飞钱是政府信用的结果，但仍不能改变这一趋势，如唐代坊间大量的"帖"、"书帖"，宋代的交子的前身"褚券"，会子等都是早期由富户发行的凭证，以后逐渐转由政府发行，从而增强了信用，被赋予了强制通行的权力，而演化为纸币。

明清金融信用工具发展的原因是多方面的，首先是明代中叶到清代乾嘉时代，中国封建社会经济达到了繁盛的时期，可以看作是封建经济发展的第三波高峰。其重要特点之一是商品经济十分发达，长途贸易和海外贸易达到很高的水平，新式金融业务、金融机构不断涌现，甚至构成一张分工齐全、规模宏大的金

---

① 江锡东：《宋代商业信用析论》，《中国经济史研究》1989 年第 4 期。
②③ 叶世昌：《中国金融通史》第 1 卷，中国金融出版社，2002 年。

融网络，当铺、钱庄、账局、票号之间呈现既互为补充又彼此竞争的关系。渐趋繁荣的商业金融状况促使被窖藏的白银货币资本显性化地充当各类社会经营资本，如经营商业、进行金融放贷和经营、投机获利等活动。由于金融活动的增多，金融机构与商业机构、金融机构与金融机构之间、金融机构的总分号之间的业务联系势必加强，如何联络并开展业务需要大量金融信用工具的创新和使用，其中明末出现的会票是最为重要的工具之一。会票实际上是汇票的传统称谓，古人对会票的概念的总结大致有"会票若券者"、"飞钱之遗意"①、"俱有现钱，远难赍致，以交、会通之，纳钱于此而取钱于彼耳"② 几个说法，提及简便易行、异地汇兑、信用如纸币几层意思。王雪农、刘建民等指出"汇兑是取汇票的方式，明末叫会票，即在一地的官肆中付款，取得'会票若券者'，到目的地后，向其联号取款"。③ 钱票和银票也产生于明末，乾隆时期已经很普遍，它们是由钱铺、钱号、当铺等机构签发，一般用作取款的凭证。汇票、钱票、银票在一定范围的流通，促进了商品经济的发展，使"治钱庄生意伙买卖豆、麦、花、布，皆凭银票往来，或到期转换，或收划银钱"。④ 显然，汇票、银钱票等金融信用工具一定程度上充当了交易的媒介，加快了货币的流通速度，使笨重凝固的固体货币——白银，变得更加便于交易、携带、支付。但是，金融信用工具固有的缺陷也暴露出来，社会上逐渐出现了不能足额兑换的情形，这表明票据的虚开和准备金不足客观存在着。据记载，其中有这样几种情况：一种是钱铺倒闭，所发银钱票就会变成废纸；另一种是广出虚票，出现"磨兑"和不付现钱的情形。所谓磨兑就是兑换的时候不全额兑付，给一部分现钱或给相同金额的银钱票。磨兑的出现在银铜复本位货币制度的前提下，通过金融机构的信用发行，直接导致了银钱比价的波动。因此，道光十八年（1838 年），四川总督宝兴认为当时银贵是由于"奸商低昂其价，希图多易现银"⑤ 之故。还有一种情况是出现假票，由于银钱票形制各异，为造假诈骗提供了可乘之机。金融信用工具的发展，甚至还为政府干预市场和弥补财政赤字提供手段。1850 年太平天国起义以后，清朝政府迫于财政压力还设立官银钱号发行"京钱票"，这是一种不兑现的汇票或纸币，实质上是清朝政府随意扩大货币发行，以供财政透支之用的结果。清代的银号还曾发展到签发银两凭条和代办捐纳入库银两及领照业务，帮助清政府加重对商人和底层人民的剥削，这也一直延续至清末。

---

① （明）陆世仪：《论钱币》，《皇朝经世文编》卷 52。
② （明）钱炳镫：《钱钞议》，《田间文集》卷 7。
③ 王雪农、刘建民、达津：《中国山西民间票帖》，《中国钱币》1991 年第 1 期。
④ 李光庭：《乡言解颐》卷 4。
⑤ 中国人民银行总行参事室编写组：《中国近代货币史资料》第一辑（上册），中华书局，1964 年。

二、明清金融信用范围的扩大

唐代以后至明代以前，金融信用工具具有增加朝廷或地方政府税收的作用，因此得到各代朝廷的支持。唐代的飞钱，据《册府元龟》记载，元和年间飞钱的费用很高，商人通过户部、度支、盐铁三司飞钱，要收取每1000钱的100钱，这样高的收费无法得以维持。并据李剑农的研究，初期唐代政府是嫌厌飞钱的，后由于商人普遍使用而且有利于增加政府收入才得以施行。宋代使用便钱会子，这些会子很多是豪民富户发行，后来富户向政府申请获得准许，但需要上缴每贯20文，三司从中获利。宋代在对盐、茶、铁、酒、矾、香药、犀象等商品进行专卖时，采用了盐引、茶引的信用票据方式，这些信用票据本身没有价值，却需要商人用金钱布帛进行交换，因此包含巨大经济利益。但民间金融信用由于政府的参与，在信用上有了保障，合法化得以增强，客观上有利于商品经济的发展。

明代，金融信用工具的发展为金融业务的进一步发展打开了空间。如在汇票使用的基础上，山西票号因地制宜还发明了顺汇和逆汇，这实质上是汇兑与存款业务的结合。顺汇是一地收款，另一地分号付款；逆汇是某地分号先付款，另一地分号后收款，其间票号要同时收取利息和汇费。时人用"酌盈济虚，抽疲转快"来形容这项业务的迅捷方便。

金融信用票据不仅从明末到清代时期在全国范围内广泛通行，地方性的票据尤其在"道咸同光"时期，五花八门，种类多样。这与当时金融机构规模较小，分支机构和业务往来就近的状况关系密切。从清代乾隆到道光时期的一段时间，华北和西北各省如山西、陕西、直隶、山东等省，以及京城、江苏等地，钱票的使用甚至与纹银、洋钱并用，可见其广泛通行的程度。

三、明清信用工具的增加

唐代以后至明代以前，金融信用工具的发展对于带动新型金融业务和新型金融机构的产生具有重要作用。飞钱、便换、书帖、关子、会子等金融信用工具的使用，对于交兑方和承兑方即政府、商人和客户的商品流通提供了很大的便利，它们本身也成为一种金融业务被一定程度固定下来。根据叶世昌先生的定论，唐代的飞钱是中国汇兑的前身，但这个汇兑因不限于商人因此还不是商业信用，很多时候是政府信用，可以看作是政府的支取凭证。而"帖"和"书帖"一方面是汇票业务，另一方面是存钱业务的前身，因为"帖"既可以支取货物，还可以支取储蓄，但那时并未做严格区分。① 关子、会子等已可作为比较成熟的汇票

---

① 《太平广记》卷164有一则故事记载：唐代某一穷书生得尉迟恭的赐帖，得500贯铜钱的事情。

使用，虽出现于不同时期但都可以兑换铜钱，因此大大促进了汇兑业务的发展，交子、关子、会子还得到大商人和政府的肯定，政府专门设立了榷货务、便钱务等机构来管理它们。

与官方信用票据发展相对而言的是地方性金融信用的发展。地方性的票帖在促进地方工商业发展上同样有积极的意义，是近代金融史上不能不提及的重要的金融信用工具。清代中期，在中原的山西、安徽、河北等地，流行的民间票"帖"主要有凭帖、兑帖、上帖等。凭帖系本铺出兑之票，也就是本钱铺发行的，又由本钱铺负责随时兑现的信用票据。上面经常写有"认票不认人"、"不挂失票"字样。兑帖是一个铺子出票，另一个铺子兑钱，是一种由出、兑两方负责任的信用票据，出票、兑票的单位往往是分号与总号或者联号分支号之间的关系。帖面上往往写有"面生讨保"、"自寻保人"或"讨保附钱"的字样，其商业汇票的性质表现得比较明确。上帖有当铺上给钱铺和钱铺上给钱铺两种。像兑帖一样是另一方给予兑付的信用票据。还有一种壶瓶帖，是一种更加民间化的信用票据，往往没有正式的文本、版式，类似于今天的白条，一般是工商业店铺资金缺乏时周转之用而开具的。此外还有拨兑钱帖，是清代中后期山西钱业兑拨、谱银、客钱、订卯的金融业务活动中产生出来的一种有价的，并可以流通的金融票帖。① 这种拨兑实际上类似今天银行业的票据交换，当时小额交易用钱，大额交易用银，当铺、票号或钱商的支付数额达到一定金额和规模以后，需要拨账以进行资金周转，周转的银两称为"谱银"，实际上是一种记账银两，然后各金融机构齐聚"宝丰社"② 进行轧差过拨，也就是"订卯"，而拨兑钱帖就是持有前去兑款的凭证，由于可以兑钱，因此拨兑钱帖也具有一定的流动性。

四、明清信用工具发展的意义

明清时期金融信用得到了很大的发展，这种发展一方面是由于银本位货币体系的建立，以及随之带来的金融发展和金融创新，另一方面在于前代金融信用经过长期的发展与沉淀，并在新兴货币制度的刺激下焕发新的光彩。具体而言在这两方面作用之下的金融信用工具繁华纷呈、各得其所，有堪称宋代飞钱遗意的明清会票，有银号、钱庄发行的钱票、银票，有用于转账流通的兑帖、期帖、上帖等，据说各种票帖的信用"与现钱无异"。一般来说，会票的产生标志着汇兑业的诞生，彭信威先生认为，中国的汇兑业产生较欧洲为晚，因为欧洲中世纪便流

---

① 刘建民等：《中国山西民间票帖》系列之三，《中国钱币》1999 年第 3 期。

② 清代归化城有宝丰社，"银钱两业遂占全市之重心，而操其计盈，总握齐权，为百业周转之枢纽者"。

行汇兑相比，而中国钱庄明末时还未发展至普遍通行汇兑。① 但即使产生相对较晚，对中国明清金融体系的构建还是有很重的分量。

信用工具的发展，支持了工商业发展。如晋商票号的汇票，能够发挥见票即付或即日付款的功能。这一制度为工商企业提供了方便，便利了工商企业，为金融机构提供了生利途径。正如马克思对西方商业信用增长进行的评价："信用的数量和市场的价值量一起增长，信用的期限也会随着市场距离的增加延长。在这里是相互影响的。生产过程的发展促使信用扩大，而信用又引起工商业活动的增长。"②

更为重要的是在金融体系内部，信用工具的发展进一步促进了经营这种商业信用或金融信用的专营机构的发展。以上我们讨论的金融信用工具主要有钱庄、银号发行的钱票、银票，票号发行的汇票，当铺、账局发行的票据，以及后来清政府发行的官钞、私票，还有官商银行和外国银行发行的银元、纸钞兑换券等。票据的发行，一方面极大促进了金融贸易的进步，另一方面也催生了专业性金融机构的诞生。如当时掌管轧差清算的行会组织宝丰社，又如后来银行业兴起以后的上海银行业同业公会。据记载："宝丰社者，乃昔日金融之总枢，其时市面现银现钱充实流通，不穷于用，银钱两业遂占全市之重心，而操奇计盈，总握其权，为百业周转之枢纽者，厥为宝丰社……在有清一代始终为商业金融之总汇。"③ 宝丰社的活动内容庞杂，大体有制定银钱行市、总会各业拨兑、发放现金凭帖、处理各业纠纷等，其中制定行市和处理纠纷均属于行会的权责范围，而拨兑款项和发放凭帖则带有浓重的金融票据市场的意味。作为承担调剂资金、支付清算和票据交换职能的宝丰社，每三日一期或五日一期进行资金的清算划拨，且每日公开各家票据的牌价，通过交换轧差出各家的盈余亏欠即谓之拨兑。由于钱市活跃，转账结算通行，全赖宝丰社"行商坐贾皆与之有密切关系，而不可须臾离者也。平日行市松紧，各商号毫无把握，遇有银钱涨落，宝丰社具有独霸行市之权"。④ 宝丰社的支付结算、轧差交割等职能类似于今天的中央银行的服务职能，同时也为其后山西票号在全国发挥支付网络职能奠定了基础，因此有的学者也称之为"近代央行"。

参考文献

[1] 彭信威：《中国货币史》，世纪出版集团、上海人民出版社，2007 年。

[2] 中国人民银行总行参事室编写组：《中国近代货币史资料》，中华书局，

---

① 彭信威：《中国货币史》，世纪出版集团、上海人民出版社，2007 年。
② 马克思：《资本论》第 3 卷。
③④ 《绥远通志稿》。

1964 年。

　　［3］叶世昌：《中国金融通史（第一卷）》，中国金融出版社，2002 年。

　　［4］江锡东：《宋代商业信用析论》，《中国经济史研究》1989 年第 4 期。

　　［5］董辅礽：《关于信用和信用体系》，《中南大学学报》2003 年第 4 期。

　　［6］王雪农、刘建民、达津：《中国山西民间票帖》，《中国钱币》1991 年第 1 期。

　　［7］刘建民等.《中国山西民间票帖》系列之三，《中国钱币》1999 年第 3 期。

票号兴起、钱庄扩张与近代中国货币的关系

杨志勇[*]

近代中国商品交易规模的扩大带来白银的大量流动，加上复杂的货币制度，致使商业金融服务功能进一步扩大，主要表现在货币兑换等货币服务和以票代银服务的需求增加，这两大需求为近代中国金融机构提供了有利的发展空间。在金融功能实现过程中，票号、钱庄等货币经营机构进一步扩大，货币经营业务进一步拓展。但货币发行制度的混乱同时也给金融系统带来整体化简的功能需求，在实践中，由于这一需求长期没有得到有效供给，一定程度上阻碍了近代中国商品经济和金融系统的长远发展。

一、近代中国经济中的货币变化

1. 货币流通的扩大

货币流通的变化首先是白银流通数量的变化。自16世纪到19世纪初，中国通过与菲律宾进行茶贸易，有大量白银长期输入中国。据学者估算，1700~1830年，中国进口银共达9000万英镑左右。[①]19世纪初，白银开始外流，但外流量小于流入量，从19世纪20年代开始，由于鸦片贸易量的增加和全球白银供应量的减少，白银持续外流一直到1856年。有学者估计，1824~1843年中国白银外流量在1000万银元以上，1844~1856年，再增为1800万元。[②]无论是白银流入还是白银流出，数目都是极其巨大的。

白银流入会导致物价上涨，而外流的一个后果是银贵钱贱，出现白银危机，进而影响经济的发展，如道光萧条。据学者推算，银钱比价从1808年的1040文上涨到1849年的2355文。[③]白银外流也使商品交易扩大与金属货币数量不足的矛

---

* 杨志勇，山西临县人，山西财经大学教师、金融学博士，研究方向为票号与金融史。

① 全汉升：《明清经济史研究》，联经出版事业公司，1987年。

②③ 林满红：《银线：19世纪的世界与中国》，江苏人民出版社，2011年。

盾进一步加大，客观上提出了"以票代银"的可能性和必要性，商业票据、钱帖、银票等应运而生。

货币流通另外一个变化是进口银元货币化职能的增强，也就意味着外国货币地位的提高。自明代以来，中国内地流通的银货币以纹银为主，大概在 19 世纪初，随着进口银元的增多，外国银元开始广为流传，作为一种标准化的交易媒介，银元更能满足中国商业发展的需求，所以，渐有取代纹银的趋势。[①] 尤其是在与茶丝贸易相关的地区，包括广东、浙江、江苏、福建等地，不仅银元流通的数量在增加，而且对纹银和铜钱的比价也在上升，导致银两比银元便宜，但实际重量银两要比银元多一些，这就驱使一些外国商人大量收购银两运到境外，制成银元再贩回国内，从中赚取巨额差价。银元在中国某些区域的大量流通，清楚地说明清政府没有货币主权意识，这也为以后更多的西方货币信用工具进入我国开启了通道。

2. 货币管理的混乱

鸦片战争之前的清代货币主要实行银钱平行本位制，其中制钱法定，银币放任，但在实际流通中，清政府虽然提供地方使用的通货，也规定了银锭的形式与重量，但是它对前朝货币的放任流通，对国内或国外私币以及私人发行的银、钱票未予管制，制钱法定执行效果较差，银币放任却是真正自由，大体可以"杂乱"二字形容。具体情形，以时代论，两汉到明朝，再加上道光之前清朝历代皇帝铸造的钱币都可以在民间使用；以地方论，国内京师、十八省、满、蒙、回、藏等地区，国外西班牙、葡萄牙、墨西哥等地，都可以铸造自己的货币并在中国市面上流通；以货材论，有金、银、铜、铁、铅、锡、镍等货币，后又有公、私之各种纸币发行；以形式论，又有虚实之分，如纹银和宝银；以计量论，有以枚数计算，也有以重量计算；以质量论，又有纯度成色高下区别。[②] 清朝市场上流通的货币种类，共有四大类，三十个类目，如表 1 所示。

以近代银两的铸造和流通可见货币管理的不成章法。首先，异银两铸造不统一，各省藩库、海关道、盐法道、道库或官银钱号都可以铸造，民间铸造机构也较多，包括银局、银炉、炉房或银铺等。其次，银两异地不能直接流通，必须重新熔铸成当地的银两，才能上市交易。为此，近代主要城镇均设有公估局，经它鉴定后的银两方能上市。但公估局又为私人设立，有的地方无公估局，银两成色便由银铺自己保证或彼此互保，导致标准因人因地差异很大。

---

① 仲伟民：《茶叶与鸦片：十九世纪经济全球化中的中国》，生活·读书·新知三联书店，2010 年。
② 卫挺生：《清季中国流行之货币及其沿革》，《清华学报》1924 年第 2 期。

表 1　清代流通货币种类

清代流行货币种类	计量货币	（一）生金			洋金、砂金、荒金、其他
		（二）生银	按形状分		锭银、条银、碎银、其他
			按接收机构分		海关平、漕平、库平、市平
	计数货币	（三）铸币	元类	外国币	银元、铜元、镍元
				本国币　部铸	
				本国币　省铸	
			钱类	古钱	铜钱（又分红铜、青铜、黄铜、白钢）、铁钱、铅钱、银钱、锡钱
				清钱	
				官钱	
				私钱	
		（四）纸币	按货币单位分		制钱钞、银两钞、银元钞、铜元钞
			按发行机构分	官发	部钞、省钞
				商发	银钱号庄、票号庄、银行（又分为洋行、华行、洋华合办）

资料来源：卫挺生：《清季中国流行之货币及其沿革》，《清华学报》1924 年第 2 期，第 154 页。

　　银两形状、成色、重量自身属性的不统一已经给交易带来相当不便，再加上称量银两的天平衡制的不一致，清代银两制度的混乱程度令今人难以想象。称量银锭、银两所用天平的衡制称为"平"，近代银两衡制几近千种，故而同一宝银用不同的平码衡量，其值可能大不同，这就带来更为复杂的换算问题。①

　　币制混乱除带来交易不便外，也鼓励了商人们之间的互相算计，增加了商品交易中的不信任，如早期烂板银元的存在。在流通中被打上各种记号的墨西哥银元，称为烂板银元，这些记号为持有过这些银元的商行所打，以证明银元的真实性。但在这个过程中，少量的银子就被这些商家刮下来自肥，太多的戳记把大约百分之二十的重量和价值剥去了。②

　　繁杂混乱的货币体系反映了政府在货币制度供应上的滞后，这一滞后显然给经济交易带来极大不便，也给金融系统提出新的化简需求，在政府长期不能提供有效制度供给的情况下，近代中国从事货币经营业务的金融机构做出了合理的安排，一方面并不排斥从这种复杂的货币兑换中获得"专享"利益，另一方面，也通过不断创新票据业务等服务一定程度上化简了货币体系的复杂性，满足了市场对货币流通速度加快和数量加大的要求。

---

　　①②　戴建兵、陈晓荣：《中国货币金融史》，河北教育出版社，2006 年。

3. 金融功能的变化与实现

经济领域内交易次数的增多与交易规模的扩大都引起了金融系统外部复杂性的增加，伴随商品和商人的长途流动，商业金融服务功能方面出现进一步扩展的趋势：一是对更为有效的异地支付方式的迫切需求；二是对统一货币的需求；三是对信用中介的扩大产生更高的需求。其中既有量的变化，也有质的变化。

按照金融功能协调观点，外部复杂性增加，系统就会产生潜在的化简需求来诱致能动主体采取行动，这里的能动主体又分为政府和商人两个层面。从货币制度层次而言，政府是货币制度创建和修改的主体。面对极不便利的货币交易体系，清政府有责任改革现行的银两混乱流通体制，创建一个统一的货币流通制度，以便利经济资源的有效配置。但事实上，作为一个建立在传统耕织基础之上的农业社会统治者，清政府关注的重心在农业的稳定，对商业的态度以抑制或漠视为主，表现在货币制度上，也是以满足广大农民的基本需求为根本出发点，对制钱予以法定，而对银两自由放任，这就给社会经济发展带来许多问题，包括金融结构与经济发展的不协调，制度与金融需求的不协调。政府在制度改良方面的不作为导致市场建设滞后，同时，也为商人层面的制度创新带来更多压力和动力，商人通过自己组织行会，实行自律、自卫、自治以达到稳定市场秩序的目的。

一方面，政府不作为对金融产生了巨大的抑制作用，另一方面，经济社会发展的诱致性需求下另一个能动主体——金融机构的金融创新却在与时俱进。当然，金融机构的这一能动性也要受到现有货币制度的约束，这就决定了近代中国金融机构创新的有限性。这一有限性直接导致了近代中国金融机构与金融功能之间、金融与社会经济之间在转向新的协调过程中金融功能需求的不完整实现。鸦片战争前的中国，在新的金融功能需求出现后，金融机构在货币制度约束下的变迁主要体现在"票据"业务的变化上，主要包括货币服务和以票代银，如钱庄对钱票的扩大经营，票号对汇票异地付现的专业经营。

二、近代中国金融机构的适应性变化

1. 票号的兴起

票号的兴起与市场对汇票的需求有很大关系，汇票的出现适应了远距离贸易货款清偿的需要，减少了商品贸易的现银现钱支付，不仅节省了流通费用，也解决了远距离运现的安全问题。票号及汇票的发展是国内商品贸易发展和货币流通扩大下的必然产物，同时也是不同机构功能竞合的结果。它的兴起在中国经济发展史上具有重大意义，不仅便利了异地间的支付结算，提高了单个交易效率，而且提升了金融系统的整体功能，第一次打破了国内不同行业间的物理分隔，为资本在不同时间、不同地区、不同行业间的流动提供了可能的途径，大大促进了资源配置的效率。可以说票号是当时特定条件下商人最富有帕累托效应的创新，充分显示了晋商群体的伟大商业智慧。至于票号后来没有推动商业资本向产业资本流动，这是因为中国社会生产方式的整体转变需要社会各界的努力，特别是政府的主导作用，单凭票号之力是不可能完成的。

（1）票号兴起之前的异地汇兑。不少研究人士在分析票号兴起的原因时，把镖局运现作为票号产生的一大动因，认为镖局运现的经济性、安全性都不能适应社会经济的发展，所以才有票号的产生。[1] 笔者认为，镖局运现不便对票号产生的推动作用远没有这些学者所认为的那么重要，如果硬将它们之间作一因果联系，一方面高估了镖局运现在经济生活中的重要性，另一方面又低估了当时商人们的智商，因此，在介绍票号产生之前的异地汇兑之前，有必要首先把镖局运现与票号产生切割开来，理由如下：

第一，镖局业务决定了镖局运现并不是票号产生前异地支付的主要方式。镖局和票号虽都设在商埠和交通要道，但却是两种不同的民间组织，票号的主要业务是为长途贸易提供资金支付和结算服务，而镖局的主要业务在于保护长途贸易中商人的人身和财物安全，二者业务有一定联系，但实际上是两种不同的交易行为。

第二，镖局运现与商业交易发生交叉在当时只有两种情况，一种是个别商人的现金托运，另一种是标期结算，两种情况下现金都是作为货物移动的，而且都是某一特定时期下的特定行为。如果镖局运现是票号产生前异地支付的主要方式，那么票号产生后这两种情况应该很快退出市场，但事实上，现金托运和标期结算的存续时间也很长，这也说明镖局运现与汇兑业务之间没有必然的联系。

第三，主张票号汇兑取代镖局运现说的不当之处可能在于两个概念的混淆，一个是一定周期内的异地商业清算，另一个是日常发生的异地交易支付，二者的区别是很明显的。当时国内的商业清算，多依赖镖局运送现银，[2] 但大多数异地交易一定不会依靠费时、费事、代价高而且风险大的镖局运送来完成支付。

票号兴起之前的异地支付方式如果不是镖局运现，那么会是什么呢？许多学者已经找到了答案，主要依靠从事长途贸易的商户之间及商户和当地金融机构之间的信用安排来完成，这种安排就是各种票据的使用，如商业汇票（或会票）、银钱票等。也就是说，专业汇兑机构票号出现之前，在明末已经出现了在异地有分支机构的商号兼办汇款的史实。

同兑换券一样，汇票本质上也是一种货币替代物，它的发展经过了一个由兼

---

① 这方面论说可见卫聚贤的《山西票号史》等，经多人引用，尤其充斥网络，有必要作一澄清。

② 黄达、刘鸿儒、张肖：《中国金融百科全书》（第1卷），经济管理出版社，1990年。

营到专营的过程，也是一个技术不断向外扩散、交易成本逐渐降低的过程。叶世昌认为，明末已有一些汇兑的记载，汇款凭证称为"会票"，相当于后来的汇票。经营汇兑业务的为富商。① 清代富商兼营汇兑的更多，日升昌票号的前身是西裕成颜料铺，在专营汇兑之前"在外设庄兼做零星汇兑，很有利益"。平遥"蔚"字五联号绸布商也兼做商业汇兑。苏州的绸缎商开出的会票能在奉天、吉林两省收兑。② 1982 年在安徽省徽州府休宁县渭桥徽商谢氏祖宅中发现清康熙年间汇往京师前门外打磨厂长巷头条胡同日成祥布店的一组汇票及一张存款收票，不但说明当时的商人兼营汇兑，而且还承揽存款业务。③ 这组汇票有 23 张，都是商人与商人之间汇兑，记录了由休宁向日成祥布店汇兑纹银 13980 两的史实。立票人和兑票人相互间多为同乡、亲友，这说明清初会票还处于商人兼营阶段，流通范围限于家族、亲戚、朋友之间，还没有为社会各方面广泛运用。④ 资金雄厚的钱庄发行的钱票有的也具备了异地支付功能，但其流通范围不如汇票广远，如"安徽省除滁、凤、庐、颍诸处，皆用钱票。且一处之钱票，可携之于二三百里之外，向钱庄取钱者"。⑤

随着经济的发展，商户兼兑和钱票流通因其自身的限制已不能适应交易的需要，前者对数额和客户的要求较高，多限于大额汇兑和同行熟人之间，能满足部分大商户的远距离交易需要，但解决不了中小商户和不同行业间的资金异地流动需求，而且在票号出现前汇票很少交易，直到 19 世纪初流通成为很普遍的事情时，汇票才真正可以转让。后者经营个体较少，且流通范围有限，对远距离交易就不能构成有效供给。总之，必须有一个专业化的汇兑机构才能对当时日益增加的异地支付需求构成有效供给，因此，票号的兴起就成为必然。

（2）票号兴起的相关要素。从票号的兴起历史来看，票号完全是为了适应国内商品经济发展的需要，而形成的专门经营商品交易中货币汇兑业务的金融机构。⑥ 19 世纪初中国经济的市场化水平继续发展，一些商业重镇，如汉口、天津、苏州等地已经发展成为全国性的商业中心，这些商埠之间长途贸易的扩大增加了异地商业款项汇兑需求。道光初年，由于国内市场流通白银数量的减少，票据使用在大商埠商业资金融通中的需求更加旺盛。可以说，票号的兴起是时代的必然要求。

票号兴起的具体要素可从日升昌的产生过程作一大致归纳。民国学者陈其田

① 叶世昌：《从钱铺到钱庄的产生》，《学术月刊》1990 年第 5 期。

②⑤《山西票号史料》编写组：《山西票号史料》（增订本），山西经济出版社，2002 年。

③ 汪宗义、刘宣样：《清初京师商号会票》，《文献》1985 年第 2 期。

④ 高贯成：《江苏票号史》，中国金融出版社，2007 年。

⑥ 孔祥毅：《1883 年金融危机中的票号与钱庄》（下），《山西财经大学学报》2000 年第 4 期。

在《山西票庄考略》中对日升昌的产生过程作了描述，原文为："大概是道光初年天津日升昌颜料铺的经理雷履泰，因为地方不靖，运现困难，乃用汇票清算远地的账目，起初似乎是在重庆、汉口、天津间，日升昌往来的商号试行成效甚著。第二步乃以天津日升昌颜料铺为后盾，兼营汇票，替人汇兑。第三步在道光十一年（1831 年）北京日升昌颜料铺改为日升昌票庄，专营汇兑。"① 现代研究票号的学者也认为，日升昌票号由山西颜料商改营而来，产生时间大约在道光四年（1824 年）左右，初设地点最有可能在汉口和天津两地。② 从以上论述中可以看出，票号兴起相关的要素包括山西颜料商人、道光初年、汉口、天津，这些要素都与山西商人的"先进性"密切相关。

山西商人自身的"先进性"主要体现在三个方面，一是当时所有商品化程度较高的商品，无论是出口贸易中的大宗商品——茶，还是国内贸易第一的工业品——布，晋商都有涉足并规模很大，控制了北方区域内生丝、茶叶、鸦片、棉纺织品等大宗商品的市场贸易，而且许多晋商都有兼营会票的经验。拿颜料来说，颜料也是一种商品化程度较高的手工产品，它是许多行业加工的原料，特别是布匹加工中的重要原料，历来属于大宗长途贸易商品，行业竞争较为激烈，但山西商人对这一商品的经营仍很成功，北京的颜料生产就长期由山西商人控制，并设有专门的颜料会馆。另外，金融业方面，山西商人的势力也很大，控制了北方多数地区的金融业，即使在商品经济较为发达的南方地区，很多当铺、钱庄、银号、账局也都由山西商人经营。二是从贸易网络看，山西商帮长期从事远途贩运贸易，商号遍布全国各地，形成了较大规模的商业网络，可以迅速、方便地改造为票号的分支机构，经营汇兑业务，这样，票号就形成了适应汇兑要求的联号经营制的特征。③ 三是从实力和信用角度看，晋商资本积累比较雄厚，早在乾隆时"百十万家资者，不一而足"，山西商人推崇的关公文化，让"信义"二字传天下，因而树立了票号资本雄厚、信誉较高的形象。

多数早期票号原来都经营茶、布、丝等大宗长途贩运的商品，如平遥"蔚"字五联号中，有四家是绸缎庄，一家是布庄，祁县的合盛元由茶庄改营而来。④对日升昌票号产生要素的分析同样适用于这些票号。总之，山西商人之所以能改营票号，与其具有雄厚的资本、分布广泛的异地分支机构、良好的社会信誉等条件密切相关，而这些条件都是长期经营远途大宗商品贸易的产物。理解了这一点，才能对票号的兴起有一个更加清晰的认识，即：正是大宗商品长途交

---

① 陈其田：《山西票庄考略》，经济管理出版社，2008 年。
② 《山西票号史料》一书专门有一节讲"改营票号的清道光之说"。
③ 孔祥毅：《1883 年金融危机中的票号与钱庄》（下），《山西财经大学学报》2000 年第 4 期。
④ 《山西票号史料》编写组：《山西票号史料》（增订本），山西经济出版社，2002 年。

易发达而产生的异地支付需求诱致了票号这一专营汇兑业务的金融机构的大量出现。

（3）票号的适应性。票号是近代中国商品经济发展到一定阶段的产物，从其起源和初始业务看，它的适应性特点在于对长途贸易资金流动需求的供给，并在发展过程中继承了长途贸易商人求大求稳的交易习惯。对长途贸易资金融通的适应及因此而形成的求大求稳惯例是票号的根本特点和根基所在，也是分析票号兴起和衰落的最重要的立足点，票号的其他功能及业务拓展，包括风险管理机制、公款业务经营都与此相关。可以说，票号对"大"与"稳"的关系处理达到了相当高的水平，较大的资金往来与稳定的收益，为其百年发展奠定了坚实基础。

票号的风险管理机制相对健全，几乎在经营的每一个环节都对风险作了有效预估与防范，而这些预估与防范又都是围绕求大求稳展开的。存汇业务求大。"盖票庄汇兑存款，率多政府军饷丁饷，或官僚等私财，至于一般小商平民之款，间多鄙弃摈斥，不事接洽；以为零星存款，屑小汇兑，于事业盛衰无关轻重。"[1]放款业务求稳，票号吸收的外部资金比钱庄多，风险聚集度高，但各地票号通常采取多元化优质客户策略，只对涉及不同大宗商品交易、信用度好、实力较大的钱庄及商户放款，保证了放款质量，同时有效分散了风险。联号经营制，通过总分号之间资金的灵活调度，"酌盈济虚，抽疲转快"，提高了其抵御风险的能力。另外，票号严格的风险内控机制，特有的资产负债管理办法也都体现了其稳健经营的特点。[2]

票号的适应性还表现在群体发展上。日升昌改组票号不久，就有山西商号纷纷效仿在自己传统贸易区域内设立票号，不久就覆盖了全国主要商业中心，建立起一个由晋商占主导地位的资金流动网络，凭晋商之力为众商服务。山西票商之间的这种行业松散联盟组织十分适合中国传统经济下的市场需要，也是晋商对时代的一大贡献，同乡之间的信任和合作，增强了整体实力，同时自动限制了外来竞争者的加入；一定区域或服务对象的分工，又实现了优势互补，同时也防止了内部的过度竞争。但这种形式只是与传统社会较慢的变迁节奏相契合，当社会进入工业化快速发展阶段，社会出现巨大资金需求时，这种同乡之间的松散联合形式就不能再占据市场主导地位，不得不让位给后来出现的凭社会之力为社会服务的股份银行或凭国家之力为社会服务的官办银行，二者的经营又都受法律明文保护，其社会基础和运行机制较票号更为稳固。

---

① 《山西票号史料》编写组：《山西票号史料》（增订本），山西经济出版社，2002 年。
② 孔祥毅：《1883 年金融危机中的票号与钱庄》（下），《山西财经大学学报》2000 年第 4 期。

2. 钱庄的业务拓展

上海财经大学经济学院燕红忠教授对钱庄业务的扩展有过大致的总结。他认为，为了满足制钱—白银—制钱流转过程中大量货币的兑换，以及对各种白银成色、重量的鉴别、评定，专业化的钱庄逐渐变得有利可图。随着商品经济的发展，钱庄逐渐由经营钱币兑换、评定货币成色发展出存放款、发行兑换券等业务。不仅为商业交易融通资金，而且也在一定程度上调节着市场货币供给量。到清代中叶，钱庄的实力已在广大城市与商业发达地区超过了典当。[①] 根据这一论述，我们认为，钱庄由经营钱币兑换向存放款、发行兑换券等业务扩展的过程实质上是一个由支付中介功能向信用中介功能扩展的过程，这一过程的驱动力既与交易的扩大有关，也与当时特殊的货币体系有关，白银的减少也促进了钱庄的兑换券发行业务。

（1）钱庄原有功能。钱庄产生时间大约在明代，由钱铺发展而来，是钱铺规模扩大后的产物，所以有加入公所者称为钱庄、未加入者称为钱铺的区分。关于钱庄和银号的关系也有必要作一说明。由于钱庄和银号业务基本相同，一般认为这两种金融机构没有区别，民间有一种"南钱北银"的说法，即南方称钱庄，北方多称银号，如上海钱庄、京津银号，[②] 也有一种意见把规模较大的钱庄称为银号。[③]

钱庄的功能变化主要体现在业务方面。钱庄业务最初以货币兑换为主，所以也叫兑换钱庄或兑庄，兑换自然附带评定金银的成色和重量。银钱兑换业务，相当于政府不作为给金融机构带来的固定租金收入，所以，银炉、银号、钱庄，以致后来的票号都十分看重这一业务，但事实上，这一业务曾长期被钱庄控制。《皇朝文献通考》对此有过评价："兑换之柄，操之于钱铺之手，而官不司其事，故奸商得任意高昂，以图厚利。"[④] 为消除一般等价物——货币的鉴定衡量权被私人控制而带来的负面影响，清代许多货币流通量大的商埠都设立了公估局，负责对银炉熔铸的银两重量和成色进行鉴定衡量，以维护市场交易的标准。有的公估局由政府设立，最初只是为税收中的银两提供鉴定服务，后业务扩大至本地商品交易中的银两鉴定，也有公估局是由当地商人自设，但须得到当地政府的批准和当地银钱公会的认可。清代公估局的数量较少，一般一地以一局为限，个别商品流通较大的地方设有两局，但仍属于原来公估局的分设机构。由于公估局的数

① 燕红忠：《试论近代中国金融业的发展：路径与结构》，《山东大学学报》（哲学社会科学版）2013年第1期。

② 孔祥毅：《中国银行业的先驱：钱铺钱庄银号》，《中国金融》2010年第12期。

③ 彭信威：《中国货币史》，上海人民出版社，2007年。

④ 《山西票号史料》编写组：《山西票号史料》（增订本），山西经济出版社，2002年。

量太少，而且其业务集中于较大规模的货币兑换，因此，它对钱庄业务的实际影响基本可以忽略。

在资本有剩余时，钱庄也做放款生意，虽开始数目较小、期限较短，但通过借钱还银或借银还钱的盘削，利润还是比较可观的。但主要放款业务到乾隆年间仍以典当商为主，如乾隆时庐州知府祝忻令当商减息，商人抗拒不从，祝即扬言将从江苏各银号支借数百万两银子为资本，开典当竞争，当商只好听从减利。①

钱庄在乾隆年间很活跃，对市场变化反应很快，因此发展迅速，以致市场钱价的波动都受其影响。例如，乾隆五年（1740 年）闰六月，浙江因钱少价昂，当局开炉鼓铸，但因官钱的兑价低于市价，钱庄串通投机分子加以收买以牟利。②

（2）钱庄的新功能。钱庄业在清代中叶后发展较快，到鸦片战争之前，一些重要商业中心已经出现了实力雄厚的钱庄，已开始涉及存款、放款、汇兑和票据发行等业务，具备了商业银行的雏形。

存放款业务原来主要由账局和当铺经营，后来却被钱庄主导，主要原因在于钱庄的金融适应性效率要比账局、当铺高，在竞争中具有比较优势。清代钱庄的存款业务到中叶以后才发展起来，先是官款，然后才是私人存款，最初仍然带有较强的钱财保管性质，利息很低甚至没有，其流向主要在商业领域。③ 钱庄存款业务的效率主要体现在通过合伙集股等方式的扩充资本上，资本扩充后一般会产生以下效果：实力增强、信誉提高、业务增多。如北京最著名的钱庄——恒和、恒兴、恒利、恒源"四大恒"钱庄，始于乾嘉之际，"皆浙东商人宁、绍人居多，集股开设者。……凡官府往来存款及九城显宦放款，多倚泰山之靠"。④ 与钱庄相比，当铺和账局的资本偏小，在业务竞争中处于不利地位。道光时，钱庄的存款业务已相当发达，政府的公款往往存在钱庄中，这样提高了不少钱庄的信誉，因而更能获得私人存款。

放款方面，钱庄的放款利息，比账局、典当要低得多。典当利率一般在二分以上，而钱庄的放款利率不到一分。随着工商业的发展，钱庄的低利率放款势必会加强与工商业的关系，成为工商业者重要的资金来源。在佛山，嘉道时有安盛、晋丰、福记、中泰等银号，一家银号用于借贷的资金往往能维持数十家乃至百来家中、小店铺的资金周转。除对商业放款外，钱庄还贷款于手工业生产，资

---

① 孔祥毅：《中国银行业的先驱：钱铺钱庄银号》，《中国金融》2010 年第 12 期。

② 彭信威：《中国货币史》，上海人民出版社，2007 年。

③ 王玉茹、燕红忠：《白银外流与近代中国的货币金融体系变迁（1800～1935 年）》，《政府·市场与经济变迁》，江西人民出版社，2007 年。

④ 叶世昌：《从钱铺到钱庄的产生》，《学术月刊》1990 年第 5 期。

本放贷日渐增加。① 通过存放款业务的竞争，钱庄的地位和作用都超过了当铺和账局，成为当时为本地商业提供资金融通的主要金融机构。

钱庄的金融适应性效率集中体现在对外部环境复杂性的化简——对钱票的扩大使用上。清代的货币过于复杂，政府又无意改变，给商人带来许多不便，钱庄发行兑换券减少了这种不便，提高了货币流通效率，也为自身带来了收益。当时许多学者官员都认识到了这一便利，如许楣对现钱与钱票的比较："若是民间用钱票何也？曰：以票与现钱较，则票为便。"② 王鎏对现银与钱票的比较："今京师民间市易，自五百以下，皆用钱票。又闻盛京及山东等地方，亦俱用钱票，岂非以银不便之故乎。"③ 关于钱票的使用范围和不同分类，道光十八年（1838 年）山西巡抚申启贤在给皇帝的一份报告中讲道，"直隶、河南、山东、山西等省则用钱票，有益于国计民生……晋省行用钱票，有凭帖、兑帖、上帖名目。凭帖系本铺所出之票，兑帖系此铺兑与彼铺，上帖有当铺上给钱铺者，有钱铺上给钱铺者。此三项均系票到付款钱，与现钱无异。"④ 孔祥毅先生对这些不同的钱票工具作了说明，他认为，凭帖，本铺出票，由本铺随时负责兑现，相当于现在的本票；兑帖，也叫附帖，本铺出票，到另一铺兑取现银或制钱，相当于现在的支票；上帖，有当铺发给钱铺的上帖，和钱铺发给当铺的上帖之分，彼此双方已有合同在先，负责兑付，相当于现在的银行汇票。⑤

鸦片战争之前，各地钱庄的整体信用还是足以维持当地金融交易秩序的，如北京著名的"四大恒"钱庄所出的银票信用极好，市民视同现金，始终无挤兑之事。⑥ 但也要看到，钱庄发行票据一般会超过其资本金，这一做法缺乏最后的支付保证，一旦面临挤兑，钱庄就有倒闭的风险，倒闭后对于持有钱票的人，最多只能付以几成现钱。在投机心理驱使下，一些钱庄也会在问题暴露前歇业逃匿，如道光年间杨静亭的《都门纪略》中的《钱铺》诗道："铺保连环兑换银，作为局面贯坑人。票存累万仍关门，王法宽容暗有神。"⑦ 好在这只是个别钱庄的问题，尚未发生过同一时间所有钱庄都面临支付危机的问题，所以，整个金融系统运转还是有序的。

我们也要注意到，19 世纪上半叶钱庄的发展已经出现区域不平衡的现象，经济发达地区与落后地区相比，无论是钱庄的数量，还是实力和业务方面都是有差别的。

---

①⑤⑥　孔祥毅：《中国银行业的先驱：钱铺钱庄银号》，《中国金融》2010 年第 12 期。

②③　《山西票号史料》编写组：《山西票号史料》（增订本），山西经济出版社，2002 年。

④　清档：《山西巡抚申启贤复奏〈钱票不能禁止及山西钞票流通情况折〉》，道光十八年（1838 年）六月二十五日。

⑦　（清）杨静亭：《都门纪略》，清道光二十五年（1845 年）原刻本。

参考文献

［1］全汉升：《明清经济史研究》，联经出版事业公司，1987 年。

［2］林满红：《银线：19 世纪的世界与中国》，江苏人民出版社，2011 年。

［3］仲伟民：《茶叶与鸦片：十九世纪经济全球化中的中国》，生活·读书·新知三联书店，2010 年。

［4］卫挺生：《清季中国流行之货币及其沿革》，《清华大学学报》，1924 年第 2 期。

［5］叶世昌：《从钱铺到钱庄的产生》，《学术月刊》1990 年第 5 期。

［6］《山西票号史料》编写组：《山西票号史料（增订本）》，山西经济出版社，2002 年。

［7］孔祥毅：《中国银行业的先驱：钱铺钱庄银号》，《中国金融》2010 年第 12 期。

［8］孔祥毅：《1883 年金融危机中的票号与钱庄（下)》，《山西财经大学学报》2000 年第 4 期。

［9］燕红忠：《试论近代中国金融业的发展：路径与结构》，《山东大学学报》（哲学社会科学版）2013 年第 1 期。

［10］彭信威：《中国货币史》，上海人民出版社，2007 年。

［11］陈其田：《山西票庄考略》，经济管理出版社，2008 年。

［12］汪宗义、刘宣样：《清初京师商号会票》，《文献》1985 年第 2 期。

［13］戴建兵、陈晓荣：《中国货币金融史》，河北教育出版社，2006 年。

［14］黄达、刘鸿儒、张肖：《中国金融百科全书》（第 1 卷），经济管理出版社，1990 年。

［15］王玉茹、燕红忠：《白银外流与近代中国的货币金融体系变迁（1800～1935 年)》，载温锐：《政府·市场与经济变迁》，江西人民出版社，2007 年。

［16］高贯成：《江苏票号史》，中国金融出版社，2007 年。

"人际资本"在晋商发展过程中的
作用及当代意义[*]

乔　南[**]

"人际资本"是在"家文化"的基础上衍生出来的"文化资本"的一种。"家文化"根深蒂固地影响着每一个中国人，没有一个国家像中国有如此丰富和复杂的"家本位文化"。晋商家族由最初的封建社会单个传统家庭发展而来，血缘关系明确及同居一地的父系组织是传统家庭的特点，这使得此类家族中的人际关系极为紧密。而紧密的人际关系在晋商发展过程中发挥了巨大的、不可忽视的作用。

一、人际资本的内涵

科尔曼指出："个人关系及其社会关系网络对产生信任，建立期望以及确定和实施具有重要影响"，"在市场交易中，两个出售同样货物的卖主，信任程度较低的卖主需要以更多的承诺做成交易，而信任程度较高的卖主以承诺较少便可做成交易。"[①]这说明，人际关系对经济活动的影响甚为重要，具有良好人际关系的人们之间与互不相识的人们之间为实现同样的交易所付出的交易成本是大不相同的。这里所指的交易成本包括信息搜寻成本、契约的达成及执行成本、交易风险等。良好的人际关系可以由于交易双方了解较深、信任度较强、达成一致较易而大大降低交易费用。"这种能够节约交易成本的人际关系可视为一种'资本'"，[②]我们可以称其为"人际资本"，是与"物质资本"和"人力资本"相对应的第三种形式的资本。而这种"人际资本"对当代家族企业的发展具有非同寻常的促进作用，但同样也遵循类似"边际效益递减"这样的规律，一旦"人

[*]　本文为2012年国家社会科学基金项目"集聚视角下的清代山西城镇研究"阶段性研究成果（项目编号12CJL009）。

[**]　乔南，山西财经大学副教授、硕士生导师，博士，主要从事区域经济史方向的研究。

① 　［美］詹姆斯·科尔曼：《社会理论的基础》（上册），社会科学文献出版社，1990年。

② 　王询：《文化传统与经济组织》，东北财经大学出版社，1999年。

际资本"的投入量或使用量达到一定限度之后，又会阻碍企业的发展。

二、人际资本对晋商发展的作用

1. 促进作用

（1）壮大家族势力，取得巨大利益。明清时期，小农经济在全国范围内占主导地位，经济单位间联系较少。因此，以血缘关系、伦理道德、家庭制度等非经济因素为主要内容的特殊人际关系促成了当时晋商以家庭或家族为单位开始经济活动。以明代蒲州官商张氏家族为例：族中张四维曾任朝廷命官，其弟四教是一位大盐商；其舅父为时任宣大总督王崇古，出自蒲州官商王氏家族；其弟四端妻李氏也为大商之后；其弟四象妻王氏及续弦范氏亦均出自巨贾人家。此外，四维之子定征娶曾任兵部尚书的杨溥之孙女，四维之女嫁内阁大臣马自强之子。[①]张氏家族通过与各官、商家族的姻亲建立了纵横交错的关系网，因而为商业发展提供了更大便利。特别是与蒲州王氏家族联姻之后，共同控制河东盐利，大发其财。此外，张四维、王崇古利用同朝为臣之便极力促成明政府与蒙古俺达的"隆庆议和"，同样方便了张、王两家的对蒙贸易。

这种以血缘为基础的特殊人际关系后来发展到更为广泛的领域，首先表现在晋商与官府的关系上。晋商通过帮助穷儒寒士入都应试直至走马上任；通过代办捐纳和印结及攀官结贵等方式结识高级官吏。与官府的密切关系为晋商谋取经济上的巨额利润提供了便利。例如清代祁县乔氏家族，世代以经商为主业，并非读书之族，虽后辈注重教育，但从没有"登科"、"及第"的记录，但为了光宗耀祖，更为了以官护商，便想方设法捐官、买官、结交达官显贵。乔家多次用捐输的方式为族中子弟捐得二、三品的官衔。乔家的大德通、大德恒两票号的兴旺发达与结交官吏有很大关系。凡此种种，不胜枚举。晋商通过与政府及各级官吏紧密的人际关系而在商界大获其利的同时，又得到了清政府的政治保护。

（2）协调东伙关系，增强内部凝聚力。晋商把儒者孟轲的"天时不如地利，地利不如人和"的思想创造性地运用到商号内部的经营管理中，强调"和为贵"，从而协调商业组织内部各方面的人际关系，使之和睦团结、齐心协力、目标一致。例如祁县乔家对待字号伙计及家中仆人，不仅让他们能吃饱、穿暖，更重要的是能尊重其人格，而且工资也较为丰厚，逢年过节还有赏赐；对年老的佣人则养起来，愿意回家的则每年发给退休金；佣人即使小有过失，也不恶语相伤，更不打骂虐待，因此仆人对主人无不尽心尽力，恪尽职守。[②]此外，很多商号伙计常年理发费由柜上支付，中秋节发放月饼，年节发放年礼等；在外驻庄掌

①② 张正明：《晋商与经营文化》，世界图书出版社，1998 年。

柜、伙友按等次发给衣资，按班回家探亲休假的发给往返路费等。[①] 晋商通过这些方式加强商号与伙计的联系与感情，增强凝聚力，从而降低字号内人员流动性，进一步增加企业内部人际关系的紧密结合程度。而这些人际关系纽带则使商业组织整体的"团队精神"得到进一步增强，进而加强其竞争力，促进其更加发展。

（3）协调同业关系，共同谋求发展。晋商利用血缘、亲缘、地缘、业缘、神缘等人际关系将在外经商的山西商号和商人紧密团结在一起，相互提携、互相帮助，形成一个纵横连接、网络贯通的地域性商业集团，并组织商会进行同行间的经济管理和协调，以维护共同利益。以山西票号为例，虽然山西各家票号在业务上存在竞争，然而任何一家票号都绝不欺行霸市，而是同舟共济、利益均沾。特别是对当地规模较小的一些本帮金融机构，如钱庄、当铺、账局等在资金和业务分配上都会予以帮助。官府的大宗官私款项，因存取无定，风险较大，统由票号收揽；商家和个人存款，通过利率调节（即票号有意降低这部分存款利率），用钱庄、钱铺等收存；埠际间汇兑，官款和大额商款由票号出贷，小额由钱庄钱铺办理；官商借款，巨额的、期长的由票号出贷，小额的、期短的由钱庄、账局借给。[②] 晋商这种在地理位置上聚集在一起，相互存在竞争但又"和平共处"，且常在资金、技术、信息等方面相互帮助、合作，同时很少兼并的这样一种现象被称为"共谋"。[③] 这实际上是晋商经营管理过程中人际关系的另一种表现形式。"共谋"的基础在于外地经商的晋商经"五缘"联系在一起而存在的特殊人际关系，为商人个体之间提供了一种相对"廉价"的约束机制，从而降低了达成和监督执行串谋协议的成本，达到互惠互利共同发展的目的。

2. 阻碍作用

随着商业组织规模的扩大，管理日渐复杂化、专业化，错综复杂的"人际关系"的一系列弊端逐渐暴露出来，严重制约了晋商的发展。这主要表现在：

（1）封闭性和压抑性。商业组织家族化，当以"集团意识"和"忠诚意识"形式出现时，对组织成员来说能自觉地维护其和谐，因而整个群体构成一个封闭的集团，呈现出明显的封闭性特征。此外，由于集团意识强调协调，个体的行为必须追随大多数成员的行为方式。这样一来，一些特异而不随大流的个体往往被视为"精神不健全"、"妄想"和"不合群"而受到指责和排斥。无疑，这种"协调"极端化的结果会压抑个人创造性的发挥，导致个性和个体的泯灭。例如

---

① 葛贤慧：《商路漫漫五百年——晋商与传统文化》，华中理工大学出版社，1996年。

② 郝建贵：《山西票号为什么在中国历史上存在近百年》，转引自穆雯瑛：《晋商史料研究》，山西人民出版社，2001年。

③ 王询：《文化传统与经济组织》，东北财经大学出版社，1999年。

19世纪末20世纪初，国内官办银行与外国银行势力扩展对山西票号造成巨大威胁，在京票商李宏龄与祁县票商渠本翘一起联合京城祁、太、平三帮票庄致函山西总号，要求改组银行。同时，致函各地票庄征求意见。各地票庄纷纷响应，但由于遭到总号经理毛鸿翙的极力反对而以失败告终。这一事件表面上看起来似乎是票号中改革派与保守派的对抗，但实际上是商业组织家族化中的"封闭性"在作祟。由于晋商票号中紧密的人际关系的存在，用人权也成了该组织中最重要的权力之一。同时，由于"对人的工作"和"对职能的工作"相互影响较大，人权与事权、正式关系与非正式关系的协调一致性也就十分重要，这样导致票号组织中的最高领导者即总号掌柜同时掌握人权和事权，使得票号的职能分化程度低，加之"封闭性"的作用，使分号经理对总号经理唯命是从，最终导致改组银行失败。

（2）局限性。紧密的人际关系限制了组织规模的扩大。山西票号的人员设置原则是"因事设人"，机构设置精干，办事效率高，但同时组织的规模也受到了限制。虽然，晋商整体实力雄厚，即使细化到各个家族，实力也十分了得，但是其各个商号的规模和实力十分有限，难与鸦片战争后进入中国的外国资本主义企业相抗衡。而导致这些的根本原因之一就在于将紧密的人际关系作为主要的连接纽带。"当个人之间的相互信任是主要的连接纽带时，企业规模的扩展总是有一定限度的。"① 因为人际关系本身具有规模小、强度大的特点，在既存关系或组织的范围中可以较多地节约交易成本，但规模超出这一范围之后，便很少存在可利用的关系和既存组织。这必然限制其组织的规模，特别是抑制组织管理层的增加，这一点在20世纪初在京山西票号合议改组银行而受总号压制的史实中表现十分明显。

同时，人际关系具有亲疏分明的特点，"圈内外"交易成本差异较大，这会产生一种将交往限定在原有"圈内"的倾向，从而对组织规模起限制作用。因此，山西商人家族商业的发展主要依靠自身资金和实力来投资新的商号和票号，鲜有兼并集团外部的字号以扩大规模的现象发生。这除了碍于当时资本市场不发达之外，主要是由于晋商受不应乘人之危的传统道德的影响。另外，在传统人际关系构成的交往圈子中不具备与陌生人交往合作的环境。因此，通过兼并而形成的字号难以实行有效管理。这样一来，单个商号资本毕竟有限，又不愿意兼并扩大规模，最终使其在后来与国内官办与外国资本的竞争中处于规模劣势。

（3）商业组织发展后期的委托—代理成本提高。以"血缘亲情"规则为基础的强大的人际关系使明清山西商人家族化的商业组织发展后期的委托—代理成

---

① 王询：《文化传统与经济组织》，东北财经大学出版社，1999年。

本很高。组织规模尚小时，人际关系可以有效解决委托—代理成本问题，但当组织规模扩大时，人际关系的局限性就显露出来。以山西票号为例，财东出资，聘用掌柜。财东充分信任掌柜，给掌柜完全自主经营的权力，而自己则静候年终掌柜报账；掌柜则基于财东的信任，尽职尽责地工作。票号发展初期，这种基于信任的委托—代理关系大大提高了掌柜的积极性，使其尽心于号事，从而促进票号的发展。然而财东的这种"用人不疑，疑人不用"的原则导致其本身成为非开放性的资本所有者，他们对经营成果不佳的经理只采用"排座次"的心理制约方式，而缺乏制度上的硬性手段来控制掌柜的机会成本和成本水平。在这种情况下，"如果代理人得知，委托人对代理人的行为细节不很了解或保持着'理性的无知'，因而自己能采取机会主义行为而不受惩罚，那么代理人就会受诱惑而机会主义地行事。""这样，企业经理们可以偏好优越的生活而满足。"① 而票号发展后期也的确出现这样的情况，例如介休侯财东投资开办的"蔚"字五联号，各地分庄经理和执事人员，骄奢淫逸，其北京分庄经理与清庆亲王往来甚密，出入官府，专用车轿，俨然清官吏；汉口分庄经理王仲文，豪赌巨万；福州分庄经理张石麟，任意挥霍等。② 由此可见，这时的经营者考虑更多的是自身的权威、地位、获利，甚至这种考虑超过了对字号利益最大化的追求，总经理的利己性动机因其他目的而偏离了利润最大化的目标，从而当权者把自己的利益置于企业的利益之上，而这正是导致山西票号最终失利的很重要的原因之一。

（4）封建性。由于受传统文化影响，晋商的乡土观念很重，他们在经济交易中所取得的收入有相当大一部分流回其故乡，以满足其"光宗耀祖"、"衣锦还乡"的虚荣，用以加强这些商人在故乡的社会地位、声望和权力，而没有用于商业组织的扩大再生产。最突出的表现即是晋商在外赚钱，荣归故里后，大兴土木，修建豪华住宅，现存的晋商大院便是证明。晋商这种在外经商、在本乡保留传统之根的做法，使得大量资金进入消费领域，限制了晋商对商号资本的投入力度，从而不利于其商业的发展。

（5）人际关系的"黏稠性"。一般来讲，在"家文化"环境中，由于权威依附于个人，决定了一个人在关系网络中的位置，而且一个人在关系网络中的位置更多地受先天或先赋的关系影响，具有"黏稠性"，也即，这些关系是难以让渡或移换的。这些人际关系与当家人个人紧密连接在一起，其本质是一种泛家族规则的连接。它不可能等价地传递给家族事业的接班人。诚然，如果接班人特别优秀，不仅能较多地承接其父辈的人际资本，而且还能增创个人的新的人际资本。但一般而言，随着家族商业的代际交替，社会的经济政治结构与部分制度规则都

---

① ［德］柯武刚、史漫飞：《制度经济学》，商务印书馆，2001年。

② 冀孔瑞：《介休侯百万和蔚字号》，《山西商人的生财之道》，文史出版社，1986年。

会发生一定的变化。因此，社会资本在传递中会有耗损，这对晋商的发展也产生了重要影响。

三、对当代家族企业的启示

现代意义上的家族企业是指资本或股份主要控制在一个家族手中，家族成员出任企业的主要领导职务的企业。随着经济的发展，新中国家族企业的发展经历了一个从无到有、从小到大的过程。这既反映了中国家族企业在社会主义经济转型中的特点，也体现了市场经济条件下家族企业发展的一般规律。中国的家族企业不仅是当代民营经济的主要存在形式，而且是中国经济发展的主要推动力。从中国家族企业的发展轨迹可以看出，其发展的基础是"家文化"①。"家文化"根深蒂固地影响着每一个中国人，没有一个国家像中国有如此丰富和复杂的"家文化"。而人际关系则是"家文化"在家族企业发展中的具体表现，如何利用好"人际资本"，对于当代我国民营企业的发展具有十分重要的意义。

通过本文前两部分对"人际资本"在晋商发展中的作用所做的实证分析，可以知道：一方面，"人际资本"在企业发展的初期，作为一种节约交易成本的资源，对企业的发展起到了促进作用。另一方面，随着企业创业阶段的完成，逐步进入了企业的成长和发展阶段，必然增加对管理资源的需求，有效的管理增加的速度越快，企业成长的速度也越快；反之，则企业成长受到约束。这时，"人际资本"所发挥的作用就很有限，甚至由于其"封闭性"、"压抑性"、"局限性"和"黏稠性"而对企业的成长起到阻碍作用。

因此，对我国当代家族企业的成长提出以下几点建议：

第一，引入现代管理方式，完善公司治理机制，聘请职业经理人管理企业。家族企业在发展初期，紧密的人际关系可以减少其内部交易成本，家族内部的伦理约束可以在某种程度上替代激励机制而激发家族成员的积极性，从而促进企业发展。随着家族企业规模的扩大，"人际资本"所带来的持续创新力不足，特别是家族成员有限的管理能力会阻碍企业的进一步发展。此时，家族企业应不失时机地推进家族制度向现代企业制度转变，完善以董事会为核心的公司治理机制。应该把企业的非理性的血缘、亲缘理念，转变为现代企业的业缘、事缘理念，聘请市场上最具活力和创新力的职业经理人管理企业，实现所有权与经营管理权分离，使企业管理由家族化走向社会化，从而促进企业获得最大的经济效益。

第二，淡化血缘、亲缘观念，重构企业文化，对"圈内外"的人一视同仁。"内外有别"是家族企业"局限性"的典型表现。家族成员在家族企业内获得更

---

① 乔南：《晋商文化与家族商业研究》，经济管理出版社，2008年。

多信任，得到更多机会，享有更大收益，较少受到规范约束；而非家族成员的努力和能力则较少受到认同和重视。长此以往，家族企业内的外聘工作人员的工作热情就会消退。企业要发展，在市场中其管理结构及价值观念，需要不断完善和调整，破除家族与非家族成员不能一视同仁的价值标准，突破家族文化的制约，树立"平等"、"参与"、"尊重人"、"关心人"的新型企业文化价值观，建立公平的用人选拔机制，从物质、精神等各个角度去满足员工不同层次的要求，尤其是要把自己家族的事业当成大家共同的事业，吸收和重用外来优秀人才，激励员工参与管理，借用并发挥外人的聪明才智，从而提高企业的工作效率和业绩。

第三，建立完善的激励机制和考核机制。完善有效的激励机制可以更好地激发员工的工作热情和创造力，不仅使员工实现了自己的理想，也对企业有了归属感，从而促进企业的发展，达到企业和员工的双赢。建立完善的考核机制主要是针对家族企业内的家族成员而言的，企业内的家族成员由于其特殊身份而作出一些超越规章制度的行为，这样会增加企业内部交易成本，给企业带来不必要的损失，从而阻碍企业的发展。这就需要家族企业建立和完善考核机制，以此来增强对家族成员的约束力，提高企业的绩效。

参考文献

[1] 詹姆斯·科尔曼：《社会理论的基础（上册）》，邓方译，社会科学文献出版社，1990年。

[2] 王询：《文化传统与经济组织》，东北财经大学出版社，1999年。

[3] 张正明：《晋商与经营文化》，世界图书出版社，1998年。

[4] 葛贤慧：《商路漫漫五百年——晋商与传统文化》，华中理工大学出版社，1996年。

[5] 郝建贵：《山西票号为什么在中国历史上存在近百年》，载穆雯瑛：《晋商史料研究》，山西人民出版社，2001年。

[6] 王询：《文化传统与经济组织》，东北财经大学出版社，1999年。

[7] [德] 柯武刚、史漫飞：《制度经济学》，商务印书馆，2001年。

[8] 冀孔瑞：《介休侯百万和蔚字号》，载《山西商人的生财之道》，文史出版社，1986年。

[9] 乔南：《晋商文化与家族商业研究》，经济管理出版社，2008年。

晋商非报告货币折算中的会计稳健主义

张丽云　陈　旭　郭　睿[*]

一、前言

　　会计的谨慎性或稳健性是近 20 年来我国会计界比较热门，且于目前已达到人尽皆知程度的一个话题。它由财政部 1992 年颁布的《企业会计准则》中的谨慎性原则所引发。在这之前，比较年轻的会计人几乎没有听说过会计的谨慎性或稳健性等词汇。年长一点的，虽然知道西方的存货成本与时价孰低原则，但新中国成立时期会计教科书介绍这些内容时，总是伴以严厉的批判。以致 20 世纪 80 年代，有人便提出"中国会计不存在，也不需要稳健主义"[①]的观点。由上种种，很多人都以为我国是从 20 世纪 90 年代才开始有会计稳健主义的。

　　事实果真如此吗？近年来，我们通过对一些收藏家收集的目前尚未公开的晋商会计资料的整理和分析后发现，其实我国早就有了会计稳健主义。最起码在 19 世纪初的清嘉庆初年，晋商对有关事项的会计处理中就表现出了高度的稳健性。如晋商通过打厚成[②]的方法，在期末谨慎地确定打厚成的范围和折扣成色，将资产账面余额中可能存在的损失和风险给以一定扣除，从而减计资产价值，导致少计当期利润。关于打厚成的问题，前几年我们已经进行了比较深入的分析和研究，本文不再赘述。

　　本文主要就晋商在非报告货币折算中的会计稳健主义做法进行揭示、推研和分析，以进一步证实我国早期会计稳健主义的存在，从而为中国会计史的研究做一些添砖加瓦的基础性工作；同时对晋商在会计领域留下的足迹及成就进行一些

　　* 张丽云，山西五台人，山西财经大学会计学院副教授（退休），研究方向为财务会计理论与实务、中国会计史；陈旭，河南济源人，旭复轩轩主，高级经济师，研究方向为中国金融史、晋商研究；郭睿，中国人民银行太原中心支行国际收支处经济师，硕士，研究方向为金融理论与实务、外汇管理。

　　① 娄尔行、石成岳、裴静之：《会计的任务、假设、概念和原则》，载《1983 年会计学论文选》，中国财政经济出版社，1983 年。

　　② 张丽云、陈旭：《晋商的打厚成与会计的稳健性》，《中国财经信息资料》2009 年第 3 期。

展示。

二、非报告货币折算是旧时会计核算程序中的一个重要环节和内容

1. 晋商非报告货币折算的缘由及实质

晋商作为商业经营的一种民间经济组织，与现代企业一样，在开展各种业务活动的过程中，必然要收付货币，并将其记入账簿；期末时，还需将财务状况和经营成果向股东进行报告。但晋商存续的年代，会计处理方法与现代有所不同。比如现代企业会计要通过设置利润科目的方法核算企业利润的形成及结果。晋商的利润不在账簿中核算，而是通过清单直接计算确定并列报。清单相当于现代企业的会计报表，按照编制时间划分，可分为月清单、年总清单和账期清单。这些清单，主要列示期末各宗资产、负债和资本的金额（即财务状况），然后按照资产—负债—资本的原理或公式，计算确定并列报利润（即经营成果）。

另外，在晋商存续的清代和民国时期，社会上流通的货币种类很多。如清代主要流通白银和制钱，民国初期主要流通银元①。在我们见到的晋商会计资料中，也主要记有白银、制钱和银元三种货币。

那个时期，白银主要为各式银锭，还有碎银。白银流通时，以"两"为单位，所以习称为"银两"②。不足一两的，按十进制，再分为"钱"、"分"等单位。制钱，在会计上简称"钱"，以"文"为单位。会计记账时，对千位以下的钱以"文"反映，如1文、20文、300文；对千位以上的钱则直接记为"千"（也有的商号记为"吊"），如1千、10千、100千等。银元，习称"大洋"，会计记账简称"洋"，其基本计量单位为"元"；在"元"之下，按十进制，又有"角"和"分"。

那个时期，商号对日常发生的各种业务，按照当时实际收付和确定的货币种类进行会计计量和账务处理。假设某商号股东以白银进行投资，会计便以银两记账。如果该商号销售货物后收到制钱，便以制钱入账，以千文作为计量单位。若该商号同期又外借了银元，则应记该外大洋多少元。因同时应用上述三种货币记账，该商号期末编制清单时，必须选择其中一种货币作为统一的计量标准，将另两种货币计量的账项折算为所选择货币的金额。否则，将无法对不同货币的金额予以加计，进而计算当期利润。由此便产生了不同货币的折算。

为了便于阐述和分析，本文将晋商在记账时所使用的货币，称为记账货币；在清单中报告财务状况总额和经营成果时使用的货币，称为报告货币。从目前我

---

① ② 萧清：《中国近代货币金融史简编》，山西人民出版社，1987年。

们所整理的 20 家商号的情况看，其中有 8 家商号使用一种货币记账，12 家商号使用 2 种或 3 种货币记账。这 20 家商号报告财务状况总额和经营成果时，均采用股东投入资本时的货币种类。由此可以肯定，晋商会计的报告货币，均选择股东投入资本时的货币种类。正由于此，上述 12 家使用多种货币记账的商号，期末编制清单时，应对记账货币中除报告货币之外的其他非报告货币宗项进行折算。继续以前面假设的商号为例，日常记账使用银两、制钱和大洋三种货币；报告货币为股东投资时的银两。该商号期末编制清单时，对日常以银两计量的所有宗项均无须折算，而那些以钱和洋计量的宗项的账面余额，则必须折算为银两的金额。

从现存一些商号多年连续的年总清单看，晋商的报告货币采用一经确定，不再变更的原则。如一家日德银号，从光绪三十四年（1908 年）至民国十五年（1926 年）间，其记账货币曾先后有银两、钱和洋三种，但报告货币始终为银两，并没有随着朝代的更迭而变化。

综上，本文所述的非报告货币折算，是为了统一计量经营业绩，对以非报告货币计量的宗项按照一定的折算率，折算为报告货币金额的一种会计事项。它发生于会计期末；载体为清单。非报告货币宗项折算后，并不调整账簿记录。所以，每期末都应对非报告货币宗项进行折算。由此可见，非报告货币折算是旧时会计核算程序的一个重要环节，是会计核算的一项重要内容。本文的非报告货币折算，不包括山西票号以自设的砝码为标准，对所收付的各种白银折算为本平足银的事项①；它不是为余平收入而进行的货币折算。

2. 范围

鉴于各商号记账货币可能有多种，而报告货币只有一种的情况，晋商非报告货币折算的范围，从会计要素看，不仅包括以非报告货币计量的各宗资产，也包括以非报告货币计量的各宗负债。至于资本项目，因其记账货币即报告货币，因而无须进行折算。

三、晋商非报告货币折算采用单宗折算和多宗折算两种方式

晋商对非报告货币宗项进行折算，有单宗折算和多宗折算（或合并折算）两种方式。

单宗折算，即按清单中列示的每宗账项进行折算。具体折算时，应将每宗账项期末以记账货币计量的账面余额，以及折算过程和折算结果都记在同一列，即在每宗账项期末记账货币金额之后，写上折算率，然后列示折算后金额（以下简

---

① 黄鉴晖：《山西票号史》，山西经济出版社，1992 年。

称实计金额）。在折算率与实计金额之间一般写"合银"或"合钱"、"合洋"二字。如现存资料中的聚义长商号光绪九年清单中记有"一宗现存白银七两六钱三分1.87千合钱壹拾肆千贰百陆拾捌文"。（例1）在这笔记录中，前面的银两数为记账货币的原账面余额，1.87千为折算率，最后的制钱数额为折算后金额。

多宗折算，即在清单中先按列抄写各宗账项以记账货币计量的账面余额，然后专用一列对这几宗账项期末记账货币金额合计数一次或合并进行折算。如现存资料中的西口庆恒昌民国十七年清单中，在列示了"一宗各铺账该外钱四十二千八百文"、"一宗暂计账该外钱一千八百二十文"后，另起一列写道："以上二宗共合该外钱四十四千六百二十文以5.05千合白银捌两捌钱叁分"。（例2）

如果有的宗项既要折算，又需打厚成，应在一列位置上分序连续处理。至于折算与打厚成的先后顺序，没有定论①。现有资料中，两家商号采用先折算、后打厚成的做法；三家商号则先打厚成，再折算。无论先折算，还是先打厚成，最终的实计金额相同。

经过以上折算，最后计算期末资产总额和负债总额时，所有经过折算的宗项，均以折算后的实计金额予以加计。如例聚义长应按"壹拾肆千贰百陆拾捌文"加计，西口庆恒昌应按"捌两捌钱叁分"加计。

四、晋商通过精心设计和应用非报告货币折算率，少计资产，多计负债，进而少计当期利润

折算率是一种货币与另一种货币之间的比率关系。在非报告货币折算中，折算率是一个很重要的因素。它的高与低，不仅直接关系到被折宗项折后金额的大小，而且影响到当期利润的多寡。

1. 晋商非报告货币折算率的表示方式及特点

折算率，一般采用以一种货币对另一种货币价值进行表达的方式。如我国现代企业对外币财务报表采用直接标价法下的即期汇率进行折算，在1USD（美元）=××RMB（人民币）中，美元是基准货币，其数量是固定的；人民币作为标价货币，在对美元的价值表示过程中，会随着美元或自身的币值变化而变化。

晋商的非报告货币折算率，就道理而言，与现代企业外币折算率的表示方法是相同的。但因时代和环境不同，又具有以下特点：

（1）晋商的非报告货币折算率采用"N千"和"N钱"的表示方式。晋商

---

① 张丽云、郭睿：《中国清代和民国时期的会计稳健主义》，载中国会计学会：《会计史专题》(2010)，经济科学出版社，2012年。

的非报告货币折算率在清单中并不完整显示，一般只简略地表达变动方货币的数量及其计量单位。至于固定方货币及数量，因其数量固定而被略不提。其表示方式主要有"N 千"和"N 钱"两种。

这里的"千"是制钱的计量单位，"钱"是白银的计量单位。"N 千"即多少千文制钱等于 1 两白银或 1 元大洋，它是制钱与白银、大洋之间的折算率。"N 钱"即多少钱白银等于 1 元大洋，它是白银与大洋的折算率。比如将以制钱计量的某资产或负债折算为白银或大洋，折算率为"1.5 千"，即按 1 两 = 1.5 千文进行折算。再如，将以白银计量的某资产或负债折算为大洋，折算率为"7.2 钱"，即按 1 元 = 7.2 钱或 0.72 两进行折算。

另外说明一点，从我们见到的 12 家商号非报告货币的折算资料看，绝大多数商号的折算率均采用上述方式表示，但也有个别商号的折算率只写变动方货币的数量，不写计量单位。具体情况见表 2 第一家商号。因为使用这种折算率的商号特别少，它只是书写得更简洁，不属于另类，故本文不将其列为折算率的一种表示方式。

（2）晋商非报告货币折算率是所涉货币之间的相互直接折算率，但每家商号只进行单向折算。从现有资料看，晋商的"N 千"和"N 钱"折算率，是一种所涉货币之间的相互折算率。即"N 千"既可用于制钱折算为白银和大洋的宗项，也可用于白银和大洋折算为制钱的宗项。同理，"N 钱"不仅可用于白银折算为大洋，而且可用于大洋折算为白银。如表 2 中的前四家商号是将银两折算为制钱，第 7 行、第 9 行的商号是将制钱折算为银两。

由此可以看出，晋商日常记账使用的三种货币，在折算率中实际存在着一种三角关系。这些关系用图表示即：

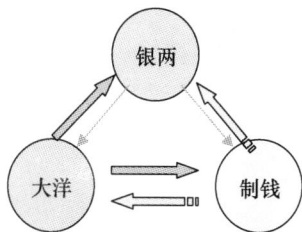

图1　报告货币与计账货币折算关系图

图 1 说明，每种货币都可与另两种货币直接进行相互折算，无须进行中间换算。所以，这种折算率实际上是不同货币之间的一种相互直接折算率。从这个意义上讲，它与现代金融业使用的外汇折算率有很大差异，它属于一种比较初级的折算率。

该图还显示，这个三角图实际由三个 V 形图组成。但立足于会计主体，或从每家商号来讲，因日常记账所涉及的多种货币中只有一种为报告货币，所以以具体折算时，实际上只需用以报告货币为顶点的那一个 V 形图，或每家商号实际上只进行单向折算。

（3）各种货币在折算率中的角色不完全相同。为了理解和阐述以下有关内容，将上述有关要点进行梳理，可将它们之间的关系归纳如下：即折算率中的固定方货币和变动方货币不等于折算时的报告货币和非报告货币。反过来说，各种记账货币在折算率中的角色并不完全相同。具体情况可见表 1：

表 1　非报告货币折算率中各种货币之间的关系及角色

性质	折算率		折算率		折算率		折算率	
	货币	角色	货币	角色	货币	角色	货币	角色
报告货币	钱	变动	洋	固定	银	固定	银	变动
非报告货币	银	固定	银	变动	钱	变动	洋	固定
非报告货币	洋	固定	钱	变动				

从表 1 可知，各种记账货币在折算率中充当什么角色，并不依其在折算中的报告货币或者非报告货币的性质而定，而由自身的类别决定。在折算率中，制钱总是充当变动货币角色；大洋总是充当固定货币角色；白银则依对象而定。白银与制钱折算，是固定方货币；与大洋折算，是变动方货币。

2. 折算率的运用

因上述折算率是不同货币之间的相互直接折算率，而各种货币在折算率中的角色又不完全相同，所以具体折算时，不能一律以被折宗项原记账货币金额乘以折算率，而应根据该记账货币在折算率中的角色决定运算方法。具体分为以下两种情况：

（1）若被折宗项的原记账货币属于固定方货币，应以原记账货币金额乘以折算率。

（2）若被折宗项的原记账货币属于变动方货币，应以原记账货币金额除以折算率。接前例 1，聚义长光绪九年对所存的白银七两六钱三分，以 1.87 千折算为制钱时，被折的白银在此时的折算率中属于固定方货币，白银与折算率为相乘关系，故以 $7.63 \times 1.87 = 14.268$（千文）。接前例 2，西口庆恒昌民国十七年，采用多宗折算方式对二宗该外钱，以 5.05 千合并折算为白银时，被折的制钱在折算率中是变动方货币，制钱与折算率为相除关系，故以 $44.62 \div 5.05 = 8.83$（两）。

3. 折算率的确定

由上述内容可以看出，期末对非报告货币宗项进行折算时，被折宗项以记账货币计量的账面余额已是既定数，此时首先要做的是确定折算率。从现有资料看，晋商确定折算率时既要遵从客观现实，也会根据不同货币币值变化的发展趋势，谨慎地考虑未来的风险因素。其具体做法比较特别。

（1）折算率由商号自主确定。目前虽无资料可以佐证，但从晋商当时所处的环境，以及现实状况，可作如下推断：晋商的非报告货币折算率是由各商号自主确定的。理由如下：在晋商存续的时代，关于各种货币应按什么比价进行实际兑换，各商号期末应按什么比率对非报告货币宗项进行折算，各朝政府并不进行统一规定，社会上也没有诸如现代汇率的权威发布机构的折算率公告。但多种货币并行的现实，使得一些自然人和商号不得不进行此货币与彼货币的兑换，商号会计必须进行非报告货币的折算。在这种环境和条件下，各商号只能根据当时社会上不同货币兑换的实际情况，以及自家商号当时的具体情况和历史惯例自行确定自家的折算率。

（2）晋商自主确定的折算率水平与实际兑换率的发展趋势一致。尽管各家商号的折算率都由自家确定，而且这些折算率确实不一。但是从现存资料总体看，晋商的非报告货币折算率水平与当时公认的不同货币兑换率的发展趋势是一致的。主要表现为：自嘉庆后期开始鸦片走私导致大量白银外流，促使银贵钱贱后，晋商的银钱折算率也逐渐呈上升趋势。如现存资料中的隆顺号，在嘉庆七年（1802 年）至十七年间史料可考的 6 个会计年度，虽然各年的折算率不同，但都按 1 两不足 1 千文折算；光绪和宣统年间的一些商号则按 1.55 千或 1.87 千等进行折算；到了民国，一些商号的折算率则升至 5 千多或者更高。至于大洋与银两的折算率，晋商基本围绕 1 元 =7.2 钱上下波动，没有大起大落过。

（3）对同一非报告货币计量的资产与负债采用不同的折算率。从现有资料看，对非报告货币宗项折算时，多数商号在同一年度对同一非报告货币计量的资产与负债，确定或采用不同的折算率。具体情况可见表 2。

表 2 是我们见到的对非报告货币进行折算的 12 家商号中，存在同一年度对同一非报告货币计量的资产与负债进行折算的 7 家商号的情况。另 5 家商号，因每年折算时只对一种会计要素，即只对资产或者只对负债进行折算，故未列入该统计内。

在表 2 中，有 2 家商号（广和公、福合德）曾在个别年度对同一非报告货币计量的资产与负债采用相同的折算率，见第 6 行、第 7 行。但这两家商号在其他年度或另一些宗项折算时（见第 5 行、第 8 行），与表中的其他 5 家商号一样，实行不同折算率的政策。因此，表 2 中的商号全部采用过不同折算率进行非报告货币折算，而且 7 家商号一共使用过 8 种不同的折算率。若将曾使用过相同折算率的广和公、福合德分别视为半个采用不同折算率的商号，那么对资产与负债确

表2 晋商在同一年度对同一非报告货币计量的资产与负债进行折算的统计

行次	商号	年份	折算率									
			资　产					负　债				
			银折钱	钱折银	银折洋	洋折银	钱折洋	银折钱	钱折银	银折洋	洋折银	钱折洋
1	隆顺号	嘉庆十二年(1807年)	7(即700文)					93(即930文)				
2	聚义长	光绪九年(1883年)	1.87千					1.97千				
3	广义茂	光绪十六年(1890年)	1.55千					1.57千				
4	永兴和	宣统四年(1912年)	1.35千					1.39千				
5	广和公	民国十三年(1924年)				2.3千						2.2千
6	广和公	民国十三年(1924年)			7.2钱					7.2钱		
7	福合德	民国十二年(1923年)		3千					3千			
8	福合德	民国十九年(1930年)			7.2钱						7.3钱	
9	庆恒昌	民国十七年(1928年)		5.45千					5.05千			
10	庆恒昌	民国十七年(1928年)			7.2钱						7.6钱	

资料来源：来自晋商资料收藏家所收存资料，后经整理统计。

定不同折算率商号的占比为 $6 \div 7 = 85.71\%$。若将这两家商号全部剔除，对资产与负债采用不同折算率商号的占比也达 $5 \div 7 = 71.43\%$。尽管以上资料有限，但基于现存各类资料都比较缺乏的状况，从概率角度讲，它们还是具有一定代表性的。由此计算的上述指标的结果，也是很有说服力的。

总之，通过以上分析可以认定，晋商在同一年度对同一非报告货币计量的资产与负债通常采用不同的折算率。

对表2中的不同折算率作进一步比较还可以发现，上述不同折算率具有以下特征：

1) 被折算的原记账货币如果属于固定方货币，或原记账货币与折算率为相乘关系时，资产的折算率小于负债折算率，见表2第1、2、3、4、8、10行。

2) 被折算的原记账货币如果属于变动方货币，或原记账货币与折算率为相除关系时，资产的折算率大于负债折算率，见表2第5、9行。

4. 折算率的结果

依据上述特征的折算率进行折算后，必然导致一种规律性结果：少计资产，多计负债，进而少计当期利润。为了进行直观的比较与分析，假设例3，某商号的记账货币为银两，报告货币为钱。在年末结存的众多资产和负债宗项中，若恰好有以银计量的资产和负债各一宗，账面余额均为100两。如果这宗资产按5.1千折算，负债按5.3千折算，资产的折后金额为510千文，负债则折算为530千文。该折算结果说明，原本等额的资产和负债经过折算，资产比负债的折后金额少20千文。假设例4，某商号的记账货币为银两，报告货币为洋，在年末结存的众多资产和负债中，也恰好有以银计量的资产和负债各一宗，账面余额为720两。若资产按7.5钱折算，负债的折算率为7.2钱。折算后，该资产的实计金额为960两，该负债的实计金额为1000两。通过折算，该资产比该负债的实计金额少40两。

在上设例3中，折前100两的资产经折算后比折前100两的负债实计金额少20千文，该商号的当期利润由此减少20千文。同理，上设例4因折算后的资产比负债少40两，当期利润由此减少40两。也就是说，晋商的非报告货币宗项折算，通过以上一系列客观和主观既定条件下的系列处理，必然使折后的资产实计金额小于负债的实计金额，最终导致少计当期利润。

5. 晋商为什么精心设计非报告货币折算率

那么，晋商为什么在非报告货币折算中，如上所述精心地设计和应用不同折算率，从而少计资产，多计负债，进而少计当期利润？根据晋商当时所处的社会环境，现有的一些文字记载，以及晋商一贯的作风及表现，我们认为，其原因大致有以下几个方面：

（1）为了顺应社会经济发展，抵御风险。我们都知道，在晋商进行非报告货币折算的那些年代，中国社会经济发展比较缓慢，但各地商帮的发展并不慢。晋商在这一时期，经营地域、经营规模及社会影响力等，都得到了全方位的扩展。常言道，成功与风险并存。晋商在大张旗鼓发展的同时，不可避免地会遭受一些打击和损失，而且当时的社会经济环境并不安宁，物价和货币价值的变动也很频繁。如光绪二十四年（1898年）和二十五年（1899年）两年间，山西茶商大升玉、大泉玉和独慎玉在恰克图与俄国商人的贸易中，就曾被俄商倒欠货物价款416028卢布[1]。再如，因银荒，1850年手工业零售价格约涨21%，白银对手工业产品的购买力则增长了37%[2]。在这种环境和形势下，聪明的商人是不会坐

---

[1] 黄鉴晖：《明清山西商人研究》，山西经济出版社，2002年。

[2] 萧清：《中国近代货币金融史简编》，山西人民出版社，1987年。

以待毙的，他们会想尽一切办法予以应对。晋商在非报告货币折算中，通过精心设计和应用折算率，少计资产、多计负债，进而少计当期利润的做法，就是为应对未来货币价值变动可能带来的损失，以"垂永远无弊之事业"① 在会计上采取的一种措施。

（2）高管人员和股东达成共识，追求稳健。如上所述，晋商对非报告货币折算的上述做法，在当时的会计界已呈一种普遍现象。这一现象表明，这些做法不是由高管人员自行确立和推行的。因为，少计利润，便有隐瞒利润的嫌疑，就会产生道德风险。作为包括会计人员在内的商号高管人员，是不会在清单中明明白白展现自己隐瞒利润的过程和结果的。即便真的是隐瞒利润，瞒得了一时，瞒不过商号的整个存续期；这家商号可能瞒得过，整个晋商不可能都瞒得了。而且，清单内容要向股东报告，账期清单还要留给股东。高管人员虽然精明，但股东也不傻，股东通过清单一旦识破隐瞒利润后，是不允许继续这样做的。况且，晋商无论在初创期，还是兴旺期或衰退期，很多商号的主要股东，都直接参与经营管理。他们不像西方中世纪的庄园贵族，将整个庄园委托给管家后，真的一概不管，只坐享其成。大部分晋商的股东，是了解商号基本经营状况的。在这种情况下，会计上仍然年复一年地坚持上述做法，只能解释为：高管人员是在征得股东同意或东掌双方达成共识后才实施的。晋商之所以这样做，是为了追求长期稳健发展。

（3）会计水平和会计队伍素质足够高。由上述内容可以看出，尽管当时在客观上有必要，商号东掌主观上都很愿意通过会计推行稳健性，但如果没有会计的配合，或者会计人员素质较低，是不会设计出上述非报告货币折算方法，并将其付诸实施的。因为会计是一门技术性强的专业和技能，并非任何人都能做得来，做得通，做得好。关于非报告货币折算率，实际上还有两种选择：一是对资产和负债确定相同折算率，二是设计与上述非报告货币折算正好相反的不同折算率。如果真是这样选择的话，折算结果将是另外两种情况。比如，若对资产和负债采用相同折算率，折算的结果将不会对当期利润产生影响，同时应付未来风险的能力也不强。如果采用与上述非报告货币折算正好相反的不同折算率，折算的结果一定是多计资产，少计负债，最终导致多计利润。多计利润是浮夸的一种表现，也是一种欺骗。多计利润将造成多分利润或寅吃卯粮的状况。这样的结果，不是东掌追求和愿意看到的。可能正由于此，晋商的账房先生们不选择这两种折算率，而设计和采用上述非报告货币折算的一系列做法。由此可以证明，晋商会计先驱们不仅会计基础扎实、功夫过硬，能胜任当时一般会计事项的处理；而且

---

① 中国人民银行山西省分行、山西财经学院编写组：《山西票号史料》，山西人民出版社，1990年。

思维敏捷、逻辑性强，有能力进行上述非报告货币折算的会计设计。他们在从事会计工作的同时，还参与了商号的经营决策。他们通过自己的努力工作、积极参与和配合，为保障商号的持续稳定发展发挥了非常重要的作用。

五、结论

通过以上揭示和分析，可以得出以下结论：

1. 晋商的非报告货币折算践行了会计稳健主义

综合以上内容可以看出，晋商的非报告货币折算很有特点，也非常缜密。晋商所以长期坚持上述的非报告货币折算的做法，而不是采用其他的措施和方法，说明晋商当时已经有一套稳健思想指导下的行为体系。这种稳健思想的源头，即中华民族传统的谨慎美德。至于行为体系，不仅包括他们在长期实践中所表现的谨慎作风和勤勉风格，也包括通过会计推行稳健性的各种做法。如利用会计手段对资产打厚成，以及本文所述的非报告货币折算的系列处理等。从这个意义上讲，上述非报告货币折算实际上是晋商谨慎稳健从事思想在会计中的体现，或晋商的非报告货币折算体现了会计稳健主义。

另外，以现代视角看，晋商在非报告货币折算中少计资产、多计负债的做法及其结果，与现代会计准则所要求的"对交易或者事项进行会计确认、计量和报告应当保持应有的谨慎，不应高估资产或者收益，低估负债或者费用"① 不谋而合（因晋商会计不设置收入和费用科目，不利用现代利润表的方法计算确定利润，故此处所说的不谋而合，主要针对资产和负债）。由此也可证明，晋商的非报告货币折算践行了会计稳健主义。

晋商在会计中的稳健主义做法表明，晋商作为明清时期的一个重要商帮，不仅业务做得大，做得好，讲诚信，而且其会计水平和会计队伍素质也相当高。这种会计稳健主义，是社会经济发展的必然产物，也是晋商谨慎从事思想与会计高超技术结合的产物，它引领了当时中国会计的进程与发展。我们赞赏晋商为中国会计做出的巨大贡献。

2. 晋商的非报告货币折算，证明中国于 19 世纪初已经广泛应用会计稳健主义

前已述及，我们见到的晋商非报告货币折算的最早资料是嘉庆七年（1802年）的。从现有资料看，在嘉庆七年（1802 年）之后的 100 多年间，晋商的非报告货币折算，不仅在会计记录、计算，以及折算率的确定、应用等方面基本相同，而且所表现的会计思想、思路完全一致。这说明，中国民间经济组织自 19

---

① 中华人民共和国财政部：《企业会计准则》，经济科学出版社，2006 年。

世纪初利用非报告货币折算推行会计稳健主义的做法已经进入成熟阶段，其始点应该更早。究竟早在何时，因年代久远、会计账单不易保存，或条件所限，更早的史料目前尚未看到，现在还无法确定其准确年代。但即便从1802年算起，至今也已有200多年的历史，这足以说明中国会计实务中早已产生会计稳健主义，并得到了广泛应用。

3. 中国的会计稳健主义，不是西方会计影响的结果

因我国早期缺乏会计研究的实践及研究成果，一般认为会计稳健主义起源于西方的中世纪。但中世纪的西方是怎么具体实施会计稳健主义的？西方会计稳健主义在19世纪初又是如何占据主导性地位的？在我们所能见到的海渥等的会计史书籍中，根本看不到相关的史料记载和说明。但本文所述的中国商家自1802年之后在非报告货币折算中推行会计稳健主义的做法，有实实在在的资料可予佐证。另外，我们还知道，明清时期的中国对外商品贸易与交往已经很发达，但会计的输入，直至清末时才引进西方的借贷记账法。由此可以说明，嘉庆初期的晋商不可能是学习了西方会计稳健主义，才设计出非报告货币折算事项的。中国早期的会计稳健主义，是由我国先民们在当时的社会经济环境下，在朴素的稳健经营思想指导下，经过长期实践，不断总结经验教训后自行创立的。在中国土生土长的、具有中国特色的会计稳健主义，不是西方会计影响的结果。我们不能因新中国成立后曾一度间断会计稳健主义的做法，就说中国过去没有会计稳健主义，或者说中国是自1992年才开始有会计稳健主义的。

当然，中国旧时的会计稳健主义一直不为人所知。这与我国旧时会计从业人员不被重视，没有人对会计实务中的一些成功做法及其会计思想进行总结、认识和研究有关；也与人们不熟悉历史，不坚持自我相关。当前，在我国会计与国际惯例已经基本接轨之际，我们不仅应当继续学习西方先进科学的会计理论和方法，而且应对我们自己在长期实践中实施有效且成功的经验进行总结、认识、改进和坚持。

参考文献

［1］娄尔行、石成岳、裴静之：《会计的任务、假设、概念和原则》，载中国会计学会秘书处、《会计研究》编辑部：《1983年会计学论文选》，中国财政经济出版社，1983年。

［2］张丽云、陈旭：《晋商的打厚成与会计的稳健性》，《中国财经信息资料》2009年第3期。

［3］萧清：《中国近代货币金融史简编》，山西人民出版社，1987年。

［4］黄鉴晖：《山西票号史》，山西经济出版社，1992年。

［5］张丽云、郭睿：《中国清代和民国时期的会计稳健主义》，载中国会计学会：《会计史专题》（2010），经济科学出版社，2012 年。

［6］黄鉴晖：《明清山西商人研究》，山西经济出版社，2002 年。

［7］中国人民银行山西省分行、山西财经学院编写组：《山西票号史料》，山西人民出版社，1990 年。

［8］中华人民共和国财政部：《企业会计准则》，经济科学出版社，2006 年。

明清山西民间金融的现代法治启示

赵 亮 赵 勐*

近年来我国民间金融问题频发，从孙大午案、吴英案、李纯途案等个案到2011年温州老板集体跑路事件，实践中民间金融问题似乎越来越严重，已经到了非整治不可的地步。这种现象当然也引发了学界的积极探讨。我国民间金融应不应该存在，应该以什么形式存在，如何规制民间金融发展中出现的问题，都成了学者们热议的话题。法学学者们多数采用传统的研究方法，主张借鉴西方发达国家关于民间金融的理论研究成果，希望通过法律移植手段来规制我国的民间金融。这当然是一条非常重要的解决途径，但是极少有学者关注我国古代传统的民间金融。缺乏对传统民间金融经验教训的总结，就使得我国民间金融出现的"本土化"问题难以解决，最终不利于民间金融的发展。明清时期山西民间金融是业界的辉煌，本文以历史考察法来探求明清山西民间金融的发展历程，在总结其经验的基础上，回答了前面三个问题，并提出了对我国民间金融的现代法治启示。

一、明清山西民间金融的法律环境

民间金融法律制度最早出现在汉朝。汉代规定，放贷钱谷，可收取一定的利息，但若超过一定的利息率，便要处以赃罪。[①]之后的唐宋元均有不同程度的继承和发展。明朝时，民间金融组织开始形成，在总结历朝经验的基础上，有关民间金融的法律制度也日益完善。明朝规定："负欠私债违约不还者五两以上，违三月笞十，每一月加一等，罪止笞四十。五十两以上，违三月笞二十，每一月加一等，罪止笞五十，并追本利给主"；[②]"每月取利不得过三分，年日虽多，不过一本一利，违者笞四十，以余利计赃，重者坐赃论，罪止杖一百"；[③]"若豪势之人，不告官司，以私债强夺去人孳畜、生产者，杖八十。若估计，过本利者，计

---

* 赵亮，辽宁葫芦岛人，山西财经大学2011级经济法专业硕士研究生；赵勐，河北饶阳县人，山西财经大学2011级项目管理专业本科生。

① 麦天骥：《中国古代的金融犯罪与立法》，《法学评论》1997年第4期。

②③ 怀效锋点校：《大明律》，辽沈书社1990年。

多余之物坐赃论，依多余之数追还。若准折人妾、子女者，杖一百。强占者，加二等，因而奸占妇女者，绞。"① 由此可见，明律关于民间金融问题既注重保护债权人的利益，又注重保护债务人的利益。对于债务人，明律要求其按约还本付息，否则将按金额和期限处以刑罚。对于债权人，明律明确限制其过分取利，且禁止不经官府对债务人"强制执行"。

清朝律法基本沿袭明朝，关于民间金融的法律制度也几乎完全一致，② 因此本文不再赘述。但是在清朝初年，为了迅速稳定社会秩序，对民间金融却采取了一定的限制态度。其规定："凡人不许借银。借粮的尚许一年有利，若年多许本粮有利，不许利上加利。"③ 随着局势不断稳定，清政府对普通民众的民间金融行为也是放任不理。尤其清朝末期，政府尚需依靠民间金融机构进行汇兑和筹措款项，民间金融的发展在一定时期内受到了清政府的支持。

二、明清山西民间金融的组织形式

1. 钱庄

明清时期，北方内陆地区的钱庄多由山西商人把持。钱庄产生于明朝，又称为钱号、钱铺，一般是"只此一家，别无分号"，其源于银钱与铜钱之间的兑换交易。我国古代的货币主要是银和铜，明清时期也不例外。大额交易需要使用银钱，小额交易则需要使用铜钱，这就产生了银钱和铜钱之间兑换的需求。起初"承兑人"多为当地的商铺，后来在集市中就出现了专门从事承兑的"钱摊"，没有店面，只设有一个摊位，类似西方银行的雏形。其收取的兑换手续费称为"帖费"。户部给事中王启祚在给顺治帝的奏章中写道："甚有巧于立法，自设钱桌数张，每钱一文必得银二厘，然后换给。"④ 经过发展，有些商铺由兼营兑换改为专营兑换，有些钱摊壮大后开设门面，钱庄由此产生。其主要从事两项业务：一是兑换。"乾隆二年，户部会同提都衙门奏言，见在京城……兑换之柄，操之于钱铺之手，而官不司其事。"⑤ 二是存款放款。钱庄在吸收存款后，往往放款给其他商铺。王鎏在《钱币刍言续刊》中写道："今贾人出钱票，其始皆恃票取钱无滞，久久人信其殷实不欺，于是竟有展转行用至数十年不回者。"⑥

2. 账局

账局是山西商人经营的又一重要的民间金融机构，其产生于清朝雍正乾隆年间。与钱庄不同，账局凭借放款起家。明清时期，商品经济发展较快，资本主义

① 怀效锋点校：《大明律》，辽沈书社，1990 年。
② 张荣铮、刘勇强、金懋初点校：《大清律例》，天津古籍出版社，1993 年。
③ 辽宁大学历史系：《清太宗实录稿本》卷 14，1978 年。
④⑤⑥ 黄鉴晖：《山西票号史料》，山西经济出版社，1990 年。

萌芽已在我国显露，众多商铺和商贩都经常出现资金短缺的现象。向有实力的大商铺借款，成了解决这一问题的主要办法。久而久之，在高额利息的驱使下，一些大商铺就专营放款或主营放款，账局便产生了。账局"发生最早、至清末仍存在的一家叫'祥发永'，是山西汾州府汾阳县商人王庭荣出资四万两，清乾隆元年（1736年）在张家口开设的"。① 第二次鸦片战争后，大账局开始在通商口岸和其他地区设立分支机构。② 账局没有异地汇兑的业务，只经营放款业务。起初，其主要放债给官员，称之为"放官债"。"利之十倍者，无如放官债，富人携资入都，开设账局。"③ 后来发展到向工商业者放款，其中包括对钱铺的放款。清朝侍郎王某在给咸丰帝的奏折中写道："臣尝细推各行歇业之由，大抵因买卖之日微，借贷之日紧……而借贷日紧，则由银钱账局各财东，自上年（清咸丰二年）冬以来，立意收本，但有还者，只进不出。"④

3. 票号

票号是山西商人对我国古代民间金融的重大贡献，可以说，票号的产生标志着我国古代民间金融达到了巅峰状态。关于票号产生的时间可确定在明清时期，具体时间学界尚有争议。孔祥毅教授认为，"就现有资料讲，似乎说道光四年（1824年）较合适"。⑤ 票号的产生源于人们对汇兑的需求。明清时期，山西商人在外省设商铺分号，商铺和私人的银钱往来极不便利，往往是大商铺雇佣镖局运输，而私人则依附于大商铺的运输。这样，银钱既不安全，周转期又慢。可其中却蕴含着巨大的利润。于是，有些商铺放弃主业，开始专营汇兑业务，如西裕成颜料庄改成了日升昌票号。票号主要经营两项业务：一是汇兑业务。山西票号分号众多，在当时可以说是"汇通天下"，道光年间仅日升昌一家票号就有17家分号之多。⑥ 后期票号汇兑业务逐渐由为工商业服务转到主要为官府服务，清户部主事王爽秋曾言道："是以本年岁底，京饷数万订交山西票商三晋源汇兑庄解京上纳。"（票号又称汇兑庄）⑦ 二是存放款业务。由于票号资本雄厚，信誉卓著，所以无论朝廷官员、富商巨贾，还是平民百姓都乐于将银钱存放在票号，且大都是无息存款；票号利用自有资本和所吸收存款对外放款，所得收益颇丰。票号主要放款给官员和大商铺。"据左宗棠称，从同治五年（1866年）到光绪六年（1880年）的十四年中，左军在湖北、上海、陕西向票号借款8323730两。"⑧ 军费尚需从票号借款，其实力可见一斑。

①② 黄鉴晖：《清代账局初探》，《历史研究》1987年第4期。

③④ 黄鉴晖：《山西票号史料》，山西经济出版社，1990年。

⑤ 孔祥毅：《金融票号史论》，中国金融出版社，2003年。

⑥ 李永福：《山西票号研究》，中华工商联合出版社，2007年。

⑦ 曹煜：《祁帮票号》，山西经济出版社，2003年。

⑧ 孔祥毅：《山西票号与清政府的勾结》，《中国社会经济史研究》1984年第3期。

三、明清山西民间金融的历史经验

1. 民间金融存在有合理性

明清山西商人经营的民间金融存在了上百年，钱庄、账局、票号各有所长，相互支撑，甚至可以说在局部形成了一个民间金融体系。在官方金融①极不发达的情况下，承担起了国民兑换银钱、汇兑款项和存放款项等主要金融业务。尤其是票号一度成为清政府汇兑和借款的"钦定机构"，真可谓是"执全国金融之牛耳"。由此可见，民间金融作用之大。我国现代的金融业不可谓不发达，仅银行性质的机构，就有四大国有银行、股份制银行、城市商业银行、城市信用社、农村信用合作社等。那么我们是否就不需要民间金融了呢？当然不是。目前，民间集资、合会、地下钱庄等形式的"灰色"民间金融仍然大量存在，而我国目前的中小企业，尤其是乡镇企业融资难问题，却又要依靠这些"灰色"民间金融才得以解决。因为市场经济条件下，官方金融也是主要以盈利为目的，对实力弱的中小企业往往不屑一顾，这就致使中小企业常常饱受资金不足的困扰，因此才冒着各种风险向"灰色"的民间金融寻求帮助。对于民间金融我们既有历史经验，又有现实需求，但是目前民间金融还是"灰色金融"，地位未定，运行中还多有违法行为，这就导致了实施过程中存在着大量风险。因此，当务之急是通过法律手段将民间金融"漂白"，确立民间金融合法地位和运行规则，以促进其快速发展。

2. 民间金融不能为高利贷资本

马克思在《资本论》中有关于生息资本的论述，他认为生息资本是为了取得利息而贷出的资本，其可分为高利贷资本和借贷资本。高利贷资本产生较早，"它在资本主义生产方式以前很早已经产生"，②"高利贷资本有资本的剥削方式，但没有资本的生产方式。"③借贷资本产生于近代资本主义社会，其逐渐成为生息资本的主体，取代了高利贷资本的地位。借贷资本和高利贷资本的区别，就在于"这种资本执行职能的条件已经变化，从而和贷款人相对立的借款人的面貌已经完全改变"。④总的来说，高利贷资本与封建生产方式相联系，是地主和商人积累资本的再利用，追求利息收益最大化；借贷资本与资本主义生产方式相联系，是闲置的产业资本再利用，以平均利润率为利息收益标准。山西商人经营的钱庄、账局、票号的原始资本都是来源于山西地方乡绅的封建式积累，在利率的确定上虽然较以往散兵游勇式的高利贷更为规范，但追求利息最大化的宗旨并未

---

① 我国的官方金融最早可以追溯到西周时期。《周礼·地官司徒第二》中"凡赊者，祭祀无过旬日，丧纪无过三月。凡民之贷者，与其有司辨而授之，以国服为之息"。

②③④ 中央编译局：《马克思恩格斯全集》第25卷，人民出版社，1972年。

改变。钱庄"每钱一文必得银二厘";① 账局"遇选人借债者，必先讲扣头。如九扣，则名曰一千，实九百也。以缺之远近定扣头之多少，自八九至四五不等，甚至有倒二八扣者，扣之外附加月利三分";② 票号为了降低风险主要放款给金融机构，因此利率低于前两者，"放款主要是对官银号或钱庄……如果银根紧就要一分到一分二厘"（月利）。③ 因此，明清时期的山西民间金融是高利贷资本。众所周知，高利贷资本是对生产力起破坏作用的，因此，当今我国民间金融不能沿袭高利贷资本的性质，而应为主要来源于产业资金并用于生产的借贷资本。但是有一个问题需要强调，只有符合马克思关于高利贷资本的要求，才可称之为高利贷。因此目前有人将高于银行利率的贷款称为高利贷，这是不准确的，法律已经认可了四倍利率的范围，在此之内当然就是合法可行的。

3. 民间金融的制度保障应现代化

明清山西商人经营的民间金融虽然兴盛一时，最终还是不复存在了。这当然有着复杂的原因，但是山西民间金融在保障方面的原因却不容忽视。明清律法都有对民间金融的基本规定，这在前文已经提到。但也仅限于按约还款、限制利息等基本内容，没有其他具体规定，更没有民间金融运行规则的条文。那么，这些民间金融如何历经战乱上百年屹立不倒呢？这大部分依靠的是熟人社会中的习惯法，商事活动中自发形成的法则。④ 从这三种民间金融的发展历程可以看出，它们的产生和发展都有很深的"本土化"因素，是深深根植于熟人社会这种文化模式之中的。其经营和业务都紧紧围绕着"血缘、亲缘、地缘"这三缘关系展开的，如员工用本地人，且需熟人担保；放款重视信誉，忽视抵押等。在熟人社会中这些是可行的，因为一旦有人"违规"行事，自身信誉、保人信誉、宗族声誉都会受到牵连。也就是说，违规的人势必被熟人社会的"圈子"所排斥，永远不能翻身。在当时国家法基本被搁置在一旁，民间的强制力就足以保障民间金融的正常运行。但是，目前实行市场经济的现代中国，熟人社会已经基本瓦解，可民间金融的保障制度还是熟人社会时的情形。忽视国家法律随意集资，熟人之间相互借贷无合同、无抵押，这些都是导致目前我国民间金融问题的原因。使我国民间金融的运行尽快应用陌生人社会的规则——法律，是解决一切问题的根本途径，更是其发展的现代化制度保障。

4. 民间金融的法律责任严厉化

前文已经介绍了明清山西民间金融的法律环境，我们可以看出，明清时期对违反有关民间金融的法律规定，除了"追还本利"外，还要处以笞刑或杖刑，

---

① ② ③　黄鉴晖：《山西票号史料》，山西经济出版社，1990 年。

④　薛建兰、赵亮：《山西票号商事习惯法的兴衰——以熟人社会为视角》，《法学杂志》2013 年第2 期。

严重的要处以绞刑。仅是"违约不还"破坏当事人之间的交易，所接受的惩罚最轻；如果"违禁取利"破坏经济秩序，所接受的惩罚就要加重；如果"不告官司，强夺私债"破坏社会秩序，所接受的惩罚最重，甚至剥夺责任人的生命，总的来说，惩罚是相当严厉的。我国法律现在早已脱离了"诸法合体，民刑不分"的状态，对民间金融违法行为，根据具体情况，依据现有法律规范分别承担民事责任、行政责任和刑事责任。这毋庸置疑，严格依法行事即可。现代民间金融法律责任的严厉化体现在市场准入，即"一次违法，终身禁入"，当然这是指违反诚实信用原则的故意违法，不包括过失违法在内。这是明清山西民间金融通过商事习惯法保证的，当时如果钱庄、账局、票号在经营过程中，只要出现一次不诚信行为，就会丧失同行和客户的信任，无法经营下去，其大掌柜此后也无法在行内执业。那么在现代陌生人社会中，这就不能依靠商事习惯法来保证，要通过法律来确定。如果民间金融出现违反诚实信用的故意违法行为，相关责任人员要记入"诚信档案"，永远禁止从事有关业务，这是我国现代社会民间金融法律责任严厉化的要义。

四、明清山西民间金融的现代法治启示

明清山西民间金融到底给我们带来了什么样的法治启示呢？可以用三句话来概括：那就是民间金融有历史基础，有现实需求，可以并且应该存在；民间金融在沿袭旧有制度的同时，应当具有现代化形式；国家完善的民间金融立法应是民间金融运行的重要制度保障。那么如何肯定民间金融的合法地位，如何确定民间金融的法定形式，如何立法保障民间金融的正常运行？我国民间金融还处于不断发展的时期，此时通过制定民间金融法或民间金融促进法，来解决目前民间金融存在的问题，时机尚未成熟。我们可以做的就是明确民间金融的合法形式，尽量运用现行立法来规制民间金融。借鉴明清山西民间金融的历史经验，联系我国实际，我们认为民间金融可采取以下三种组织形式：

1. 农村金融合作社

借鉴钱庄的模式，我们可以确立农村金融合作社为民间金融的法定形式之一。目前，依据《农民专业合作社法》和《农村资金互助社管理暂行规定》这两部法律规范，设立农村金融合作社作为法人参与市场经济是完全合法的。我国农村目前还没有真正意义上的合法民间金融，即便是农村信用合作社也是官方金融的气息浓厚一些。因此，农村金融合作社的设立，将以民间金融的独特优势对乡镇企业、农业企业、个体农户等有关三农的经济体，在资金方面形成有力的支持。现在农村金融合作社设立有法可依，运行却还是法律空白，急需填补。我们认为应有以下法律规定，依据钱庄的经验，农业金融合作社不设分支机构，承担

存款和放款的业务（因为早已不存在银钱兑换问题，故无此项业务）。农村金融合作社的吸储范围应仅限于社员，其主管单位除农业和工商部门外，必须要有中国人民银行和银监会，以最大限度防止风险发生。鉴于我国目前实际情况，国务院对此可先行制定行政法规，以明确农村金融合作社的运行规则和主管部门。此外，由于合作社民主的决策方式、服务社员的经营理念也天然地成为防范金融风险的屏障。

2. 小额贷款公司

《关于小额贷款公司试点的指导意见》中从官方角度明确了小额贷款公司的概念，即"小额贷款公司是由自然人、企业法人与其他社会组织投资设立，不吸收公众存款，经营小额贷款业务的有限责任公司或股份有限公司"。这恰恰又与账局的模式十分相似（账局也有存款业务，这正是小额贷款公司的发展方向）。与尚处于起步阶段的农村金融合作社不同，小额贷款公司近年来发展速度很快。"中国人民银行发布的统计数据显示，2013年6月末全国共有小额贷款公司7086家，贷款余额7043亿元，上半年新增贷款1121亿元。"除《指导意见》外，我国地方上也在市场准入、业务运营、监管主体等方面有一些自己的规定，主要是保障小额贷款公司有相应的资本，规范经营放款及相关业务，禁止吸储，明确相关金融主管部门为监管机构。虽然总的来说，目前地方上关于小额贷款公司的规定属于"各自为政"，但大方向是一致的、正确的、合理的。小额贷款公司在发展时期可以这样放手让地方去管，但要把握一个发展的方向。小额贷款公司既然法定为"公司"的形式，势必可以设立分支机构，具有分支机构的银行类金融机构发展汇兑业务是顺理成章的，完善的汇兑业务中其实也就包含了实质性的存款业务（如开具票据）。如果小额贷款公司具备了相应条件，国家却一味遏制，势必导致相关金融业务在地下进行，使合法变成违法，反而不利于国家的民间金融监管。因此，我们可以允许制度健全、实力雄厚的小额贷款公司突破限定范围，实行多地经营。尽管如此，以普通公司形式存在的小额贷款公司仍然不能从事汇兑业务，更不能吸收存款。所以，应该鼓励具有相应条件、发展成熟的小额贷款公司转制成村镇银行。目前我国转制门槛条件设置过高，尤其是《小额贷款公司改制设立村镇银行的暂行规定》中关于"主发起人应为符合条件的商业银行"这一规定，实际是由官方金融主导民间金融的转型发展，有过度干涉之嫌，因此导致成功转制的寥寥无几。为了防范风险，在民间金融还不成熟的条件下，可允许官方金融参与其中，但其不应成为绝对主导者，应考虑小额贷款公司自身的发起人地位，以促进转制。

3. 村镇银行

村镇银行是民间金融的主力，是民间金融发展的最为重要的形式，是票号的

"现代版"。其可办理汇兑、存贷款等大部分金融业务，是功能最完善、规模最大的民间金融形式。《村镇银行管理暂行规定》中明确规定了禁止信用放款，这表明了熟人社会票号信用放款制度被摒弃，村镇银行必须应用陌生人社会的法则——抵押放款。这样的规定体现了国家通过法律规范的制定，废除熟人社会的民间金融法则，推行陌生人社会的民间金融法则。这是将古代传统民间金融现代化的法治途径，是我国以后民间金融立法的重要举措之一。为了防范风险，《暂行规定》还对村镇银行进行了一定的限制，即不能发放异地贷款和发起人至少有一家银行业金融机构。不能发放异地贷款，其实是利用村镇银行"地域性"的优势，保证贷款的回收率，在法治保障的基础上对熟人社会法则的再利用，起到了防范风险双保险的作用。当然《暂行规定》中的限制性规定，根据民间金融在实践中的发展，还需要有所变化。随着村镇银行实力的壮大，应当允许其分支机构向外市，甚至外省扩张，此时作为民间金融的村镇银行，除出资主体以外，在信息获取、组织机构、运行模式方面就和官方金融无异，真正成为我国金融不可或缺的组成部分。这种局面一旦形成，禁止发放异地贷款就成了不必要的限制，应及时予以取缔。至于发起人至少有一家银行业金融机构的规定，则是国家想在村镇银行还不成熟的条件下，安排一个"官方"的代言人，以便随时了解相关情况，及时控制风险。和小额贷款公司关于主发起人的规定一样，待到时机成熟，应予以取消，这样才是市场经济条件下真正意义上的民间金融。

五、结语

钱庄、账局、票号作为明清山西民间金融的典范，业已融入到中华民族的历史之中。但是，其所遗留下的经营理念、运行模式、保障制度，却值得我们不断总结学习。在此基础上形成的现代法治启示，将对解决我国"本土化"的民间金融问题大有裨益，这远比仅仅照搬西方民间金融法律制度便于操作、切实可行。当然，任何事物都处于不断运动发展的状态之中，民间金融也不例外。因此，要根据时代的变化选取顺应潮流的制度，摒弃不合时宜的制度。同时，像对待西方民间金融法律制度一样，对于明清山西民间金融制度也不可照搬照抄，一定要结合我国民间金融的实际情况，赋予其现代化的法治形式。只有这样，才能充分借鉴明清山西民间金融的历史经验，解决我国现代的民间金融问题。

参考文献

［1］麦天骥：《中国古代的金融犯罪与立法》，《法学评论》1997年第4期。

［2］怀效锋点校：《大明律》，辽沈书社，1990年。

［3］张荣铮、刘勇强、金懋初：《大清律例》，天津古籍出版社，1993年。

［4］辽宁大学历史系：《清太宗实录稿本》，1978 年。

［5］黄鉴晖：《山西票号史料》，山西经济出版社，1990 年。

［6］黄鉴晖：《清代账局初探》，《历史研究》1987 年第 4 期。

［7］孔祥毅：《金融票号史论》，中国金融出版社，2003 年。

［8］李永福：《山西票号研究》，中华工商联合出版社，2007 年。

［9］曹煜：《祁帮票号》，山西经济出版社，2003 年。

［10］孔祥毅：《山西票号与清政府的勾结》，《中国社会经济史研究》1984 年第 3 期。

［11］中央编译局：《马克思恩格斯全集》，人民出版社，1972 年。

［12］薛建兰、赵亮：《山西票号商事习惯法的兴衰——以熟人社会为视角》，《法学杂志》2013 年第 2 期。

中国文化与金融发展的关系探讨

郭志华*

文化作为一个民族、一个国家、一个社会的发展利器，对整个时代发展的作用也变得越来越重要、越关键。那么，中国的文化与金融发展究竟有着什么样的关系？在国内，这方面的探讨并不多见，本文尝试从文化与金融发展的关系研究中，阐述文化对金融发展的影响。

一、相关概念

1. 文化的内涵

文化是一个非常广泛的概念，给它下一个严格和精确的定义是一件非常困难的事情。不少哲学家、社会学家、人类学家、历史学家和语言学家一直在努力，试图从各自学科的角度来界定文化的概念。然而，迄今为止仍没有获得一个公认的、令人满意的定义。

模糊地讲，文化是人类精神不断的长期积累和凝聚。它是人们在长期的生产、生活实践中形成的基本定型的价值观念、道德准则、群体意识、心理文化形态与行为规范的总和及与之适应的表现形式。

早在西汉，刘向在《说苑·指武》中第一个提出"文化"这个词："圣人之治天下也，先文德而后武力。凡武之兴，为不服也；文化不改，然后加诛。"西晋束皙《补亡诗》曰："文化内辑，武功外悠。"[①]这里的文化概念是跟武力相对而言的"教化"。这种定义，直到 20 世纪末大体未变。19 世纪，"文化"一词从日本引进，也就是现在我们使用的概念。但是，文化在拉丁文中的原意是耕种、练习、留心或敬神。目前有不少国家对于文化的概念仍然保留着文化在拉丁文中的某些含义，如法文的文化是 Culture，用德文则表示为 Kultur。

到了 19 世纪中期，学术界兴起了社会学、人类学、民族学等新兴学科，对

---

* 郭志华，山西忻州人，山西财经大学会计学院 2012 级在读研究生。

① 郭亚敏、赵波：《区域农业循环经济评价指标体系的构建研究——基于运行模式的视角》，《商场现代化》2011 年第 3 期。

于文化的概念也有了新的变化。《辞海》对"文化"的解释是："人类在社会实践过程中获得的物质、精神的生产力和创造的物质、精神财富的总和。文化存在于社会之中是随着社会的发展而发展的，所以文化带有社会阶级性和历史继承性的属性。同时也由于所处地域原因具有多样性。"文化，作为社会意识形态，既反映社会政治经济，又反作用于社会政治经济，是双重作用。

同样，从不同的学科出发，学者们对文化也有不同的定义。从规范制度的角度出发，文化则又被赋予了不同的定义：某个社会所遵循的生活方式被称作文化，它包括所有标准化的社会传统行为。历史学认为，文化包括物质和精神方面，历史学家和民族学家把它作为表达在人类生活中遗传下来的东西。

综上所述，不同的研究领域的学者对文化的定义是不尽相同的，但都有一个共同的观点：文化是人类在生产生活中为了达到一种需求，创造的物质财富和精神财富的总和，是长期沉淀下来并通过人类这个特殊群体的行为活动调整成的非正式制度。

2. 金融发展的内涵

金融发展是指金融结构的变化，这种变化既包括短期的变化也包括长期的变化，既是各个连续时期内的金融交易流量也是对不同时点上的金融结构的比较变化。而金融结构则是指各种金融工具和金融机构的形式、性质及其相对规模，也就是说金融结构是由金融工具与金融机构共同决定的。[①]

3. 文化金融的内涵

就文化金融这个概念本身，宽泛地讲，是指发生在文化产业与文化事业活动中的所有金融活动。从金融的角度看，文化金融是指金融工作中所有与文化产业、文化事业相关联的金融业务。

文化金融将文化与金融进行了很好的结合，我国从政策上对文化产业给予了金融上的支持，这极大地推动了文化产业的发展，同时也对金融深化改革提出了迫切的要求，这对于文化与金融的结合提供了发展的平台。

二、中国文化对金融发展的影响

1. 乡土文化对民间金融市场的影响

民间金融的演进和扩张依赖于同一社区的人之间所形成的社会网络以及由这种特定的社会网络而形成的伦理秩序与信任文化。生活在同一个地区的人由于具有共同的文化传承，容易通过彼此间的联系结成社会网络（由个体间的社会关系所构成的相对稳定的体系）。同西方社会相比，中国社会的网络化特点十分明显，

---

① 王建琪、曾昭晖：《关于歌华率先发展文化金融服务业的问题初探》，《中国广播电视学刊》2012年第4期。

而"乡土社会"正是我国民间金融赖以生存与发展的社会网络。费孝通指出："乡土社会在地方性的限制下成了生于斯、死于斯的社会。乡土社会的信用并不是对契约的重视，而是发生于对一种行为规矩熟悉到不假思索时的可靠性……"①可见，一方面，乡土社会的生活富于地方性；另一方面，乡土社会的社会秩序主要靠民间的非正规制度来保证。费孝通还这样描述乡土社会人际关系的特征："每个孩子都是在人家眼中看着长大的，在孩子眼里周围的人也是从小就看惯的。这是一个熟悉的社会，没有陌生人的社会。"王曙光称这种为民间金融发展提供土壤的社会网络为"乡土社会网络"（Indigenous Social Network）。乡土社会网络或乡土文化的作用主要表现在以下三个方面：②

（1）乡土文化与民间金融发展的信息不对称。在民间金融市场，贷款申请者的信用状况缺乏法律担保，民间金融组织只能通过贷款申请者的朋友、亲戚、邻居、商业伙伴等获取有关其信用状况的信息。由于民间金融市场的信用状况通常表现为道德品质的形式，民间金融组织只能通过由熟人构成的乡土社会网络获得这一信息。

民间金融能够较为灵活地制定利率，同时熟人文化的乡土社会容易形成比较稳定的人际网络，正是由于这两个条件，民间金融组织能够蓬勃发展。由于在乡土社会中，人际间的网络关系是持续和长期稳定的，因而人际间的博弈不是一次性的而是属于重复博弈，参与人会考虑更持久的关系以及长期的合作和声誉，这样单方面的不合作会导致另一方的报复，同时还因违背规则而降低自己的声誉。因此，由非合作可能导致的以牙还牙、两败俱伤的结果，通常会反向维护双方的合作模式。

（2）乡土文化与民间金融发展的道德风险。乡土社会得以良好运行的规范之一就是基于信誉的人际网络。在乡土网络社会中，信誉对规范个人的行为具有重要的维护作用。一个人如果不守信用，那么随着这一消息的迅速扩散，社区中的人们会散失对这个人甚至其家人的信任，开始防范这家人的行为动机。因此，在由熟人组成的相对封闭的社会网络中，失信将会造成严重的后果，而民间金融正好可以借助这一基于信誉的乡土文化来约束民间借贷的失信行为。在这种相对封闭的熟人社会中，人们更加注重对道德规范的自觉遵守，于是在群体利益的整体诉求中，作为社会网络"集体意识"的文化就发挥了群体整合的功能，维护着群体的整体秩序。于是，"声誉"在更广泛的民间金融组织中发挥着关键的作用。其主要表现在：一方面，在一个熟人社会中，个人诚实而可靠的名声首先成为他加入该金融组织的一张入场券。而同时，如费孝通所言，慷慨地帮助一个经

---

① 费孝通：《"三级两跳"中的文化思考》，《读书》2001年第4期。

② 王曙光：《发展小额信贷需要良好的制度环境》，《新财经》2006年第12期。

济窘困的人，其所得到的社会报酬是提高个人声誉，免受公众指责。于是，声誉成为一个增值的概念。另一方面，在泛家族共同体的民间金融组织中的机会主义行为，也会招致"若有一人失足，则为同行所耻，乡里所鄙，亲人所指，并失却营生，再业无门，也无颜再回故土……作弊即自缚"①的恶果。在法制尚不健全的前提下，这样一种近似无情的惩罚措施的约束力与压力是极强的。

根据上文我们可以知道，民间金融只有在对贷款申请人有了较为详细的调查后才会发放贷款，一般情况下，贷款人都具有足够的还款能力。即便在某些特殊情况下，贷款人不注重自己的声誉，而将借款看成是单次博弈，民间金融组织也有多种方式挽回贷款损失，必要时还会采取非正常手段。在乡土网络社会中，不守信用会成为社区公众共同谴责的对象，如果民间金融组织通过非正常手段对该不守信行为进行惩罚时，人们也会在道义上支持这种惩罚，即便这种惩罚的力度已经超过了违约行为后果应该接受的程度，社区公众也会认为这不过是罪有应得。

作为清末民初民间金融领域中的重要组成部分，山西票号纵横大江南北近一个世纪，分号延伸到日本、朝鲜、中国香港等地，创造了中国民间金融在发展速度、规模和范围方面的奇迹。支撑这一奇迹的重要因素正是"驾诚信行"的庄严承诺和强调"真善"的独特文化魅力，是守信、团结的传统文化的延续。

现代温州民间金融的迅速发展，也从另一个时间断面印证了这一观点。温州一直讲究"认盟兄弟盟姐妹"的文化习俗，而这种习俗在商业发达的背景下，又无疑通过血缘和婚姻建立起一种相对稳定的市场参与主体。在实际的经营过程中，如果某一个经营者需要更多的资金投入以扩大生产时，就会首先选择这种基于血缘或姻亲的"会"进行资金筹集。通过对商业发达的温州以及浙江台州等地的民间金融的研究，发现这样一个特点，民间金融活跃地区的"结盟"民俗活动的分布也相对集中，这在很大程度上说明民间金融受到传统文化的显著影响。

2. 儒家文化对中国金融市场发展的影响

在我国社会与经济转型方面，根据邓乐平教授（2004）②的观点，从纵向上看大约有两次比较大的转型：一次是从宗族式的制度转为封建制度，或可追溯到战国之前秦及至后汉之武帝，经历了约 300 年，最终确立了中国的封建制度；第二次转型大约开始于 1840 年左右的西学东渐，即由封建制向现代社会转型，因多种原因而始终未能成型。目前的转型，从某种意义上讲是第二次转型的延续和

---

① 董江静：《晋商信用伦理初探》，《山西煤炭管理干部学院学报》2007 年第 4 期。
② 邓乐平、陈洪辉：《经济转轨与中国金融的渐进式改革之路》，《西南财经大学中国金融研究中心第三届中国金融论坛论文集》2004 年 7 月。

深入，由此将最终建立起国际化、市场化、现代化的民主社会。不难发现，在第一次社会经济转型到第二次转型之间，横亘着大约 2000 年的文化、社会、经济发展历史。如果按照威廉姆森对非正式制度约束的千年频率计算，无疑第一次转型后所形成文化的约束力是强大的，与之相较，从鸦片战争至今 100 多年的第二次文化转型可以说才刚刚开始，并深受上一次转型所形成文化的巨大影响。

在第一次转型中，经过汉初崇尚"无为而治"的短期调整（这种矫枉过正的策略也招致了社会不稳定）之后，新统治者开始谋求一种不"法"（避秦之弊）不"道"（避汉初之弊）亦法亦道的国家治理结构。相比之下，法失之严酷，道失之放任，而儒则显得宽严有度，兼法道之所长。因此在新的国家治理结构中，它自然而然地登堂入室（"罢黜百家，独尊儒术"），成为占支配地位的意识形态。需要指出的是，儒家意识形态的地位一经确立，其礼的精神与规范便不仅全面渗透入人们的日常生活，而且逐步融入法典，导致了法律的儒家化。据考证，这一过程始于汉代，完成于 653 年颁行的《唐律》。结果，古代中国社会便完全交由儒家意识形态来调整。

在通过儒家意识形态来调整的古代（第一次转型后与第二次转型后的惯性影响至今）社会里，人们彼此认定的都是具体的人，而非抽象的原则或法律条文。可以说整个社会结构是依托于人际关系的网络而确立并扩展的。显然，在这种所谓的"差序社会"中，由于"一切普遍的标准并不发生作用，一定要问清楚了，对象是谁，和自己什么关系后，才能决定拿出什么标准来"，因此，存在着无数个小的信任系统，即前文所说的亚群。而在民间金融发展的文化支撑一节中，所分析的"乡土社会"或"熟人社会"便是这样一个儒家文化影响下的亚群，它对我国现阶段的金融发展而言是一种必要的文化安排。

另外，虽然以儒家文化为基础的伦理规范体系，使我国的传统社会保持了长达两千年之久的超稳定结构，但是这种文化传统在 19 世纪后的第二次转型中受到了三次大的内外冲击，从而使传统的非正式规则受到程度不同的挑战、更新和破坏。第一次是在清末至"五四"新文化运动时期，西方的文化思潮曾经剧烈地摇撼中国传统社会文化，传统秩序开始全面崩溃，旧的规范失去约束力，旧的道德伦理被全面质疑并被新的道德意识逐步侵蚀。第二次巨大的冲击是 20 世纪 60~70 年代的"文化大革命"，这次政治运动对中国的政治观念、文化传统和道德价值系统形成了彻底的解构，人们对一切旧的文化采取虚无主义的态度，革命话语代替了传统社会的伦常秩序，原有的价值观念在顷刻间坍塌。但是新的道德伦理并没有与中国传统社会观念有机融合，因而没能形成一种有渗透力和生命力的新文化。第三次冲击发生在 20 世纪 80 年代改革开放以后，西方伦理和公民意识再一次冲击中国本土文化，在原有文化传统遭到抛弃而新的规范、伦理尚未建立起来的时候，从而在价值体系中出现了菁芜杂陈的混乱局面。儒家传统断裂，西方以契约为基础的市场伦理难以迅速确立，同时革命时代和计划经济时代的革命文化亦未遗留深厚根基，因此，当下的伦理规则可谓出现某种程度的"信仰缺失"和"道德真空"。

尽管我们承认乡土社会环境下的道德约束、社会习俗等非正式规则对当前的金融发展有促进作用，但是我们也必须认识到，现代社会人口增加、人口流动加剧、亚群的范围逐渐扩大、熟人社会的道德约束逐渐减弱，而这也正是一个由熟人构成的"乡土社会"向一个由"陌生人"构成的现代社会的转型过程。在我们用"文化断层"和"道德真空"等道德本身解释非道德现象的时候，在社会转型的视角下也应该看到这些事件出现的客观原因。据《中国通史》记载，康熙六十一年（1722年），全国人口突破1亿；新中国成立初期约为5亿，而最新的人口普查显示这一数字为13.4亿。中国社会科学院《社会蓝皮书：2012年中国社会形势分析与预测》指出，2011年中国城市化水平首次超过50%，而这一数字在1949年仅为10.64%。另外，大量农民工进城，而农村多为留守老人和儿童。从经济的角度来说，中国当下从计划经济向市场经济的转型固然是非常重要的一种社会转型；但是从社会学角度来看，中国从传统乡土社会向现代契约社会的转型可能更为重要，因为，文化对社会经济行为主体的行为选择以及制度变迁的路径都将产生重大影响。如上所述，与经济转型的特点类似，我国转型期的文化也呈现出"乡土"与"现代"、"熟悉"与"契约"的双轨制特点。

三、结论

文化在中国金融发展中已经且正在发挥着重要作用。事实上，不仅仅是中国传统文化中的精华部分对中国金融发展产生了深远影响，整个社会变迁过程中积累起来的精神财富都在某种程度上推动着中国金融发展。但是当前中国金融发展中确实出现了一些问题，如腐败，它们在很大程度上可以归因于缺乏对文化的重视。根据新制度经济学的观点，文化作为一种非正式制度，会对经济增长产生作用，毫无疑问它也会影响到金融的发展。可以说，中国目前并不缺乏先进的正式制度，尤其不缺乏各种各样的法律制度，但是银行信贷仍然是企业主要的融资方式，资本市场发展不活跃，特别是经常发生金融大案要案，探寻其背后的原因不能不说有文化的因素在起作用，尤其是文化的内核之一信用在发挥重要作用。

金融基于信用而生，信用可以说是市场经济的灵魂。但是中国目前的金融发展忽视了诚信原则。事实上中国传统儒家文化中是特别强调信用的作用的，因而，当前中国金融发展所缺失的信用在某种程度上既反映了中国传统文化的流失，又反映了当前中国市场经济发展中存在的缺陷。因此，要进一步推动中国金融业的改革和发展，务必要先将信用和市场文化建立起来。

参考文献

［1］ 费孝通：《"三级两跳"中的文化思考》，《读书》2001 年第 4 期。

［2］ 王曙光：《发展小额信贷需要良好的制度环境》，《新财经》2006 年第 12 期。

［3］ 邓乐平、陈洪辉：《经济转轨与中国金融的渐进式改革之路》，载西南财经大学中国金融研究中心：《第三届中国金融论坛论文集》，2004 年。

［4］ 冉易：《文化、行为选择与金融发展》，西南财经大学，2012 年。

［5］ 王宁：《国内外金融支持文化产业发展的比较研究》，贵州财经大学，2013 年。

［6］ 王锟：《金融支持文化产业发展研究》，山东财经大学，2013 年。

［7］ 邓乐平、冉易：《文化与金融研究评述》，《经济学动态》2012 年第 6 期。

阎锡山货币金融理论实证

——《山西文水县民国纸币》研究

张　奕[*]

引　言

在我国金融业日趋蓬勃的今天，尽管金融理论与体系在不断地完善，但仍然存在许多不足之处。在思考这些问题的解决方法时，不仅需要结合当代金融的实际状况，还应该结合历史，以史为鉴，研究发现并合理采纳前辈的金融思想与理论，去其糟粕取其精华，用以服务于今日的金融发展。而阎锡山作为民国时期山西省的掌权者，在当时动荡不安的时代格局下，他通过创办官商合办的金融机构，统一货币，规范金融法律，大力发展山西的金融业，在一定程度上维护和保障了山西的金融秩序有效运行。

因此，很多学者都对阎锡山的金融思想及其实践有所研究。中国商业史学会名誉会长孔祥毅在《阎锡山的货币金融思想与实践》中详细介绍并总结概括了阎锡山的货币金融思想，将其分为三项货币思想与四项金融思想，高度概括了此思想的特点：开放性、综合性、独创性、整体性。研究者樊源[①]在《阎锡山的经济思想及其影响》中指出阎锡山实行的金融理论实践只会增加其对人民的剥削，而对人民毫无利益可言。而周旭峰[②]在《浅析阎锡山金融思想的成因与影响》中肯定了阎锡山的"物产证券"论启动了山西省金融的观点。研究者刘峰博和韩丹丹[③]也在《阎锡山与中原大战后"晋钞"的发行》中肯定了"晋钞"的发行在一定程度上维护了地方金融秩序。

目前，对于阎锡山货币金融思想的理论、成因和影响均有文献叙述，唯有根

---

　　* 　张奕，山西太原人，山西财经大学环境经济学院学士，金融学第二学位学士。此论文为金融学学士论文修改稿，指导教师张亚兰。

① 樊源：《阎锡山的经济思想及其影响》，《忻州师范学院学报》2009 年第 5 期。

② 周旭峰：《浅析阎锡山金融思想的成因与影响》，《金融营销》2013 年第 2 期。

③ 刘峰博、韩丹丹：《阎锡山与中原大战后"晋钞"的发行》，《山西档案》2012 年第 3 期。

据货币实物资料的实证少之又少，而赵立平先生的《山西文水县民国纸币》提供了较为详细全面的山西省文水县民国纸币实物照片，以及相应的时代背景、主要用途等的文字描述。所以笔者将研究分析《山西文水县民国货币》，通过以年份为主线对纸币进行的整理与统计来实证阎锡山的金融理论，从货币的角度了解剖析其金融思想，为当代金融的发展提供借鉴。

一、《山西文水县民国纸币》概述

《山西文水县民国纸币》这本书是编者经过 20 多年潜心收集的结果，所收集的纸币包括了 1921～1938 年山西省银行、文水县政权、文水县地方银号和商号、文水县抗日政府以及各个乡镇、村发行的 700 余种纸币。一个县的地方纸币单独编辑成册在我国还是首次，其收集数量与种类之多也属罕见。并且这本书中的纸币均属于民国时期，这为我们研究民国时期文水县的金融政策提供了便利。

《山西文水县民国纸币》除了影印 784 张民国时期的义水纸币之外，在概述文水县情况的基础上，还对这些纸币进行了考略。编者从文水县的历史情况引入，概括了民国时期山西的金融状况之后，由文水县规模较大的钱庄和银号说起，以时间顺序介绍了阎锡山"酵面理论"在文水县的具体实施情况，之后又引出其他的银号和钱庄，着重说明了账庄，并详细描述了"私票"、"暗记券"、"加字券"以及"借发券"等几种特殊的币种，最后以解释抗日政府的"地方金融流通券"结束。从中，笔者对文水县以及民国时期文水的纸币有了更深刻的认识。文水县位于山西省中部，太原盆地西缘，吕梁山东麓，与祁县、太谷、平遥相邻。1939 年成为中国共产党领导下的地区。民国时期文水的金融业非常活跃，考略中就有记载，"到民国二十二年（1933 年），文水县商铺已经达到 190 家，从业人员 1146 人"；"文水县的合聚永钱庄与山西银号的鼻祖——平遥的日升昌是同一时期成立的"；"文水县是全省设立农工银行较早的县城之一，于 1923 年成立"。书中还写道，"山西的账庄仅存在于文水"，"'借发券'是文水县土生土长特有的产物"。至此，这些纸币与民国时期阎锡山在山西实行的货币金融政策到底有何种联系？在对这些纸币进行了归纳统计之后，我似乎发现一些规律。

二、阎锡山货币金融思想与实践实证

阎锡山民国时期在山西实行的金融统治可以分为三个时期，1918～1930 年为金融统治前期，1932 年 2 月阎锡山再度掌权至 1937 年 7 月抗日战争爆发前为金融统治后期，第三个阶段是 1937～1938 年的抗战初期。《山西文水县民国纸币》中的纸币发行时期在 1921～1938 年，下面就按照时间顺序通过书中的纸币来实证阎锡山的货币金融思想与实践。

1. 阎锡山金融统治前期

1918 年，阎锡山执掌军政大权之后便设立了铜元局，收买民间的制钱改铸成铜元，解决山西当时铜元奇缺、商民交易困难的问题。1919 年，阎锡山将 1911 年成立的山西官钱局改组为官督商办的"山西省银行股份有限公司"，简称"山西省银行"，其章程中明确写道，"本银行以经营普通银行事业、调剂全省金融为宗旨"。[①] 在山西省银行成立之时，由于社会变革，山西境内的货币流通体系十分混乱，钱庄、当铺、票号、银号等都可以发行纸币，市场上便流通着银两、铜元、铜货币以及各样兑换券和钱帖子，严重影响经济的发展。为了维持金融秩序，发展经济，阎锡山在 1919 年发布了《划一币制暂行规则》："第一条，凡山西境内商民交易，一律遵行银元铜元"；"第四条，此后放款借款，均用银元铜元，不得行银两及制钱"。[②] 并相继发布了《禁私商纸币规则》、《山西省查禁私发纸币规则》等一系列禁止私发兑换券的政令。从那时起，山西境内的货币流通日趋稳定，阎锡山的货币整顿初见成效。

直到 1930 年，爆发了军阀之间夺权的中原大战，为提供军事需要，山西省银行开始大量增发纸币，《阎锡山的四银行号》中对省币的发行量有这样的记载："1923 年以前，发行不到 500 万元；1924 年以后到 1929 年，发行额增到 1300 万元；1930 年，突增到 7000 余万元。"[③] 当时，由于战争的爆发以及之后阎锡山的战败，山西省银行发行的纸币猛烈贬值，山西的金融市场再次遭遇巨大的动荡。

《山西文水县民国纸币》中共含有 90 张 1921～1930 年的纸币，其中，正常发行的有 22 张，17 张为兑换券，内含 10 张小面额纸币，从票面上所写的"以零兑整"、"便利找结"、"不做金融"可以看出（如图 1 所示），这些纸币是商号为本店找零而印制的兑换券。

另外 5 张除 3 张省银行发行的纸币外，还有 1 张官商合办的文水县农工银行的纸币、1 张瑞昌银号发行的纸币。图 2 所示为 1924 年农工银行印制的壹圆纸币，从文水县农工银行 1923 年成立的情况下看来，这张是其建立不久发行的。而图 3 所示 1930 年印制的加盖"文水"字样的山西省银行兑换券，即是中原大战时期大肆发行的晋钞。其余的 68 张中，有 10 张纸币看起来较新，其中有 3 张没有盖章也没有使用过的痕迹；45 张盖有"……村借发"的印章（见图 4）；15 张跨行、跨镇、跨县借发的借发券。对于这种"借发券"，《山西文水县民国纸币》

---

① 国家第二档案馆（南京）档案，北洋政府财政部档案卷一〇二七，转引自《民国山西金融史料》。

② 山西政书编辑处：《山西现行政治纲要》，民国十年（1921 年）编印，转引自《民国山西金融史料》。

③ 王尊光：《阎锡山的四银行号》，山西省文史馆，手抄件，转引自《民国山西金融史料》。

图1　文水西街庆长久兑换券，伍分，印有"以零兑整"字样

的编者解释道："借发券，就是利用过去留下来的其他银号、商号的纸币和旧票，加盖本银号、商号的'借发'章后重新加以利用谓'借发票'。"联系当时的"禁止私发纸币"的政策，我们不难联想到，阎锡山要求统一货币，将私钞查收并销毁，1929年颁布的《山西省查禁私发纸币规则》有这样的规定："本省境内

图2　文水农工银行1924年发行的壹圆纸币　　图3　山西省银行1930年发行的壹圆纸币

除中国银行、山西省银行经国府、省政府分别令准发行纸币外，其余公私商号一概禁止发行"；"各县每期收回之纸币若干，查封具报后，即由民、财两厅会派委员赴县检查，如数无误，即将封存纸币会同焚毁"。① 而这些借发的纸币，正是当时被回收而未被销毁的那一部分，在后来抗日战争的威胁下，村公所以借发方式再度发行。

图4　贰角义和盛茂记兑换券，上河头村公所以伍角借发

2. 阎锡山金融统治后期

由于中原大战，晋钞急剧贬值，信用下降，因此，阎锡山1932年再次上台后，立即整顿山西省银行，将其定为官营民监的性质，并规定以20元旧省钞顶1元洋元来收回旧钞。之后在1932～1935年间，又相继成立了绥西垦业银号、晋绥铁路银号和晋北盐业银号，用来发行纸币，调剂全省金融，1935年底，以稳定物价为由，阎锡山将山西省银行、垦业银行、盐业银行、铁路银行联合成立"四银号实物十足准备库"，具体的储备内容有金银货币、生金银以及市场上交易的货物。在当时，实物准备库实际上是为四银行发行纸币作实物准备。

同一时期，为解决省钞信用低与无发行纸币准备金的问题，阎锡山提出了"省钞发酵"的理论，即以山西省银行发行的纸币作为"总酵面"，各县成立县银号和总信用合作社，县下一级的村成立村信用合作社，县银号从省银行息借一部分基金，加上另外筹集的资金再度"发酵"，通过总合作社以兑现票借给各村，各村以此为汇兑基金，发行以土地为担保的信用合作券。"省钞发酵"体现的是阎锡山信用扩张的思想。他借商号和钱庄的现金为准备金，发行纸币，山西省银行无须准备金，便扩大了纸币发行数额，并保证了兑现和流通。

---

① 《山西政报》，民国十八年（1929年）七月，转引自《民国山西金融史料》。

而针对货币膨胀、劳动成果分配不合理的问题，阎锡山又提出了"物劳学说"，即"物产证券"与"按劳分配"的思想。"物产证券"是指"政府用法令规定代表一定价值之法货，用以接受人民工作产物并作人民兑换所需物产及公私支付一切需用者也。政府接受物产若干多，即发行若干证券，同时即将此种物产，售于消费者，而收回证券"①，发行的以土地为担保的信用合作券就是"物产证券"的一个体现。"按劳分配"则指各人根据各人能力大小去劳动，并享受自己能力范围内的劳动成果，即所谓"能劳动之人，须人人劳动，能力大的，知识大的多做，多享有；能力小的，知识小的少做，少享受；巧的巧作，照巧享有；笨的笨做，照笨享有"。②

《山西文水县民国纸币》中所含的 1931～1938 年的 651 张纸币要比 1931 年之前的纸币规律很多，能够看出阎锡山的"省钞发酵"理论以及"物产证券"的理论对于山西金融市场的规整是很有效的。根据"省钞发酵"理论，文水县银号从山西省银行获得"酵面"，整合其他基金之后由县级总信用合作社再发行到村一级，即农村信用合作社。《山西文水县民国纸币》中共有 12 张文水县银号发行的兑换券，其中 5 张是正常发行的，另外 7 张都有借发的情况，主要借发给文水县财务局和合聚永钱庄。文水县总信用合作社在 1935 年成立，书中所收藏其发行的信用合作券共有 58 张，各村信用合作券共有 34 张，我们不难看出，各村的"信用合作券"设计风格基本相同（如图 5 所示），所以能够断定当时村信用合作社的"信用合作券"是政府当局统一面额、统一设计、统一印刷、统一发行的。各村信用合作社的实践将"物劳学说"具体深化到农村金融之中，使农村经济活跃起来。村一级的除村信用合作社之外，《山西文水县民国纸币》中还有农村经济维持会 1932 年发行的 21 张纸币，并且有 19 张印有各大钱庄、票号和农工银行代兑的印章（如图 6 所示），"这些纸币等同于早期民间票帖中的'兑帖'，它们也是此号出，彼号兑的民间信用货币，是'兑帖'的遗存"。③即农村经济维持会发行而农工银行与各大钱庄、票号可代理兑换。根据年份推测，文水县农村经济维持会是在农村信用合作社成立之前担任村一级发行纸币任务的单位。剩下的 511 张纸币中有 15 张文水县酒业公会兑换券，3 张商业工会兑换券，各村村公所发行的维持金融券、金融维持券、农村救济券、农产维持券、农产合作券、农产兑换券、村公所借发券等 488 张（如表 1 所示），另外 5 张为

---

① 《物产证券与按劳分配》，《钱币革命的具体实施》，阵中日报社，民国二十九年（1940 年）九月一日，转引自《民国山西金融史料》。

② 《阎伯川言论辑要》第六册，阵中日报社，民国二十六年（1937 年）版，转引自《民国山西金融史料》。

③ 《山西文水县民国纸币》。

文水裕商银号、兴华银号、钜兴当以及合聚永钱庄在 1932～1935 年间发行的纸币。

表1　1931～1937 年文水县各村纸币发行情况一览表　　　　单位：张

发行单位	村信用合作社	村公所	银号/钱庄/当铺/商号
风城镇	6	42	33
开栅镇	0	14	6
孝义镇	7	18	13
马西乡	2	18	2
西城乡	0	9	26
南武乡	5	13	17
南庄镇	0	7	23
南安镇	1	8	59
刘胡兰镇	0	11	26
下曲镇	1	11	35
北张乡	12	13	29
其他村	0	9	12
共　计	34	173	281

资料来源：依照《山西文水县民国纸币》第五部分：文水县各个乡镇、村发行的纸币整理。

图5　由左至右分别是西宜亭村、冀周村、桥头村、上河头村贰角信用合作券

抗日战争爆发后，由于战争的影响，山西省银行在 1937 年太原失陷之前迁移至运城和临汾，1938 年晋南吃紧又迁移至西安，档案中曾记载当时"晋省各分支机构一律停业"。[①] 由此，我们不难得知，当时各县以及各村的金融已不能依靠省银行和县银号。从《山西文水县民国纸币》中 1937 年、1938 年发行纸币

---

① 郭荣生：《中国省地方银行情况》，国家第二档案馆（南京）档案，财政部卷，转引自《民国山西金融史料》。

图6　文水县农村经济维持会发行的伍角纸币，由文水农工银行代兑

上多有村公所借发（如图7所示）的现象可以推测出，这时，村公所将同一时期商号发行的货币收回，以土地为担保通过"借发"的方式发行货币。"这说明阎锡山的'村本政治'政策的确是强化了村级政权，并使村公所能在困难时期，利用'物产证券'理论，用自己的力量维护一方金融稳定，实为难得之举，在农村金融史上值得一书。"[①] 除了村公所借发的纸币之外，书中还收藏有12张1937年文水县财政局发行的维持金融券以及3张1938年文水县抗日政府发行的地方金融流通券。

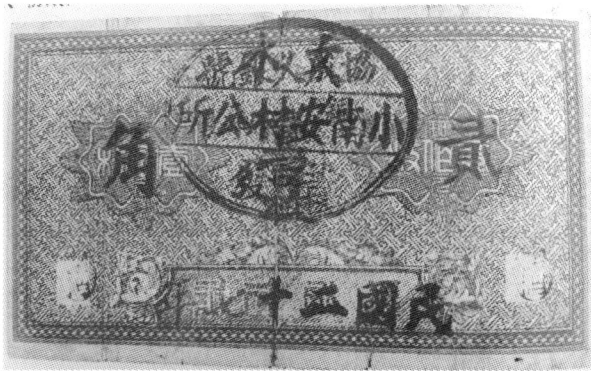

图7　1938年小南安村借发协成久银号的纸币

---

① 张亚兰：《一部实证阎锡山货币金融理论的钱币奇书——〈山西文水县民国纸币〉》，《山西日报》2013年10月25日。

此外，还有 46 张纸币没有标注年份或是年代已久，表示年份的字迹模糊不清了。其中 15 张正常发行，多为各大银号发行的小面额纸币；27 张纸币有"借发"的情况；4 张看起来比较新。

至此《山西文水县民国纸币》中的纸币全部提及，这些珍贵的纸币实物反映了阎锡山货币金融思想的多个方面。笔者在此论文中尝试通过研究书中的纸币实物对阎锡山的金融理论与实践进行实证，所写到的只是很浅薄的一部分，其中仍有很多金融现象还有待考察。

三、对阎锡山及其货币金融思想的认识

对于阎锡山统治时期的金融理论与政策，有很多专家学者都作出了评价。中国商业史学会名誉会长、中国金融学会常务理事、山西财经大学晋商研究院学术委员会主任孔祥毅先生在《阎锡山的金融货币思想与实践》中指出，阎锡山的货币金融思想及其实践可为不发达地区或国家在工业化起步阶段提供参考，并评价阎锡山的货币金融理论体系在现在看来是不成熟的。上海社会科学院经济研究所经济思想史研究室主任钟祥财认为阎锡山的封建意识相当严重，并在《阎锡山的"物产证券"论剖析》中分析道，"物产证券"不仅有浓厚的封建色彩，还混杂着空想社会主义的思想观点。山西省社会科学院历史研究所副所长景占魁在《简论阎锡山在山西的经济建设》中虽然也批判地指出"物劳学说"既有封建主义和资本主义的内容，又有很强的现实针对性和政治色彩，但评价阎锡山本人"在主观上也尚有较为强烈的富国裕民、争取民族自强独立的愿望"。

在笔者看来，阎锡山及其金融理论虽然有封建色彩，当时他发行的省钞也造成了通货膨胀等问题，但是，在那样一个军阀混战、内忧外患的时代背景之下，山西省的经济发展比其他省份要好，还曾一度被评为全国的"模范省"。这正是得益于阎锡山的"划一货币制"、"省钞发酵"和"物产证券"等理论的实施。这些货币金融理论的实践，不仅维护了阎锡山的统治，而且为当时山西的工业化提供了资金支持，使山西的经济得到发展并领先于全国。笔者认为，阎锡山在统治山西 38 年间，确实为发展山西省的经济、金融处心积虑，苦心经营，而他对金融资本非同一般的理解也帮助他制定出因时因地的金融政策，为山西金融业与经济的发展打下坚实的基础，也在山西金融史上书写出光辉的一笔。

附　录

附表1　　1911~1936 年阎锡山成立的重要金融机构及主要业务

时间	金融机构	主要业务
1911	大汉银行	周转军费，支援军用
1912	山西官钱局	财政款项收支、钱币兑换、货币发行等
1913	晋胜银行	发行纸币、办理汇兑、划拨、存款、放款、代办交通银行业务
1919	山西省银行	垄断纸币发行为目标，具有中央银行性质的垄断性的管理性机构是公股合营性质的股份银行
1923~1926	县级官商合办农工银行	民间发放贷款、代发省钞，辅助政府金融机构活动
1930	中华国家银行	发行纸币，中央银行的业务
1932	县银号	代理县金库，办理存放款及汇兑、发行兑换券
1933	信用合作社	信托、汇兑、代理收付
1932	绥西垦业银号	资助实业、存放款项、储蓄、汇兑抵押、发行期票、发行兑换券、买卖生金银，但不经营股票、公债的买卖
1934	晋绥地方铁路银号	经理同蒲铁路的金库、存款、放款、投资、汇款、期票、储蓄收购金银
1935	晋北盐业银号	经营盐款、汇兑、存款、扶助各项公营事业、发行兑换券

附表2　山西省银行及文水县重要金融机构纸币发行情况

	发行单位	年份	面额	书中的数量	备注
	山西省银行	1930	壹角	1 张	
			贰角	1 张	
			壹圆	1 张	
文水县政权	文水农工银行	无年份	铜元拾枚	1 张	
			铜元伍拾枚	1 张	
		1924	壹圆	1 张	
		1938	壹圆	1 张	
	农村经济维持会	1932	壹角	7 张	有代兑，代兑的单位有：钜源泰钱庄、长慎和钱庄、兴华银号、农工银行、兴泰花栈、信源永、瑞和银号、德和公、保兴号记、乾一钰
			贰角	5 张	
			伍角	5 张	
			壹圆	4 张	

	发行单位	年份	面额	书中的数量	备注
文水县政权	文水县银号兑换券	1934	壹角	2 张	有借发，借发的单位有：文水县财务局、文水县合聚永钱庄
			贰角	2 张	
			壹圆	3 张	
		1935	壹角	3 张	
			贰角	2 张	
	文水县信用合作社	1935	伍分	17 张	
			壹角	17 张	
			贰角	19 张	
			伍角	5 张	
	财政局维持金融券	1937	壹角	1 张	
			贰角	1 张	
			壹圆	10 张	
文水县地方银号和商号	协成久银号	无年份	铜元壹佰枚	1 张	小南安村借发
	天盛永银号	无年份	铜元壹佰枚	1 张	石侯镇永兴泉借发
	裕同泰记	无年份	铜元壹佰枚	1 张	石侯镇借发
	万生利钱庄	1925	铜元伍拾枚	1 张	村借发
	文水裕商银号	无年份	铜元壹佰枚	1 张	有年份的均为兑换券
		1926	叁角	1 张	
			伍角	1 张	
		1928	伍角	20 张	
	文水兴华银号	无年份	铜元壹佰枚兑换券	1 张	
		1927	伍角	1 张	
		1932	壹角	1 张	
	信义亨银号	无年份	铜元贰拾枚	1 张	谢家寨村借发
			铜元壹佰枚	1 张	
		1928	贰角	1 张	均为石侯镇借发
			伍角	1 张	
	义同和兑换券	1928	贰角	1 张	均村借发
			伍角	1 张	
	汇源银号	无年份	铜元贰拾枚	1 张	
		1931	壹角	1 张	
			壹圆	1 张	

	发行单位	年份	面额	书中的数量	备注
文水县地方银号和商号	文水商业工会兑换券	1932	叁分	1张	村借发
			壹角	1张	县财政局借发
			贰角	1张	
	文水县酒业公会兑换券	1933	壹角	5张	有代兑，代兑的单位有：晋源泉、永泉长、宝庆泉、丰源裕、广顺源、义源通
			贰角	4张	
			伍角	3张	
			壹圆	3张	
	钜兴当	1934	壹角	1张	
			壹圆	1张	
	合聚永钱庄	无年份	铜元壹佰枚	1张	向文水县银号借发
		1934	壹圆	1张	
		1935	壹角	1张	
文水县抗日政府	文水地方金融流通券	1938	壹角	1张	
			贰角	1张	
			壹圆	1张	

附表3 文水县各乡、镇发行纸币情况

年份	发行地方	名称	面额
1921	凤城镇	宝庆瑞	铜元壹佰枚
	南安镇	文水晋源泉	铜元伍拾枚
1924	南安镇	晋源泉	铜元贰拾枚、铜元叁拾枚
1925	南安镇	文水万生利钱庄	伍角
1926	凤城镇	文水东街德和永兑换券	铜元叁枚、铜元伍枚
		协同心兑换券	伍拾文、捌拾文
	开栅镇	德合全兑换券	柒拾文
	西城乡	永茂泉兑换券	贰角
	南庄镇	积义恒兑换券	壹角、贰角、伍角
		三成德兑换券	壹角
		天聚源兑换券	叁角
		志诚久兑换券	伍角
	南安镇	文水世义当兑换券	壹角、伍角
		瑞昌银号	铜元伍拾枚

年份	发行地方	名称	面额
1926	刘胡兰镇	文水义同和兑换券	伍角
		文水天聚源兑换券	贰角
	马家堡	世义当兑换券	壹角、伍角
1927	西城乡	文水三盛玉兑换券	壹角、贰角、伍角
		文水玉盛泉兑换券	壹角
	南庄镇	文水三盛玉兑换券	壹角、贰角、伍角
		天聚源兑换券	伍角
	南安镇	复盛钱粮庄兑换券	壹角、贰角、伍角
		文水谦心玉兑换券	贰角、叁角
		文水双合永	壹角
		复盛钱粮庄兑换券	壹角、贰角、伍角
	刘胡兰镇	文水福德源兑换券	壹角
	韩武堡	永茂泉兑换券	贰角
	其他	文水福德源兑换券	壹角
1928	风城镇	德和泰兑换券	贰分、叁分、伍分
		庆长久兑换券	贰分、伍分
		义和盛茂记兑换券	贰角
	西城乡	文水三合永兑换券	贰角
		文水信义亨兑换券	贰角、伍角
	南庄镇	裕民银号兑换券	伍角
		德兴钰兑换券	壹角、贰角
	南安镇	裕民银号兑换券	伍角
	刘胡兰镇	文水崖底村兑换券	伍角
		文水天顺泉兑换券	伍角
	下曲镇	协泰魁城记兑换券	伍分
		下曲镇村政公所	贰角
	北张乡	义和盛茂记兑换券	贰角
	其他	文水汇川账庄兑换券	壹角、贰角、伍角
		晋义源兑换券	贰分
1929	风城镇	天顺义兑换券	伍分
		文水义记兑换券	壹角、贰角
		义和盛茂记兑换券	贰分
	北张乡	义和盛茂记兑换券	贰分

续表

年份	发行地方	名称	面额
1931	孝义镇	汇源银号	壹圆
	西城乡	裕盛泉兑换券	贰角
	南庄镇	文水温云村复顺祥	叁分
		瑞成久账庄	伍角
	南安镇	瑞成久账庄	伍角
		文水温云村复顺祥	叁分
1932	风城镇	晋一允兑换券	叁分
		瑞山玉记	叁分
	开栅镇	德盛长兑换券	贰分、叁分、伍分
	西城乡	涌胜泉兑换券	伍分、壹角、贰角
		裕盛泉兑换券	贰分、伍分
	南武乡	晋文德和永记	壹角、贰角
	南庄乡	会友昌兑现券	贰分
		文水温云村复顺祥	壹角、贰角
		文水温云村义和永	伍分、贰角
		义生永兑换券	伍角
	南安镇	文水温云村复顺祥	壹角、贰角
		当业恒和生仁记	壹角、贰角
	南安镇	文水德发和	壹角、贰角
		文水温云村义和永	伍分、贰角
		文水中发源	伍分
		文水商业工会兑换券	叁分
		云集号兑换券	壹角
		大同永兑换券	贰角
		涌胜泉兑换券	壹角、贰角
	刘胡兰镇	云集号兑换券	壹角
		天德厚兑换券	贰分
		福德源兑换券	壹角
	下曲镇	务本生兑换券	伍分
		瑞庆祥兑换券	壹角
		义和恒宏记兑换券	贰分、叁分、伍分、柒分
		通义号兑换券	壹角

年份	发行地方	名称	面额
1932	北张乡	通义号兑换券	壹角
	其他	交城利增祥兑换券	壹角、贰角
		欲宏粮庄兑换券	伍分
		福德源兑换券	壹角
1933	凤城镇	意兴隆兑换券	贰分、叁分
		天利和长记	壹角
	孝义镇	积聚长兑换券	壹角
		聚合永兑换券	叁分
	西城乡	广济当	贰角、壹圆
	南武乡	广济堂兑换券	伍分
		德元永兑换券	伍分
	南安镇	永和源兑换券	壹角、贰角、伍角
		东兴裕兑换券	壹角、伍角
		文水杨落堡信用合作券	伍角
		杨落堡兑换券	伍角
	其他	文水思贤村和合春	壹角
		世合昌兑换券	伍分
1934	开栅镇	三盛永兑换券	壹角
		自积成兑换券	贰角
	南武乡	麻家寨公所救济券	贰分
		谦成永广记兑换券	叁分
	南庄镇	文水南庄镇聚合永	壹角、贰角
	南安镇	晋源泉	贰角、叁角
	刘胡兰镇	复盛川兑换券	贰角
	下曲镇	富村号兑换券	壹角、贰角
	北张乡	文水县上河头村信用社	壹角
	其他	德馨原兑换券	叁分
1935	凤城镇	章多村信用合作社兑换券	贰角、伍角
	南武乡	杨家寨村信用合作券	壹角
	南安镇	文水晋宏德昌记	壹角
		文水西社镇大顺源	贰角
	下曲镇	文水县下曲镇农民救济合作券	壹角、贰角
	北张乡	农民合作救济券	贰角

续表

年份	发行地方	名称	面额
1936	风城镇	文水县堡子村维持金融券	壹角、贰角、伍角
		晋生裕兑换券	壹角
		文水永义新	壹角
		永义新兑换券	贰角
		文水德兴茂记	壹角
		四盛堂兑换券	伍分
		文水里红村维持金融券	壹角、贰角、伍角
		公义信兑换券	叁分、伍分
		天遇心记	伍分
		宜儿村维持金融券	壹角、贰角
	开栅镇	北徐村金融兑换券	壹角
		西盛永兑换券	贰角
		中舍村维持金融券	壹角、贰角
	孝义镇	文水平陶村维持金融券	壹角
		恒和长信用兑换券	壹角
		祥瑞永兑换券	壹角、贰角
	马西乡	义成涌兑换券	壹角
		神堂村信用合作券	伍角
	西城乡	庆年久兑换券	壹角
		村公所临时救济券	贰角
		西城村维持金融券	壹角、贰角、伍角、壹圆
		志积城兑换券	伍分
		德盛长兑换券	壹角
	南武乡	信记斗局兑换券	伍分
		文水明阳村河南维持金融券	壹角、贰角、伍角
		文水明阳村河西维持金融券	壹角、贰角、伍角
		文水武家寨信用合作社	壹角、伍角

年份	发行地方	名称	面额
1936	南庄镇	天合成兑换券	贰角
		文水复恒瑞兑换券	壹角
		文水南庄镇五福生	贰分
		瑞庆祥兑换券	壹角
		文水瑞成玉兑换券	壹角、贰角
	南安镇	集义生兑换券	壹角
		村公所信用券	贰角、伍角
		西韩村公所信用券	贰角
		文水西社镇广义栈	壹圆
		文水榆林村维持金融券	贰角、伍角
	刘胡兰镇	大象镇信和堂兑换券	贰分、叁分
		大盛长兑换券	叁分、伍分
		裕丰源粮庄兑换券	壹角
		至诚久兑换券	伍角
		赵村公所农民救济券	伍角
	下曲镇	聚义川兑换券	壹角
		万镒庆兑换券	伍分
		仪和长兑换券	伍分
		自成永兑换券	贰角
	北张乡	农民救济合作券	
		文水县东宜停村信用合作社	壹角、贰角
		万庆涌兑换券	壹角
		农民合作救济券	伍分
		文水武村维持金融券	壹角、贰角、伍角
		忠良恒记	伍分
1937	风城镇	裕隆实业商行	伍分
		半峪四村维持金融券	壹角、贰角、伍角
		北关金融维持券	伍分、壹角、贰角
		永达允桐记兑换券	伍分、壹角

年份	发行地方	名称	面额
1937	风城镇	文水东旧城村维持金融券	壹角、贰角、伍角
		山泰魁维持金融券	贰角
		大城南村金融兑换券	壹角、贰角
		靛头五村维持金融券	壹角、贰角、伍角
		方圆村维持金融券	壹角、贰角
		长顺源兑换券	壹角、伍角
		保和成维持金融券	伍分、壹角
		冀周村信用合作券	壹角、贰角、伍角
		复兴恒记	贰角
		韩村信用合作券	伍角
		西龙泉村永和长兑换券	伍分
		谦和裕兑换券	贰角
		义生源信用兑换券	壹角、贰角
		文水南峪口维持金融券	壹角、贰角、伍角
		南徐村金融合作兑换券	壹角、贰角
		自成永兑换券	伍分
		兴盛公兑换券	壹角
		文水南关救济金融券	壹角
		裕成厚兑换券	壹角
		文水武午村金融兑换券	壹角、贰角、伍角
		岳村救济兑换券	壹角、贰角、伍角
		长顺源兑换券	壹角、贰角、伍角
	开栅镇	宝峰义信用兑换券	壹角、贰角
		双合意信用兑换券	壹角、贰角
		北峪村口维持金融券	壹角、贰角
		武陵村公所维持金融券	壹角、贰角
		文倚村公所金融兑换券	伍分、壹角、贰角

年份	发行地方	名称	面额
1937	孝义镇	文水孝义镇辅助金融券	壹角、贰角、伍角
		文水北武度村金融救济券	贰角
		农民信用合作券	贰角、伍角
		通义公兑换券	壹角、贰角
		文水东夏祠村维持金融券	壹角、贰角
		文水乐村维持金融券	壹角、贰角、伍角
		文水马村金融券	壹角、贰角、伍角
		瑞庆永兑换券	壹角
		长盛永兑换券	壹角、贰角
		南武度村农民救济券	贰角
		文水县桥头村信用合作券	壹角、贰角、伍角
		景和长兑换券	壹角
		新生义兑换券	壹角
		文水上贤村辅助金融券	壹角、伍角
		西夏祠村维持金融券	伍角
	马西乡	文水赤峪村维持金融券	贰角
		文水河西村维持金融券	壹角、贰角、伍角
		康家庄村金融兑换券	壹角、贰角、伍角
		德聚兴兑换券	贰角
		文水马西村维持金融券	壹角、贰角、伍角
		文水县孝子渠村维持金融券	贰角
		孝子渠村信用救济券	壹角
		孝子渠信用合作社	伍角
		中渠三村维持金融券	壹角、贰角
		中庄村辅助金融券	伍分、壹角、贰角、伍角
	西城乡	东城镇农村救济券	壹角、贰角、伍角
		武良村兑换券	壹角、贰角
		义和成兑换券	贰分、伍分、壹角
		崇宝号兑换券	伍分

年份	发行地方	名称	面额
1937	南武乡	东庄村维持金融券	壹角、贰角、伍角
		义恒号	伍分
		维持金融券	伍角
		宏业号兑换券	壹角
		文水南武镇信用合作券	壹角、伍角
		文水南武镇意兴集记	壹角、贰角
		文水玉盛泉兑换券	壹角
		上河头村四义元兑换券	壹角
		裕盛和兑换券	壹角、贰角
		自成永兑换券	壹角
	南庄镇	农产兑换券	壹角、贰角、伍角
		通记账庄兑换券	伍分
		文水吴村农产兑换券	壹角、贰角
	南安镇	文水县西南社村	贰角
		天懿和（通记账庄）兑换券	伍分
		德兴玉兑换券	壹角
	刘胡兰镇	文水北贤村农民救济券	贰角
		万兴源兑换券	贰角
		文水城子村兑换金融券	壹角、贰角、伍角
		文水大象镇大盛长兑换券	贰角
		裕丰源兑换券	伍角
		文水大象镇维持金融券	壹角、贰角、伍角
		文水东堡村维持金融券	壹角、贰角
		文水王家堡兑换券	贰角
		隆记兑换券	贰角
	下曲镇	中和永金融券	壹角、贰角
		三义源玉记	伍分
		石永镇村公所	壹角、伍角
		公义和信记兑周行券	壹角
		公义和周行兑换券	贰角
		益和义兑换券	贰角
		下曲庄信用合作社	贰角

年份	发行地方	名称	面额
1937	下曲镇	下曲镇兴盛通兑换券	壹角
		隆记兑换券	贰角
		达记兑换券	贰角
		卫生医馆兑换券	贰角、伍角
		上河头村四义元兑换券	伍角
	北张乡	万聚永兑换券	伍分
		信用合作券	贰角、伍角
		东兴川兑换券	贰角
		南武涝村救济金融券	叁分
		南武涝村维持金融券	壹角
		隆盛合兑换券	壹角、贰角
		三义源玉记	伍分
		上河头信用合作券	贰角、伍角
		上河头维持金融兑换券	伍角
		上河头村四义元兑换券	壹角、伍角
		香云生记兑换券	贰角、伍角
		文水县武村信用合作社	壹角、贰角、伍角
		聚和长兑换券	壹角
		今生丽玉记兑换券	壹角、贰角
		全元永玉记兑换券	伍分
		忠良恒记	叁分、伍角
		武村广和裕兑换券	壹角
		西宜亭村信用合作券	壹角、贰角
		天良亨兑换券	壹角、贰角
		郑家庄农民救济券	壹角、贰角
		仁义信兑换券	贰角
	其他	文水苗家堡村公所发	壹角、贰角、伍角
		文水原东镇维持金融券	壹角、伍角

续表

年份	发行地方	名称	面额
1938	风城镇	永源长兑换券	壹角、贰角
	孝义镇	文水桥头村救济金融券	伍角
	西城乡	源通五长记兑换券	贰角
	南武乡	农产合作社	贰分、叁分
	南庄镇	文水汾曲村兑换金融券	贰角
		复源长兑换券	壹角
		宝裕泉	铜元贰拾枚
		宝裕泉记	铜元伍拾枚
		恒记货庄兑换券	壹角
		协裕和兑换券	贰角
	南安镇	德生泉兑换券	壹角、壹圆
		协成久银号	贰角
		宝裕泉	贰角
		宝裕泉记	伍角
		文水晋源泉	伍角
	刘胡兰镇	永义长兑换券	贰角
		协和生兑换券	贰角
		义信裕记	贰角
		文水义同和兑换券	贰角、伍角
	下曲镇	文水梁家堡农民救济券	壹角、贰角
		三义源玉记	贰角
		积义楼兑换券	贰角
		同心长兑换券	壹角、贰角
		公义和信记兑周行券	伍分
		苏家庄村公所	伍角
		宝信成兑换券	贰角
		卫生医馆兑换券	壹角
		文水永乐村合作券	壹角、伍角
		文水忠义村合作券	壹角、贰角
	北张乡	瑞昌隆兑换券	伍角
		宝信成兑换券	贰角
		仁义信兑换券	贰角
	其他	文水思贤村兑换券	壹角、贰角、伍角
		文水原西（义同和）兑换券	贰角

附表4 《山西文水县民国纸币》内容汇总

年份	面额	正常发行	村借发	合作社借发	其他借发	新发	无章
无年份	文	229d（协同心）					
	铜元	041（农工）、042（农工）、121（裕商）、125d（兴华）、137（汇源）、143（合聚永）、223d（义生庆）、343（合聚永）、344d（大道生）、345d（兴华）、348（裕商）				130（信义亨）	
	角	131；349；350；439d；481；520d；521d			129（石侯镇永兴泉）、142（石侯镇）跨县借发：534d；535d；536d；537d；538d 跨县借发借券：505；506；510	396（村借发）504借券（县借发）	
	分	574d（复成永）575d（复成永）576d（复成永）	借券459；460；461；486d；507；508；509		351（同村借发）628d（同村借发）	624	624
	壹圆				511（跨县借发借券）		
民国十年（1921年）	角		456				
民国十三年（1924年）	铜元		454；455			175（宝庆瑞）	175
	壹圆	043（农工）					

续表

年份	面额	正常发行	村借发	合作社借发	其他借发	新发	无章
民国十四年（1925年）	角	262d（德合全）；230d	134；472				
民国十五年（1926年）	文						
	铜元	164d（德和永）；165d（德和昌）；512（瑞昌）					
	角	123d（裕商）；429d（三成德）	342d；442d；475d；476d；532d；560d；683d；684d		同镇借发：412d；413d；414d	122d（裕商）；440d（天聚源）	440d
民国十六年（1927年）	角	126d（兴华）	332d；333d；334d；335d；406d；407d；408d；447d；449d；450d；451d；457d；458d；477d；478d；494d；495d；496d；497d；561d；680d；681d		482d（同村借发）448d（跨县借发）	441d（天聚源）	441d
民国十七年（1928年）	角	124d（裕商）348d（信文亭）571d（天顺泉）	138d；139d；237d346d；347d；415d473d；636d		跨镇借发：132d；133；599d同村借发：331d；430d；431d；570d同村加盖：688d；699d；700d	348（信文亭）	
	分	124d（裕商）348d（信文亭）571d（天顺泉）				213d（德和泰）227d（庆长久）228d（庆长久）212d（德和泰）	

年份	面额	正常发行	村借发	合作社借发	其他借发	新发	无章
民国十八年（1929年）	角		195d（义记）196d（义记）				
	分	149d（天顺义）	236d；635d			635d（义和盛茂）	
民国十九年（1930年）	角	001（省行）；002（省行）					
	壹圆	003（省行）					
民国二十年（1931年）	角	135（汇源）	443；468		341d（跨县借发）		
	分		432；490				
	壹圆	136（汇源）	300				
民国二十一年（1932年）	角	农经会：17张（1张新）；其他：7张（3张d）	17张（11张d）		跨县借发：4张d 同村借发：4张 跨行借发：1张104d	农经会：021；022 跨县借发：489d	
	分	11张（10张d）	8张（4张d）		跨县借发：2张d		
	壹圆	农经会：4张					
民国二十二年（1933年）	角	酒业公会：106d；107d；108d；109d；110d；111d；112d；113d；115d；116d；118d；119d 214（天利和长）282d（积聚长）352（广济当）689（和合春）	515d；531d	530（信用合作券）	跨镇借发：513d；514d；516d；517d	513d	

续表

年份	面额	正常发行	村借发	合作社借发	其他借发	新发	无章
民国二十二年（1933年）	分	167d（意兴隆）；168d（意兴隆）；287d（聚合永）；373d（广济堂）；398d（德元永）；696d（世合昌）					
	壹圆	酒业公会：114d；117d；120d；353（广济当）					
	角	县银号：004d；005d；140（钜兴当）；245d（三盛永）；246d（自积成）；565d（复盛川）；577d（富村号）；578d（富村号）	524；525	641；信合券：289；290	县财务局借发：009d；010d；跨镇借发：416d；417d	004d（县银号）；641（合作社）	
民国二十三年（1934年）	分	372（救济券）；388d（谦成永广）；695d（德馨原）				695d（德馨原）	
	壹圆	006d（县银号）；141（钜兴当）			011d（县财务局借发）；015d（合聚承借发）；145d（跨行借发）		

续表

年份	面额	正常发行	村借发	合作社借发	其他借发	新发	无章
民国二十四年（1935年）	共计 72 张，县信用合作社 58 张，其他 14 张	其他全部：007d；008d；其他县信 012d；013d；014d；144d；238d；239d；402；465；518；600；601；649		238d；239d	财务局借发：012d；013d；014d（合聚永借发）144d（跨行借发）	县银号：007d；008d	
民国二十五年（1936年）	共计 80 张，维持金融券 26 张		567	4 张	263（跨县借发）376（同村借发）跨镇借发：544；545	484；485；498 维持金融券：381；382；527	
民国二十六年（1937年）	共计 222 张，维持金融券 48 张					193；270；284d；285d；411d；569；609d；610d；626；627；673；687；688 维持金融券：369；370；371	284d；285d；369；370；371；609d；610d；626；627；688d
民国二十七年（1938年）	共计 49 张，地方流通券 3 张		13 张	2 张	跨县借发：1 张 330 同村借发：1 张 467	596；608d；619	608d；619

参考文献

[1] 赵立平：《山西文水县民国纸币》，山西出版传媒集团、山西人民出版社，2013 年。

[2] 孔祥毅：《民国山西金融史料》，中国金融出版社，2013 年。

[3] 孔祥毅：《阎锡山的货币金融思想与实践》，《山西财经学院学报》1993 年第 5 期。

[4] 孔祥毅：《金融票号史论》，中国金融出版社，2003 年。

[5] 张亚兰：《一部实证阎锡山货币金融理论的钱币奇书——〈山西文水县民国纸币〉》，《山西日报》2013 年 10 月 25 日。

[6] 景占魁：《简论阎锡山在山西的经济建设》，《晋阳学刊》1994 年第 5 期。

[7] 钟祥财：《阎锡山的"物产证券"论剖析》，《金融研究》1986 年第 9 期。

[8] 叶世昌：《阎锡山的物产证券论和孙冶方对它的批判》，《复旦学报》（社会科学版），1994 年第 1 期。

[9] 窦雪、李玉峰：《北洋政府时期山西金融政策研究》，《时代金融》2011 年第 7 期。

[10] 周旭峰：《浅析阎锡山金融思想的成因与影响》，《金融营销》2013 年第 2 期。

[11] 樊源：《阎锡山的经济思想及其影响》，《忻州师范学院学报》2009 年第 25 期。

[12] 郭晓东：《阎锡山物劳学说研究述评》，《黑龙江史记》2013 年第 11 期。

[13] 侯志强：《阎锡山的"物产证券说"及其初期试验》，《商丘职业技术学院学报》2011 年第 6 期。

[14] 薛延龄：《阎锡山三次滥发纸币》，《五台山》2006 年第 12 期。

[15] 刘峰博、韩丹丹：《阎锡山与中原大战后"晋钞"的发行》，《山西档案》2012 年第 3 期。

[16] 赵峰：《特殊的变种"晋钞"》，http：//www. tynews. com. cn/longcheng-sanjin/2008 – 01/09/content_ 3412176. htm.

从辽王朝货币制度看
中华民族融合发展的历史

李　芳[*]

李　芳[*]

辽是契丹族在中国北方地区建立的一个王朝，存在于公元916～1125年，长达两个世纪。辽在与中原和西方各国的交往中，融汇众长，卓有成效地促进了辽在政治、经济和文化各个方面的迅速发展。尤其是在活跃的货币经济推动下，经过200年的运行，逐步建立起与其多元经济结构相适应的独特的货币制度，这些促使辽在较短的时间内从落后游牧民族过渡到比较发达的农业经济时代，以下从辽的货币制度方面去探寻并印证民族融合的踪迹。

一、辽钱文字体现了民族融合

辽代货币体系中，流通时间最长、数量最多的货币是金属铸币，据文献记载，耶律阿保机之父撒剌的时，已开始铸造货币。"鼓铸之法，先代撒剌的为夷离堇，以土产多铜，始造钱币，太祖其子，袭而用之，遂致富强，以开帝业。"[1]因此在辽建国前，耶律阿保机的父辈已开始铸钱。而从考古发掘出土的和保留到现在的辽钱来考察，最晚在辽太祖时，辽已经有了自己铸造的金属货币。辽的铸币不仅有铜钱，而且有铁钱和银铸币。《辽史·食货志》中有文字记录的就有八种，分别为乾亨、太平、咸雍、大康、大安、寿隆、乾统、天庆。辽朝实行年号钱制，皇帝即位或改元时便铸造货币。辽朝九帝，使用22个年号，多数年号钱已被发现。辽钱大致可以分为三类：一是开国钱，如开丹圣宝、大丹重宝，通行泉货属于早期初创之币；二是少量祝语钱、赏赐钱，如天朝万岁、千秋万岁、丹巡贴宝、百贴之宝、巡贴千宝等；三是纪年钱，比如天赞通宝、天显通宝、天禄通宝、应历通宝、保宁通宝、统和元宝、太平通宝、重熙通宝、清宁通宝、咸雍通宝、大康通（元）宝、寿昌元宝、乾统元宝、天庆元宝、康国重宝等。从这些辽钱文字的发展规律可以看出：

---

* 李芳，山西黎城县人，山西财经大学在读博士，山西金融职业学院讲师，研究方向为金融史。
① 《辽史》卷60，《食货志·下》。

1. 辽钱延续了北魏钱特点：隶楷相参

辽钱的字体呈现出隶楷相参的特征，这是北方民族和汉民族文化融合的象征，如图1所示咸雍通宝。此钱为辽道宗耶律洪基咸雍年间（1065～1074年）铸。铜质红软，制作浑朴。面文"咸雍通宝"四字旋读，楷中蕴隶，布局匀称，辽钱古拙气韵甚浓。钱体有大、小样之别，径2.4～2.7厘米，重2.7～3.6克，光背无文。

图1　咸雍通宝

契丹民族先辈原居于鲜卑故地，同鲜卑有着血缘关系，在民族文化的交流和延续上也有一定影响。鲜卑建立北魏王朝，契丹建立辽王朝，雄踞北疆，而两朝注重吸收中原汉族文化，创立发展本民族文化。北魏书体是在两汉隶书基础上逐渐发展变化而成为一种隶楷相参的书体，而从辽钱的发展来看，其书体有不少近似魏碑之处，这些说明辽钱的文字是在继承前期书法艺术传统的基础上形成的。

2. 辽钱文字以汉字为主

纵观我国少数民族的发展历史，无论是西夏文钱、元代的八思巴文钱，还是清朝的满文钱都曾经是以自己民族的文字铸钱，而唯独契丹，没有本民族文钱留世。西夏文、八思巴文、满文之所以都能成为当时通用的文字，是因为这些文字都曾被当时政府大力推行过，具有宽泛的社会基础和群众基础，因此，西夏文、八思巴文、满文分别被用在西夏、元、清朝代的流通货币上是理所当然的。相反，契丹文缺少社会基础和群众基础，即使在当时也是一种使用范围甚窄的文字，所以没有成为一种流通货币的文字。有人估计，当时契丹国境内，汉人和渤海人占全国人数的四分之三，契丹人数占四分之一。而契丹文字即使是在四分之一的契丹人当中也没能成为一种通行的文字，何况在四分之三的汉人和渤海人中，契丹文字更不会成为通行文字，自然也就不可能来用作钱币的文字。① 因此，今天所挖掘出土的辽钱，都是汉字钱，不见有铸契丹文字钱的记载。可见，在辽所统治的各民族中，虽然辽有自己的文字，但还是以汉族文化为主，学用汉语的人数也最多。应当承认，这些都是民族文化融合的结晶。

二、辽仿照当时的中原地区货币政策

辽建国后，为了顺应历史发展趋势，积极地吸收和引进中原先进的经济和文化，实行了一系列的改革措施，使得国力大增。辽统治者极其重视对幽燕汉族文人骚士的利用，先后征服邻近各族，攻下中原地区，俘虏大批汉人，给他们以高官厚禄，把他们所带来的中原的法律、经济、宗教、礼仪、制度等各方面的先进经验和理念，应用到契丹本国制度的建立和完善上。任用了大批汉族知识分子，如韩之古、韩延徽、韩德让、康默记、卢文进等，来辅佐朝政，从而吸取了中原大量的人才和治国经验，这其中当然不可能缺少对中原货币政策的引入和吸纳。

1. 稳定币值

辽历代皇帝都十分重视币值的稳定作用。936 年，契丹得燕云十六州以后，基本上形成了契丹的版图，这样，契丹国土内又有了一块农业经济发达区，针对这一情况，辽太宗针对辽的政治、经济政策进行了重新调整，强化了汉化的程度；于 938 年改国号为大辽，改年号为会同；改幽州为南京，即析津府，改原来的南京为东京，称为辽阳府，加上京，即临潢府，共三京；并且仿照汉人的制度设立官名，布置衙门。对待契丹人和汉人以不同的政策，区别对待，比如对契丹人按照物力户等级来征服役，而对汉人则通过土地计量来征收地租。在这种情况下，交换的媒介显然是急迫的问题了，并且国家财政上也急迫地需要货币，于是太宗"置五冶太师，以总四方钱铁"，铸造了"天显通宝"，以稳定货币的流通。

辽圣宗时期，"癸巳，禁行在市易布帛不中尺度者"，② 即禁止在市场上交易不符合尺寸的布帛；"壬子，南京留守奏百姓岁输三司盐铁钱，折绢不如直，诏增之"，③ 即南京留守奏称百姓每年向三司输纳盐铁钱，所交纳绢帛折价低于实际价值，下诏提高绢帛价格。为了减少高利贷对百姓的剥削程度，辽圣宗"开泰中，诏诸道，贫乏百姓，有典质男女，计佣价日以十文；折足，退父母"，④ 即辽圣宗曾下诏各道，贫困的百姓有典当儿女的，计算工价每天十文，折够典当

① 张功平、侯正邦：《辽代货币论文选集》，内蒙古人民出版社，1990 年。
② 《辽史》卷 10，《圣宗本纪一》。
③ 《辽史》卷 10，《圣宗本纪二》。
④ 《辽史》卷 60，《食货志·下》。

钱，把被典当的人退还给他们的父母。圣宗时，在上京设都商税院都监，在中京设商税曲院都监，说明当时辽朝货币已成为普遍被认同的价值尺度，但是辽境内的钱并不充裕，为稳定货币流通，自铸的钱也有所增加，此时，改变了过去一朝只铸一种年号钱的惯例。比如"道宗之世，钱有四等：曰咸雍，曰大康，曰大安，曰寿隆，皆因改元易名"①。1053年（辽兴宗重熙二十二年）七月，兴宗在长春州设立负责管理货币的政府机关"钱帛司"；1071年（辽道宗咸雍七年）三月，又颁布了一道禁令"禁布帛短狭不中尺度者"②。这些措施都强调了货币的重要性，对于稳定币值具有十分重要的意义。正因为辽注重稳定货币，所以，纵观整个辽代的物价，也是比较稳定的，当时的斗粟"不过数钱"，有力地证明了这一点。这些都为商业的发展和货币流通提供了稳固的物质基础。

2. 货币铸造与发行集中于国家

辽十分重视货币在社会中的稳定性，并将货币的铸造权与发行权集中于国家。为了保证这一政策，辽太祖时曾设置五冶太师，以总四方钱铁。于1053年（兴宗重熙二十二年）七月，在长春州设置钱帛司③，负责国家货币的铸造、发行和管理。并令："禁夏国使沿路私市金、铁。"④ 圣宗时期，更加明确地规定"禁诸路不得货铜铁，以防私铸"⑤。道宗时期也曾经规定"禁民钱不得出境"⑥，违者执法"益严"。这样在一定程度上有效地防止了私铸滥造、币材外流和恶钱劣币，基本保证了市场货币的正常流通和稳定，同时也增加了政府的收入。

三、大量使用汉民族钱

辽的货币流通有着独特的现象，即辽境内市场上主要流通的货币是汉唐旧钱和宋钱，而不是本朝自铸币。尤其是在辽的南京地区，这一现象表现得更为明显。

南京地区因经济较发达，贸易额不断上升，钱币不够使用，996年（辽圣宗统和十四年）"开凿燕京大安山刘仁恭所藏钱币，使燕京货币得到很大补充"。⑦同时，辽又铸太平钱，与五代钱通用。南京是宋朝向辽输送贡品的交接地点。1004年（宋咸平三年）"澶渊之盟"，宋答应纳币求和，此后辽每年从宋朝得到大量岁币钱，从1004年到1221年（宋宣和三年）的117年间，总共获取岁币钱3150万两，绢1907万匹，其中大部分以铜钱折算。这些钱、绢都在南京交纳，然后传至上京。南方地区商人也以南京作为贸易枢纽，南京市场上流通的货币几

①《辽史》卷59，《食货志·上》。

②《辽史》卷22，《道宗二》。

③④⑤⑥　《辽史》卷60，《食货志·下》。

⑦　曹子西主编、王玲撰著：《北京通史·三》，中国书店出版社，1994年。

乎全是宋钱；苏辙于 1089 年（辽大安五年）使辽，回宋后奏报："臣等窃见北界别无钱币，公私交易，并使用本朝铜钱。沿边禁钱条法虽极深重，而利之所在，势无由止。本朝岁铸钱以百万计，而所在常患钱少，盖散入四夷，势当尔也。"① 说明宋钱北流的现象一直就没有停止，宋钱是辽境内的主要流通货币；宋神宗时期，沈括在分析钱荒的成因时，说："四夷皆仰中国（宋朝）之铜币。岁阑出塞外者不赀。议者欲榷河北之盐。盐重则外盐日至，而中国之钱日北。"这些话是沈括在正式场合回答皇帝的问题，从中可以看出，宋朝铜钱流入辽朝境内的数目很大，以致经常成为宋朝君臣讨论钱荒问题的原因；宋哲宗时期，郑价出使辽朝，看到"北界支到抬箱入例物见钱七十余贯并是国朝新铸钱宝"。② 看来宋朝每次增铸新钱，很快就会流通到辽朝境内；宋朝的钱禁从侧面反映了宋钱在辽境流通的普遍情况。

从以上史料记载中，我们可以看到，南京市场上，铜钱被广泛流通，"辽之方盛，货泉流衍，国用以殷，给成赏征，赐与亿万"。③ 然而，辽市场上流通的铜钱除少量是自铸外，大部分是来自汉唐五代的旧钱和从北宋流入的铜钱。纵观这个时期的货币制度发展历程，我们可以看出，在民族融合与商品经济发展的背景下，辽的货币制度呈现出汉化趋势，反映了本时期历史发展突出的特点是多民族政权同时并立，少数民族逐渐融入汉民族的时代特征。纵观历史，宋朝是汉人政权中最软弱的朝代，但同时也是货币经济最为繁荣、人民生活最富有的朝代，正是这种繁荣和富有，使宋朝在疆域领土不断被契丹民族占领的同时，才会依靠输送"岁币"和开通边疆贸易来维持本朝境内的和平与安定；同时，辽在对宋朝不断的战争和索取过程中，也逐步加速了自身社会的进步。在漫漫的历史长河中，中华文明不断地影响着周围民族，少数民族正是在与中原王朝对立的过程中，与中原文化不断接触，从而被逐渐同化，最后实现了民族融合，为后来的大统一奠定了基础。从这个角度来看，中华民族正是沿着这样一条对抗、融合、进取的轨迹逐步走向最终的统一。

参考文献

[1] 孔祥毅：《金融发展史纲》，中国金融出版社，2003 年。

[2] 彭信威：《中国货币史》，上海人民出版社，2007 年。

[3] 叶世昌：《中国货币理论史》，中国金融出版社，1986 年。

---

① （宋）苏辙《栾城集》卷 41，《论北朝所见于朝廷不利事》，转引自曹子西主编、王玲撰著：《北京通史·三》，中国书店，1994 年。

② （宋）陈均：《九朝编年备要》卷 24。

③ 孙健：《北京古代经济史》，北京燕山出版社，1996 年。

［4］张功平、侯正邦：《辽代货币论文选集》，内蒙古人民出版社，1990 年。

［5］曹子西、王玲：《北京通史·三》，中国书店出版社，1994 年。

［6］《从史料记载和考古发掘看辽南京地区的流通货币——兼论宋钱北流之缘由》，http：//www. bjww. gov. cn/2009/6 - 9/1244538005859 _ 2. html，2013 - 7 - 13.

茶路为媒，开辟晋商旅游文化新篇章[*]

郭峻峰　谢依然[**]

三百多年前，古老的亚欧大陆，因一片叶子的流动而逐渐繁忙起来，连接东西方文明和贸易的"黄金大道"产生了，这就是由晋商开拓并主导的"万里茶路"。时至今日，随着社会经济和文化的不断发展，历史文化路线越来越受到人们的重视，"万里茶路"也重新回到人们的视野之中。面对这样绝好的历史机遇，朴实善良的晋商后人，如何抓住这次"天赐良机"，开发本土旅游资源，传播晋商文化，成为当下全省经济转型重要的研究课题。

一、茶路为基，重温历史谋新机

万里茶路，指的是 17 世纪末、18 世纪初，由山西晋商开拓并主导的一条国际商路。晋商从福建武夷下梅采购茶叶，就地加工成茶砖，水运到"茶叶港"汉口，再经汉水运至襄樊和河南唐河、杜旗，然后一路由骡马驮运北上，纵贯河南、山西、河北、内蒙古，入蒙古国境内，再穿越蒙古沙漠戈壁，经乌兰巴托到达中俄边境的通商口岸恰克图。[①]全程约 4760 公里，其中水路 1480 公里，陆路3280 公里。之后，茶路在俄罗斯境内继续延伸，从恰克图向西北方向经伊尔库茨克、贝加尔湖、新西伯利亚、秋明、莫斯科到达圣彼得堡，共 1.3 万公里，成为名副其实的"万里茶路"。

中国是茶叶的原产国，早在公元 16 世纪，已有茶叶出口的历史。1689 年，中俄《尼布楚条约》签订，不但确认了两国东段的边界及其走向，也正式开启了两国间的商贸往来。1727 年，满清政府与沙俄帝国签订《恰克图条约》，确定了两国在这一地区的边界线，更丰富了清王朝与俄国的贸易形式。自 19 世纪起，清政府同俄国的茶叶贸易达到辉煌时期，茶叶出口量呈指数倍增长，逐渐超过棉

　＊　本文受山西省高等学校哲学社会科学研究项目"晋商茶路宝典——《行商遗要》（手抄本）开发研究"（项目编号：2011313）的资助。

　＊＊　郭峻峰，山西大同人，山西财经大学 2012 级金融研究生；谢依然，山西太原人，英国赫特福德大学（University of Hertfordshire）艺术学院本科在读。

　①　张亚兰：《万里茶路》，《山西财税》2013 年第 12 期。

布、丝织品而跃居第一位（如图1所示）。诗人拜伦曾说"我一定要去求助于武夷山的红茶，酒有害，茶和咖啡使我们更严肃"；俄罗斯人也说"茶叶是上帝，在它面前，其他东西都可以牺牲"，足可见茶叶在当时的受追捧程度。[①]

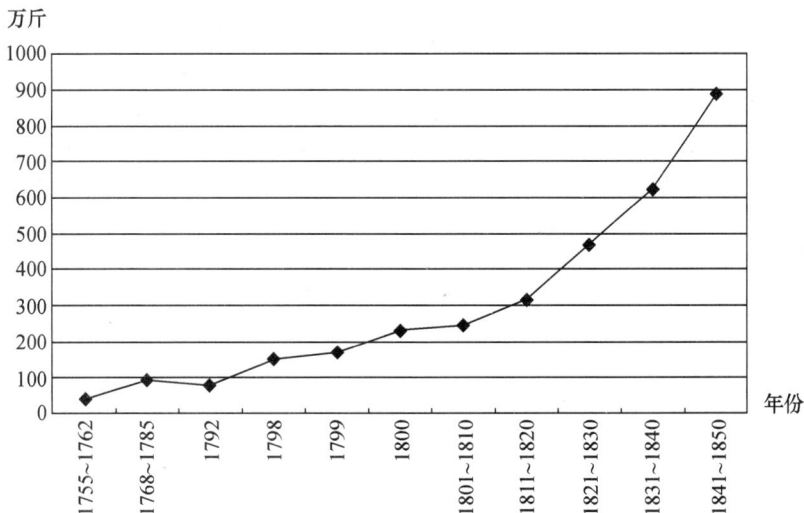

图1　1755～1850年清出口俄国茶叶量

　　在这条车水马龙、艰苦漫长的世纪大道上，晋商起到了举足轻重的作用。基于明清时代区域人口和土地配置失衡、城镇与市场呈现梯度差异等内部因素，叠加明清不同阶段政策与政局的变化变动和区际产业与资本的互补等外部因素，晋商敏锐地嗅到了其中的商机，将两者有效地协调与整合，打造出跨区域、跨国别的长途运输之路。[②] 例如，山西祁县渠家大院长裕川茶庄，便是历史上的一个具有真正意义的百年老店。在长达150多年的茶叶贸易中，"长裕川"人创造了"两头在外"的，以国内外茶叶市场为导向，以"川"字牌砖茶、三和号千两茶为名牌产品，以湖南、湖北茶山为优质生产基地，以"茶庄—茶行—茶农"为组织载体的一条龙经营模式，成为"长裕川"百年不倒的重要原因。[③]

　　然而，商途上的繁荣景象并不是一成不变的。1862年（同治元年），《中俄

---

　　① 刘再起：《从近代中俄茶叶之路说起》，《俄罗斯中亚东欧研究》2007年第5期。

　　② 孙海龙等：《明清晋商万里茶路扩展动力分析——基于经济地理学的视角》，《湖南农业大学学报》（社会科学版）2013年第1期。

　　③ 赵敏：《千年晋商 万里茶路——山西祁县渠家大院长裕川茶庄经营模式探秘》，《中国商人》2007年第10期。

陆路通商章程》在京签订。相较我国落后的生产条件，俄方占据水运交通、通信手段的绝对优势，中国商人在茶叶贸易的利润完全被俄国人夺走，生计顿失。随着蒙古人民共和国的独立，草原茶路在历史上消失。从此，芳草萋萋，遮盖了驼帮踏出的万里茶路，这条历史著名的商贸茶路渐渐被人们淡忘。①

2013 年 3 月 23 日，习近平主席上任首访俄罗斯，在莫斯科国际关系学院发表了题为《顺应时代前进潮流　促进世界和平发展》的重要演讲。他讲到，从 17 世纪的"万里茶道"到现在的中俄油气管道，中俄两国的合作共赢有深厚的历史渊源，并将中俄 17 世纪末至 20 世纪初的"万里茶道"与当今的"中俄输油气管道"并称为"世纪动脉"，这是对于万里茶道最贴切、最恰当的定位和评价，使得万里茶道重新回归人们的视线。② 这一情况被二连浩特市政府敏锐地发觉，2013 年 9 月 10 日，二连浩特市政府邀请中、蒙、俄"万里茶道"沿线 31 个城市的代表参加了第二届"万里茶道"与城市发展中蒙俄市长峰会，倡议将"万里茶道"申请为世界非物质文化遗产，并签署《万里茶道共同申遗倡议书》。

山西是晋商的发源地，特别是晋中的四个县平遥、太谷、祁县、榆次，更是晋商的故里，他们凭借长途贩茶获得的丰厚利润修建规模宏大、装饰典雅的豪宅巨邸，让人在回味历史的过程中体味美的享受。近几年来，随着电影、电视等文化产业的逐步兴起，《大红灯笼高高挂》、《乔家大院》等的拍摄播放已将乔家大院打造成为著名的旅游胜地。③ 遥想当年，乔家大院的主人乔致庸敢于冒险，独闯江南，从太平军的战火封锁中，恢复了中断多年的中俄万里茶道，实现了货行天下的历史壮举。时至今日，历史重演，在茶路申遗的道路上，我们晋商的后代们已经慢下了一小步，而能否抓住这次历史契机，重新揭开历史的封尘，让茶路文化发扬光大、享誉海内，则要看我们接下来的不断努力。

二、茶路为媒，引领旅游创商机

1. 回归历史，重走"贸易之路"

"万里茶道"的开拓者和主导者是明清晋商。乾隆初年，常万玘、常万达兄弟与其他晋商一道，手持"双龙红帖"的官商凭证，身携巨资，水陆兼程，南下赴武夷山采办茶叶，受到崇安知县和乡绅们的欢迎和款待。《尼布楚条约》的签订，使得俄国对茶叶的需求大幅增加，为了保证自己的货源和质量，晋中常

① 二连浩特旅游网：《万里茶路的消失》，http：//www.elhtly.com/article.php? id = 484，2014 年 7 月 10 日访问。
② 张亚兰：《站在历史的高度认识"万里茶道"》，《太原日报》2013 年 10 月 25 日。
③ 王培华：《影视作品对旅游地旅游发展的影响——以乔家大院为例》，《考试周刊》2009 年第 30 期。

家、渠家和"大盛魁"等晋商商号，投资买下一些茶山和茶场，并建起了制茶作坊。从武夷山到恰克图，沿途随处可见晋商的踪迹，一座座碑文、一道道车辙、一间间会馆、一条条商街，无不渗透着晋商文化的滴滴甘露。因此，茶道的总枢纽在山西，大茶商的故里也在山西，茶道精神的传播更少不了山西。①

文化的传播形式多种多样，而好的传播形式不仅令人印象深刻，更能起到很好的传承作用。例如，2013 年 2 月 18 日上演的大型实景演艺项目《又见平遥》，是"又见系列演艺项目"在中国北方地区的第一个项目，是山西省在"十二五"期间由能源大省向文化大省转型跨越的重要旅游发展项目之一。其突破了原来利用山水实景的布景，而是挪到了室内，并把古城的元素和演出有机地融合在一起。迷宫般的剧场有着繁复的空间分割，完全不同于传统剧场，从纷繁的碎片中窥视故事端倪，观众有时像看客，有时又像亲历者，看实景演出就像一次"穿越"，为晋商文化的传播开辟了新的形式。② 又如，舞台剧《一把酸枣》，讲述了清末民初，山西晋中富甲一方的殷家日渐衰微的悲惨经历，并从中勾画出一段感人至深的爱情故事。上演以来，已分赴全国包括台湾在内的三十余个地市及日本、韩国、澳大利亚、俄罗斯、巴林等国家和地区，演出四百余场，受到各界的好评，其成功经验值得借鉴。

千载儒释道，万古山水茶。茶叶是商业贸易和聚集财富的重要资源，同时与中国传统文化密不可分。万里茶道在形成过程中，沿途留下了许多口口相传、津津乐道的茶道故事，其中也都少不了晋商这个主角。因此，从发展旅游的角度出发，好的文化需要一段段好的故事作为载体进行传播，才能被人们所熟知。③ 借鉴前人经验，我们可以延续"又见"系列题材，规划"又见茶路"主题项目，将茶商南下收茶、水路运茶、驼队贩茶、中俄交易等历史场景搬上荧幕，进行演绎。亦可搜集各类史书典故、民间传说，在景区景点进行广泛介绍，用故事吸引游客，用历史传播文化，真正做到"回顾历史，重走商路"。

2. 经济发酵，重塑"生命之路"

历史上茶叶贸易的发展，开发了许多全新的工业部门，并盘活了更多的资本。靠山者围山种茶，靠水者沿河摆渡，靠集市者沿街贩卖，商贾成群。仅茶叶的包装就为茶叶初级市场带来编织竹篓、制作麻袋、修补麻袋、制木箱、铅片包装等手工行业的发展。兑换银钱的钱庄业、异地汇兑的票号业、抵押周转的典当业、押运保送的保镖业，在当时都得到了空前的发展。同时，作为往来贸易的交通枢纽，沿途汇集、运输的商品不胜枚举，打造出一条刺激经济发酵的"生命之路"。

---

① 《"中俄万里茶路"沿线 8 省区将共同申遗》，《人民铁道报》2013 年 9 月 21 日。

② 《又见平遥》，http://www.doc88.com/p－2072067952946.html，2014 年 7 月 10 日访问。

③ 李国光、李晨光：《万里茶路探晋商》，《文史月刊》2007 年第 9 期。

以"九省通衢"汉口为例，清乾隆、嘉庆年间（1736～1820年），汉口已是"楚中第一繁盛处"，船舶常在上千乃至上万艘，最繁盛时期的汉口，曾有"本乡人少异乡多，九分商贾一分民"的说法。当时，中国占世界茶叶出口量的86%，汉口则占中国茶叶出口的60%①。汉口是晋商在南方的大本营，最大的会馆为山陕会馆，会馆志记载晋商经营项目为茶叶、烟叶、布匹、药材、丝绸、瓷器、竹木、桐油等。山陕会馆规模宏大，主要分为东、中、西三跨院落，院落间用长巷相连。"楼阁台殿，鳞次栉比，陂湖近枕桥，巷曲通隙壤。外疏园厅，内织形势，阃阔梯栈，钩连繁称。"②可谓壮观。凭借晋商雄厚的经济实力，晋商会馆在当地一般都是最豪华壮丽的建筑。其中，戏楼更是会馆里的精华所在，有的会馆还不止一座戏楼。每逢节日喜庆，山陕会馆便会请来山西梆子戏班演戏，锣鼓齐鸣，甚是热闹，这就使得山西梆子传播到了全国各地，并与当地的民间艺术融合，繁衍出了众多的地方剧种。

相较汉口众多的会馆遗迹，我省保留下的晋商会馆数量较少，多数在历史的演变过程中被破坏或改造。"地下文物看陕西，地上文物看山西"，近年来，随着经济转型发展的迫切需求，我们再次把目光聚焦到了旅游行业，各地纷纷兴修古建，恢复历史原貌。以山西大同为例，从2008年开始，市中心的全部现代建筑开始拆除，目前古城里的建筑已经有三分之一改造成了仿古建筑，建筑的风格类似于北京的四合院。其中古城修复工程包括重修钟楼、代王府、华严寺、善化寺、文庙等建筑，拆除古城内的现代建筑等。在现有古建的基础上，其利用效率却大打折扣。由于承租成本高，多数门面店铺被闲置，市内游客稀稀落落，承租方也大多以金银珠宝店、银行业、超市为主，经营项目缺乏多样性，没有明显的地方特色，没有起到刺激经济发酵的实质作用。因此，大力促进经济发展，降低承租成本引进商铺，吸引大批游客进入城市，靠税收拉动政府财政，充分享受"人口红利"，才是未来经济转型发展的正确取向。

3. 信义相孚，重连"财富之路"

在利益分配的过程中，是把"蛋糕"做大？还是把蛋糕分好？实质上是一个公平与效率的问题。在这个问题上，古老的晋商为我们树立了一个良好的榜样。依靠茶路贸易有形的信息网、交通网、物流网、资金网、人力网，将茶贸这块"蛋糕"做大；依靠"东掌两权分离制度"和"人力股制度"把"蛋糕"分好。在采茶区，就流传着"茶是草，客是宝，茶客不来不得了"的民谚，在杀虎口也出土了茶商赞美税官的石碑，种种迹象表明，晋商依靠"信义相孚，和谐共赢"的理念，建立了一条利益共享的"财富之路"。

---

① 刘再起：《从近代中俄茶叶之路说起》，《俄罗斯中亚东欧研究》2007年第5期。
② 袁北星：《论外来人口与近代汉口经济发展与变迁》，《江汉论坛》2007年第9期。

晋商走出的"万里茶路"，实则是中国早期的远途物流贸易，与当今信息技术发达的物流公司相比，其规模和实力不可同日而语，但这却丝毫掩盖不了历史上这条万里"财富之路"的璀璨光芒。南方武夷山、福州、厦门、广州等地，具有得天独厚的自然条件，种植生产优质的茶叶，但碍于交通不便，难以将茶货运出，"万里茶路"解决了商品供给方面的难题；"八省码头"河口镇、"九省通衢"汉口、"南船北马"赊旗镇等地，作为重要的物流中转地，辐射周围诸多地区，是水路、陆路上的交通要道，不光连接茶路的往通，更是集经济、政治、文化于一体的中心地域，起到了"穿针引线"的作用；国外的俄罗斯茶叶市场，主要包括恰克图、涅尔庆斯克、上乌金斯克、巴尔纳乌、巴尔古今、多木斯克、耶尔库茨克、克拉斯诺亚尔斯克、新西伯利亚、比西克、莫斯科、彼得堡等地，① 与我国交易茶叶、丝织品、瓷器等产品，卖出皮毛、呢绒、金属制品，两国互通有无，"万里茶路"解决了商品需求方面的难题。由此看来，晋商的智慧，不光是连通了一条水陆贸易之路，更是编织了一张巨大的金融流通之网，以点连线，以线盖面，覆盖沿路众多地域，相辅相成，和谐共赢。

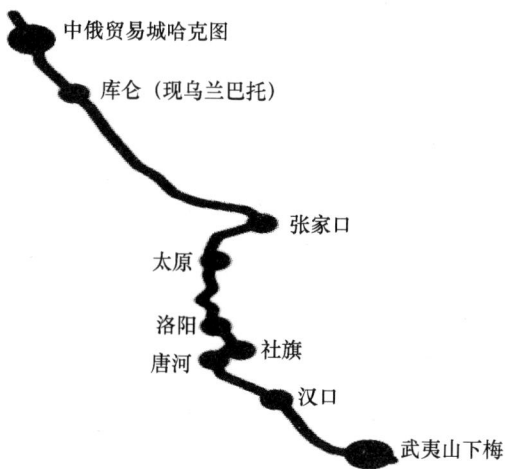

图 2　万里茶路

4. 见证荣辱，重温"拼搏之路"

第二次鸦片战争后，中俄签订了诸多的不平等条约，其中包括《中俄天津条约》、《中俄北京条约》、《中俄陆路通商章程》等，俄国茶商在中国拥有了远较晋商优厚的政策条件。在这场商战中，晋商遭受了惨痛的失败。1909 年俄国单

---

① 　郭蕴深：《论中俄恰克图茶叶贸易》，《历史档案》1989 年第 2 期。

方面宣布对在俄华商征收重税，1917 年俄国十月革命，1924 年外蒙古独立，华商在俄蒙的财产被没收，人被驱逐。

剖析这场商战失败的原因，主要有以下几点：第一，清政府大肆压榨晋商，使其不堪重负。我国作为一个封建农业大国，历代统治者为了维护其统治地位，都往往实行重农抑商的政策。随着清政府的逐步衰落，政府对商业的控制相对减弱，但是对商人的压榨却更加严重。一方面，皇亲贵戚追求奢侈生活的欲望使得统治者加大了对商人的剥夺；另一方面，由于政府的腐败，内部矛盾激化，镇压起义军和对外战争需要大量的军费，历次战争的失败，又伴随巨额的战争赔偿，于是便依靠晋商将债务转嫁给全社会。第二，清政府政治上腐朽无能，使晋商落入不堪境地。不平等条约签订后，俄商享受水路运输和减免税的便利，晋商不仅只能通过艰苦的陆路运输，而且需要交付比俄商多 10 倍的税金。因此，俄商直接深入茶产地，用效率更高的蒸汽机压制砖茶，进行规模经营，使生产成本降低。晋商曾经奋起反击，为收复商业失地背水一战，纷纷重返恰克图，但迫于政局混乱，最终偃旗息鼓。第三，清末民初自然灾害严重，社会动荡使晋商失去安全的经商环境。[①] 19 世纪后的中国，自然灾害、社会动荡连绵不断，次数之频，世所罕见，几乎无一年不发生灾害，仅在 1877 ~ 1878 年的饥荒中，就有 900 万 ~ 1300 万人死于非命。山西有民谣："光绪三年，死人一半。"这样的天灾人祸，使得晋商无法正常经营贸易，商家被抢，商队被劫，古老的"万里茶路"见证了这段屈辱之路。

因此，重走"万里茶路"，并不是简单地路线复古，更应体现出其特有的晋商精神。在这一点上，孔祥毅教授曾作过准确的定位："所谓晋商精神，是其重商立业的人生观、诚信义利的价值观、艰苦奋斗的创业精神和同舟共济的协调思想。"[②] 在旅游开发过程中，我们完全可以把这些具有史实意义的内容，贯穿到游客中去。当然，其传播形式可以是多种多样的，如建立"茶商博物馆"，用文物加介绍的方式普及这段历史；积极开展学术讲座，传播晋商文化；设立纪念馆，对茶路沿途具有重要历史意义的事件或人物立碑颂德，等等。例如，恰克图现为蒙古国与俄罗斯布里雅特共和国接壤的边境小城，俄国人在此早已建有一座茶叶博物馆，成为一个重要的旅游景点。

5. 穿越时空，重享"体验之路"

一片柔嫩的茶叶，带来一丝掠过舌尖的清香，让人回味不绝。历史上，山西并不是茶叶的主要产区，但却将茶叶带出了中国，走向了世界。由于复杂的历史原因，特别是 20 世纪 60 年代中俄关系的疏远，使得中国茶叶在俄国的市场早被

---

① 孙智勇：《晋商衰落原因探析》，《山西经济管理干部学院学报》2008 年第 2 期。

② 孔祥毅：《四十年浓缩五百年》，《新晋商》2005 年 10 月。

印度和斯里兰卡的红茶占领了。但是，这种廉价膨化的粉末红茶，口感辛辣、涩口，滋味远远不及中国绿茶和红茶，许多俄国老人都在怀念中国茶，期盼风靡当年的汉口茶能重新打入俄国市场，希望这条古老的商道复活。①

茶路运输上，最普遍的茶种之一便是砖茶，不光味道纯正，而且运输方便，便于摆放。砖茶起源于唐代太和年间，风靡于清末，是我国内蒙古、新疆、西藏、宁夏、甘肃等西北少数民族居民生活的必需品，其以优质黑毛茶为原料，经发酵和发花工艺产生冠突曲霉，滋味醇厚，香气纯正，独具菌花香，长期饮用砖茶，能够帮助消化，有效促进调节人体新陈代谢，对人体起着一定的保健和病理预防作用，被誉为"中国古丝绸之路上神秘之茶、西北少数民族生命之茶"。砖茶是紧压茶中的一种，现代机器可以代替压制成型的技术，但是有一种康砖茶则是用棍锤筑造而成型，要求很高的手工技术。此外，极具晋商特色的"千两茶"则更具代表意义，其因一卷茶合老称约重一千两，故称"千两茶"。其生产过程纯手工制作，并且工艺十分复杂，原料选择上需经筛制、拣剔、整形、拼堆程序，在加工上需经踩、绞、压、滚、锤等工艺，全过程需通过23道工序，才能完成。员工都是身强力壮的成年大力气男子，5~6个人齐心协力才能完成。②

在茶路旅游线路上，这样的"体验之路"不可或缺。因为游客可能来自全国各地，甚至世界各地，没种过茶、没制过茶的，大有人在。如何在游览过程中，充分体现我国茶文化的魅力和价值，成为这条体验之路的重心。例如，可以在线路设计中，带领游客参观大型的茶叶制造厂，亲身参与制茶的某些中间环节，学习选茶、制茶、泡茶的基本技能，等等，通过言传身教的方式，扩展茶文化的普及程度，让更多的人回归这条充满古韵古味的"香茗大道"。

6. 景色迷人，重游"瑰宝之路"

从下梅村到恰克图，沿线景点景色迷人，美不胜收，构成一个整体的生命。一处处山水风光，一座座文物古迹，一段段民俗风情，在美妙的旅途中，体会因茶路贸易而形成的语言、文学、艺术、宗教、建筑、习俗、礼仪等文化的相互融汇，接受心灵上的洗礼。重走茶路，本身就如同品茶一般，闻起来清香扑鼻，入口细腻甘涩，咽下回味悠长；经历过艰苦，享受过繁华，见证过荣辱。最终，每个人心中都会有自己的一条"万里茶路"。

这条景色优美、文化交融的"瑰宝之路"，到处都有新奇不断的看点：宁静安详下梅村茶区、闽赣古道武夷山、鹅湖山下永平镇、梅山资水安化、鄂南古镇羊楼洞、九省通衢汉口、南船北马赊旗镇、茶商故里山西、买卖之城恰克图，等

---

① 严明清：《重开中俄古茶叶贸易与文化旅游之路》，《对外经贸实务》2011年第8期。
② 湖南黑茶网：http://www.hunanheicha.com/zt/pinzhong/，2014年7月10日访问。

等。① "万里茶路"中不缺优美的景点和古迹，但需要沿线各主要城市加强旅游业的交流与合作，成立中蒙俄"万里茶路"文化旅游产业联盟，这就是要进一步共同构建合作机制，共同打造旅游形象和品牌，共同推广"万里茶路"精品旅游线路。山西作为晋商故里和万里茶路的一个重要环节，拥有丰富的旅游资源和深厚的文化积淀。五台山、平遥古城、云冈石窟、壶口瀑布等旅游景区驰名中外，深受广大游客的喜爱。因此，山西旅游要加强与"万里茶路"沿线国家和城市的交流与合作，努力打造并实现资源互补、信息共享、客源互换的区域旅游合作局面，为推动"万里茶路"文化旅游产业的发展作出积极的贡献。②

具体而言，我们应该努力学习前辈晋商们敏锐的洞察力，充分利用现有科技水平，打造公开及时的网络平台，联盟实行会员制，鼓励各地旅行社、景区、酒店、民航、铁路等旅游单位及茶叶企业参与进来，形成集网站、旅游、订票为一体的合作联盟，积极拓展交流渠道，提供宣传促销和招徕机会，不断扩大合作领域。同时，深入进行"万里茶路"文化旅游资源的保护与挖掘工作，对沿线著名茶山、茶商老号、遗物遗址、重要文献、影像资料等历史文物进行积极有效的收集和保护。互利互惠，共同发展，为世界经济的繁荣，为亚欧乃至世界的和平与进步作出应有的贡献。

参考文献

[1] 张亚兰：《站在历史的高度认识"万里茶道"》，《太原日报》2013 年10 月 25 日。

[2] 高春平：《晋商与中俄恰克图茶叶贸易——纪念伟大的茶叶之路》，载首都师范大学历史学院全球史研究中心：《全球史评》，中国社会科学出版社，2010 年。

[3] 刘再起：《从近代中俄茶叶之路说起》，《俄罗斯中亚东欧研究》2007 年第 5 期。

[4] 郭蕴深：《论中俄恰克图茶叶贸易》，《历史档案》1989 年第 2 期。

[5] 李国光：《李晨光：万里茶路探晋商》，《文史月刊》2007 年第 9 期。

[6] 栗美霞：《茶路为媒旅游联盟——中蒙俄"万里茶路"文化旅游产业联盟举行成立仪式》，《山西经济日报》2013 年 7 月 2 日。

[7] 张江：《山西祁县古茶路及茶叶物流考证》，《晋中学院学报》2010 年第 5 期。

---

① 张玫：《万里茶道重焕生机》，《中国旅游报》2014 年 3 月 28 日。
② 栗美霞：《茶路为媒旅游联盟——中蒙俄"万里茶路"文化旅游产业联盟举行成立仪式》，《山西经济日报》2013 年 7 月 2 日。

［8］胡小军：《清代广州茶叶外贸的兴衰及其社会影响》，华南师范大学，2007 年。

［9］许海意：《万里茶路：尘封的"明珠"》，《中国文物报》2010 年 8 月 27 日。

［10］张玫：《万里茶道重焕生机》，《中国旅游报》2014 年 3 月 28 日。

［11］邹全荣：《我们走在茶路上》，《茶世界》2010 年第 12 期。

［12］张小承：《中俄"万里茶路"鼎盛二百年》，《西部时报》2011 年 7 月 8 日。

［13］刘艳、冯雅宏：《重走晋商茶路传播商业文明》，《人民政协报》2010 年 10 月 22 日。

图书在版编目（CIP）数据

晋商研究. 第二辑/山西财经大学晋商研究院编. —北京：经济管理出版社，2015.1
ISBN 978 - 7 - 5096 - 3633 - 6

Ⅰ.①晋…　Ⅱ.①山…　Ⅲ.①晋商—研究　Ⅳ.①F729

中国版本图书馆 CIP 数据核字（2015）第 039470 号

组稿编辑：宋　娜
责任编辑：宋　娜
责任印制：黄章平
责任校对：超　凡

出版发行：经济管理出版社
　　　　　（北京市海淀区北蜂窝 8 号中雅大厦 A 座 11 层　100038）
网　　　址：www. E - mp. com. cn
电　　　话：（010）51915602
印　　　刷：北京晨旭印刷厂
经　　　销：新华书店
开　　　本：720mm×1000mm/16
印　　　张：15.5
字　　　数：296 千字
版　　　次：2015 年 1 月第 1 版　　2015 年 1 月第 1 次印刷
书　　　号：ISBN 978 - 7 - 5096 - 3633 - 6
定　　　价：88.00 元